KB040072

북한 경제의 재구성

『근로자』와 『경제연구』 등 북한 문헌들을 중심으로

북한 경제의 재구성 : 『근로자』와 『경제연구』 등 북한 문헌들을 중심으로

초판 1쇄 발행 2015년 7월 1일

지은이 | 박후건
펴낸이 | 윤관백
펴낸곳 | 도서출판 선인

등 록 | 제5-77호(1998.11.4)
주 소 | 서울시 마포구 마포대로 4다길 4(마포동 324-1) 곶마루 B/D 1층
전 화 | 02)718-6252 / 6257
팩 스 | 02)718-6253
E-mail | sunin72@chol.com

정가 19,000원
ISBN 978-89-5933-908-2 93320

· 잘못된 책은 바꿔 드립니다.
· www.suninbook.com

북한 경제의 재구성

『근로자』와 『경제연구』 등 북한 문헌들을 중심으로

박후건

머리말

일반적으로 국장(國章)은 그 국가가 지향하는 이상적인 국가상을 상징적으로 담고 있다. 이런 측면에서 볼 때 북한의 국장만큼 경제개발 및 발전의 의지가 담긴 국장은 그 어디에서도 찾아보기 어려울 것이다. 북한의 국장 가운데에는 백두산이 그려져 있으며 백두산 아래에는 댐과 수력 발전소, 철탑이 그려져 있다. 백두산 위에는 빛줄기에 둘러싸인 빨간색 별이 그려져 있으며 국장 양쪽을 벼 이삭이 감싸고 있다. 국장 아래쪽에는 빨간색 리본이 국장 양쪽의 벼 이삭을 묶고 있으며 리본 가운데에는 "조선민주주의인민공화국"이라는 국명이 쓰여 있다.

국장에서 빨간색별은 혁명을, 벼 이삭은 농업을, 댐과 수력발전소 그리고 철탑은 공업을 상징한다고 한다. 북한의 국장에서 볼 수 있듯이 북한이 국가로서 이상적으로 설정하고 있는 국가상은 농업과 공업 모두에서 현대적인 생산 기반과 생산력을 갖추고 부강한 '발전된 국가(developed country)'이다. 실상 '경제개발 및 발전'은 북한의 공산정권이 사회변혁을 통해 완수하려는 가장 중요한 과제 중 하나이다. 따라서 북한에서 경제개발과 발전은 그 무엇보다 중요하며 절실한 문제이며, 북한은 그들이 늘 강조하고 중시하는 사상만큼 경제개발과 발전에 대해서도 많은 힘을 기울여 왔다. 그러나 우리의 북한 경제에 대한 인식과 이해는 (북한의 다른 모든 것과 마찬가지로) 매우 미약하다. 왜 일까? 여기에 대한 통상적인 대답은 북한이 경제 통계가 담긴 정량적(quantitative)인 자료를 공개하지 않고 있어 북한 경제에 대한 분석이 여의치 않기 때문이다. 그러나 경제적 통계 및 수치만 갖고서 한 국가의 경제를 이해할 수 있는 것은 아니다.

경제는 인간의 생활에 필요한 재화나 용역을 생산 · 분배 · 소비하는 모든 활동, 또는 그것을 통하여 이루어지는 사회적 관계로 정의되기 때문에 경제적 통계와 수치는 한 국가와 사회를 이해하는 하나의 결과적인 측면일 뿐이며, 경제 전체로 취급되어서는 안 된다. 북한에서 발간되는 대부분의 경제관련 자료는 정성적(qualitative)인 측면을 강조한 것들이다. 그러나 이들을 이해하기도 녹녹치 않다. 북한 사람들도 우리와 같은 언어를 사용하나, 우리와는 다른 체제에서 반세기가 넘게 살아오면서 그들의 언어는 그들의 체제와 생활문화를 반영한 고유의 영역을 갖게 되어, 우리에게 외국어 아닌 외국어가 되어버렸기 때문이다. 외국어를 배울 때 강조되는 것은 반복학습이다. 반복하여 듣고 따라하고 외우다 보면 말문이 열린다고 한다. 그러나 외우는 것만으로 외국어를 능숙하게 할 수는 없다. 외국에 가서 직접 생활하면서 그곳 문화를 익히면서 언어를 배우는 것이 가장 이상적인 방법이다. 언어는 그 나라의 역사의 산물이고 문화의 일부이기 때문이다. 만약 직접 가서 생활할 수 없다면 서적과 다른 자료 등과 같은 간접적인 방법을 통해 그 나라의 역사와 문화에 대한 이해를 증진시키고, 이를 바탕으로 그 나라 언어를 익혀야 능통해 질수 있다.

북한 경제를 이해하는 것은 마치 외국어를 배우는 것과 같고, 직접 가서 생활할 수 없기 때문에 위에서 언급된 간접적인 방법이 총동원되어야 한다. 이 책은 필자가 일본에서 한국으로 돌아온 2008년부터 북한 경제를 이해하기 위해서 『근로자』, 『경제연구』, 그리고 『조선중앙연감』과 같은 북한 경제 원전과 각 시기별 나온 소설과 영화 등을 반복적으로 읽고, 보면서 그들이 이야기를 비판적으로 분석하고 정리한 결과물이다.* 이 책이 얼마만큼 객관적 현실을 반영하고 있는지는 시간이 판단해 줄 것이다. 북한이 우리에게 영원히 금지구역으로 남을 수는 없기 때문이다.

이 책은 필자가 근무하고 있는 경남대학교 극동문제연구소 소재 도서관 특수자료실에 소장되어 북한 자료들이 없었다면 가능하지 않았다. 필자가 북한 연구에 몰두할 수 있도록 환경과 조건을 만들어 주신 박재규 총장님께 심심한 감사를 드린다. 어려운 업계 사정에도 불구하고 책을 출판하여 주신 윤관백 선인출판사 사장님과 꼼꼼히 원고를 읽고 책을 만들어 주신 직원 여러분께도 감사를 표한다. 부모님과 나눈 부모님께서 경험하신 한국의 경제개발에 관련된 소소한 이야기들은 개발도상국으로서의 북한

* 책의 제2장과 제3장은 책과 같은 제목으로, 『현대북한연구』 2013 제16권 3호와 2014년 제17권 3호에 각각 게재된 것을 수정 · 보완 한 것임을 밝혀둔다.

을 이해하는 데 많은 시사점을 필자에게 주었다. 책을 집필하는 데는 연구한 것을 그때그때 정리하여 매일 조금씩 써 나가는 방법, 한 장(chapter)씩 집중해서 쓰고 나중에 엮어서 완성해 가는 방법, 그리고 오랜 기간 연구한 것을 여러 측면에서 생각하고 생각하다 한 번에 몰아서 쓰는 방법 등이 있다고 한다. 필자의 집필 방식은 마지막 방법에 가깝다. 그래서 글을 쓸 때는 여러 날 아니 일주일이 넘게 집에 들어가지 못한 적도 있었다. 이것을 그것도 신혼에 이해해 줄 아내는 그리 많지 않을 것이다. 이런 예외적인 아내를 둔 필자는 분명 행운아이다. 이 책을 나의 아내 김지혜에게 바친다.

2015년 6월 삼청동 연구실에서

박 후 건

차례

시작하면서

◂ 경제개발의 의지를 담고 있는 북한의 국장(emblem)

시작하면서

북한은 아직도 미지(未知)의 세계이다. 북한을 학문의 영역에 두고 연구하는 '북한학'이 한국에서 자리를 잡은 지도 30년이 넘지만 일반 대중에게 그리고 전문가들에게 조차 아직 북한은 이해하기 어렵고 보통 상식으로는 접근조차 쉽지 않은 대상이 되어버렸다. 인식의 대상으로서 북한, 특히 경제 부문은 가장 이해하기 어려운 영역이다.

일반적으로 어느 한 나라의 경제를 연구하고 이해하기 위해서는 정량적(quantitative)인 경제 관련 통계 수치와 정성적(qualitative)인 자료가 요구되나 북한은 1963년 이후 경제 관련 통계 수치를 발표하지 않고 있고, 체제 선전적인 자료를 중심으로 출판하고 있어 북한의 경제는 미지의 영역 중에서도 그 정도가 가장 심한 영역이 되어 버렸다.

탈북자의 증가로 탈북자들을 통해 북한 경제를 가늠해보려는 시도도 끊임없이 이루어지고 있으나, 정보가 자유롭고 수평적으로 공유되지 않는 북한사회의 특성, 그리고 주관적인 요소가 강조될 수밖에 없는 탈북자들의 처지와 입장을 고려할 때 이러한 시도역시 큰 한계를 가질 수밖에 없다.

최근 들어 북한에서 공식적으로 출간되는 서적과 자료 등을 통해 북한 경제를 연구하려는 시도가 이루어지고 있다. 북한 경제를 연구하는 데 가장 주목을 받는 북한 원전(原典)은 『경제연구』[1]이지만 북한에서 공식적으로 출간되는 경제를 다룬 전문지들은 『경제연구』 이외에 『김일성종합대학교학보 : 철학, 경제』, 그리고 『근로자』 등이 있다.

『김일성종합대학교학보 : 철학, 경제』는 현실 경제보다는 경제 이론에 치중되어 있어 이것을 통해 북한 경제 현실을 분석하기에는 다소 어려움이 있다. 『근로자』는 북한 노동당 중앙위원회의 기관지이다. 북한을 지배하는 것이 노동당이고 근로자의 저자들은 주로 중앙당 간부들과 내각 고위급 관료들임을 고려할 때 『근로자』에 실린 경제 관련 논문이 경제 연구와 비교하여 그 수는 적고 다루는 영역도 매호마다 한정되어 있지만, 당의 경제정

1) 『경제연구』는 1956년 4월 10일에 창간되어 과학원출판사에서 호수도서로 발행되다가 1961년부터 격월간으로 발행되었다. 1964년부터는 사회과학원출판사에서 계간지 형식으로 발행되다가, 『사회과학』이라는 사회과학 종합 이론지가 1973년 4월부터 나오면서 『사회과학』에 합쳐져 사회과학출판사에서 발행되었다. 그런데 『사회과학』이 1985년 12월부터 부문별로 나누어지었고 경제 부문은 『경제연구』로 다시 출간되고 있다. 북한에 따르면 김일성과 김정일의 경제사상과 이론을 깊이 있게 해석선전하며 북한 경제학 부문에서 이룩된 연구 성과들을 체계적으로 종합하여 반영하고 있다고 하며 『경제연구』의 독자는 국내외경제학자들과 경제전문가, 대학교원, 경제관리일군, 사회과학 부문의 대학생들로 이루어져 있다고 한다[백과사전출판사, 『조선대백과사전 2』(평양: 평양종합인쇄공장, 1995), 106쪽].

책을 설명하고 때로는 당내에서 토의되고 논의되는 내용 등을 직접적이지는 않지만 완곡하게나마 담고 있어 북한 경제 연구에 관해서는 『경제연구』보다 선행적으로 연구되어야 할 자료이다. 본 연구에서는 1956년부터 1986년까지의 북한 경제에 대한 분석을 『근로자』를 중심으로 하고, 1987년부터 2012년까지는 『경제연구』를 통해 전개하였다.

매체를 체제 선전 도구로 사용하는 것이 공식화되어 있는 북한이기에 『근로자』나 『경제연구』를 통해 북한 경제의 객관적 사실을 파악하기란 쉽지 않은 일이다. 통계자료는 그것이 자의적으로 수정하지 않았다고 한다면 객관적으로 존재하는 현실을 반영하고 있기 때문에 객관적인 자료의 근간이 된다. 북한은 계획경제를 지향 하고 있기 때문에 경제에 관련된 모든 통계자료는 존재하고 그것이 북한당국에 집하되어 있음은 자명한 사실이다.

그러나 『근로자』나 『경제연구』에 기고하고 있는 북한 경제학자들은 경제 관련 통계자료를 거의 활용하고 있지 않고 만약 쓴다고 하여도 전년도 대비 또는 몇 년 전에 비해 얼마나 늘어났다는 등 매우 선택적으로 사용하고 있다. 이것은 『근로자』나 『경제연구』에 글을 쓰고 있는 북한 경제학자들이 경제 관련 통계를 볼 수 없거나 당국이 허용한 선택적인 자료만을 볼 수 있기 때문일 것이다.

북한은 미국과의 전시(戰時) 상태임을 강조하여 통계자료를 국가기밀로 취급하고 있다. 그러므로 신분과 직무적 위치에 따라 미시적 통계자료를 입수하고 알 수 있으나 [가령 어느 공장의 지배인이 지인(知人)이라면 그를 통해 그 공장의 월간, 연간 생산과 비용에 관한 통계를 알 수 있겠지만] 북한 경제를 파악할 수 있는 거시적 통계자료는 당국이 허락하지 않는다면 볼 수도 알 수도 없는 것이다. 그러나 북한 경제학자들이 경제통계에 의존하여 글을 쓰지 않는 보다 근본적인 이유는 북한에서 경제학의 대한 정의(定意)를 정량(定量)적인 측면보다는 정성(定性)적인 측면을 강조하기 때문이다.

1985년에 출판된 북한의 『경제사전 1』에서는 경제학을 "사람들의 물질경제생활의 력사적인 발전단계에서 사회경제제도의 형성과 발전, 교체의 합법칙성을 밝히며 사회의 다양한 경제현상들을 체계적으로 분석하고 리론적으로 일반화하며 물질적부의 생산과 리용에서 요구되는 실천적방안들의 작성을 자기의 기능과 과업으로 하는 과학의 총체, 일명 경제과학이라고도 한다."[2]고 정의하고 있다.

이러한 경제학의 정의 아래서 경제학자들의 임무는 통사(通史)적인 입장에서 경제를 인식하고 매 시기마다 형성된 경제 질서와 현상을 분석하여 일반적으로 적용될 수 있는 법칙을 규명하고 나아가 여기에 따른 경제정책을 고안, 제안하는 것이라 할 수 있다. 북한의 경제학에 대한 이러한 인식과 정의에서 중요한 점은 매 시기마다 형성된 경제 질서와 현상을 분석하고 여기서 일반화 될 수 있는 법칙을 찾아낸다는 것이다.

이론적으로 일반화될 수 있는 법칙을 찾아내고 이것을 바탕으로 물질적부의 생산과 이용에 필요한 정책을 고안하는 것은 '현실'이라는 객관(客觀)을 바탕으로 두지 않으면 가능하지 않다. 경

2) 『경제사전 1』(평양: 사회과학출판사, 1985), 116쪽.

제를 통사적으로 인식한다는 북한의 입장에는 마르크스주의적 역사유물론이 자리 잡고 있다.

이런 특정한 시각에서 현실을 본다는 것은 자칫 현실을 왜곡시킬 수 있다는 우려를 낳을 수 있다. 그러나 시각에 따라 해석의 차이가 있을 수 있으나 어느 시각에서 현실을 보든 현실은 현실대로 존재한다. 그러므로 시각에 따른 해석을 받아들이기보다 어느 시각에서든 서술된 현실을 그 시각에 치우치지 않고 분석, 파악한다면 그것이 정량적인 것이든 정성적인 것이든 합리성에 크게 벗어나지 않는 경제 관련 정보들을 찾아낼 수 있다.

이런 맥락에서 볼 때 『근로자』나 『경제연구』에 실려 있는 논문들은 정성적인 측면이 강조되고 치우쳐 있지만 북한 경제라는 현실을 기초로 하고 있고 분석 여하에 따라 북한 경제에 대한 객관적인 사실을 도출해 낼 수 있다. 뿐만 아니라 『근로자』와 『경제연구』에 게재된 논문들은 '실천적 방안', 즉 정책적 제안을 담고 있기 때문에 매 시기마다 북한 경제의 내용과 구조 변화 그리고 개선책에 대한 논의를 엿볼 수 있어 북한 경제의 전반적인 흐름과 시기마다의 변화를 파악하는 데 중요한 자료가 된다.

이 글은 네 부분으로 나누어져 있다. 제1장에서는 북한이 갖고 있는 사회경제이행에 독특한 시각을 분석 재조명하여 『근로자』와 『경제연구』에서 다루고 있는 사회경제이행에 대한 논의의 틀과 그 범위에 대하여 살펴볼 것이다.

『경제연구』는 북한에서 1956년 발간되었으나, 국내에서 볼 수 있는 것은 1987년 1호부터이다. 그런데 북한에서는 경제를 통사적 입장에서 보고 연구되기 때문에 『경제연구』 1987년 1호부터 실린 연구논문 · 논설을 분석하고 이해하기 위해서는 1987년 전(前)까지 구축된 북한 경제의 내용 그리고 구조를 파악하는 것이 전제(前提) 조건이 된다. 제2장에서는 해방 이후부터 구축, 형성된 북한 경제의 내용과 구조를 북한문헌들과 특히『근로자』중심으로 살펴보고 분석될 것이다. 이러한 분석을 통해 연합기업소체제 그리고 지방 자급자족 체계라는 매우 독특한 북한 경제의 내용과 구조에 대한 재조명이 이루어질 것이다.

2002년 7월 1일 북한 당국에 의해 취해진 경제관리개선조치(이른바 7 · 1조치)는 일반적으로 북한 경제구조 변화의 분기점으로 인식되고 있다. 즉 7 · 1조치는 북한에서의 개혁 · 개방의 시발점으로 보고 있는 것이 일반적인 시각이다. 제3장에서는『경제연구』1987년 1호부터 2002년 4호까지의 분석을 통해 연합기업소체제가 북한에서 정착 되는 과정, 소련의 몰락으로 시작된 전례 없는 경제위기에 대한 북한의 대응, 그리고 1990년대 말 '실리'와 '선군'이 동시에 나오게 된 배경을 살펴보고 이것을 바탕으로 2002년 나온 '7 · 1조치' 그리고 '선군정치'에 대한 재해석을 시도하였다.

마지막으로 4장에서는 2002년 이후 북한의 경제의 주요 흐름과 변화를 주로『경제연구』와『조선중앙년감』을 통해 분석하고 이를 바탕으로 '북한예산수입지출(2000~2012)'을 추계할 것이다. 그리고 이를 통해 '고난의 행군' 이후 북한의 경제건설과 그 성과에 대해 평가도 아울러 시도해 볼 것이다.

제1장

북한 경제구조와 내용을 형성하는 초기 조건

▲1955년 평양

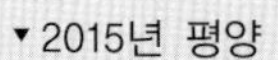

▼2015년 평양

제1장

북한 경제구조와 내용을 형성하는 초기 조건

■ ■ ■

1. 과도기에 대한 북한의 인식과 북한 경제의 초기 조건

1987년 전까지 구축, 형성된 북한의 경제를 이해하기 위해서는 다시 『경제사전 1』에서 정의한 경제학을 상기할 필요가 있다. "사람들의 물질경제생활의 력사적인 발전단계에서 사회경제제도의 형성과 발전, 교체의 합법칙성을 밝히며 사회의 다양한 경제현상들을 체계적으로 분석하고 리론적으로 일반화하며 물질적부의 생산과 리용에서 요구되는 실천적방안들의 작성을 자기의 기능과 과업으로 하는 과학의 총체, 일명 경제과학이라고도 한다."

상기의 정의에서 "사람들의 물질경제생활의 력사적인 발전단계에서 사회경제제도의 형성과 발전, 교체의 합법칙성을 밝히며……."라는 대목은 마르크스주의적 역사유물론에서 비롯된 것이다. 마르크스주의적 역사유물론에 의하면 인간사회는 생산력과 생산관계의 변증법적 관계 안에서 원시공동체사회, 고대노예제사회, 봉건사회, 자본주의사회, 그리고 공산주의사회의 순으로 이행발전하게 되는데 자본주의사회에서 공산주의로 이행하기 전 정치상 과도기(過渡期)가 존재하고 이 시기에 국가는 프롤레타리아의 혁명적 독재가 있다[1]고 하였다.

마르크스의 과도기론은 레닌의 의하여 더욱 구체화되는데 레닌은 자본주의사회와 공산주의사회 사이에 존재하는 이 과도기는 두 사회제도의 특징 혹은 특성을 하나로 결합한 것이 되는데 몰락하고 있는 자본주의와 생성하고 있는 공산주의 간의 투쟁, 즉 아직 완전히 없어지지 않은 자본주의세력과 아직 태동기에 있는 공산주의 세력 간의 투쟁의 시기가 될 수밖에 없다고 역설하였다.[2]

마르크스 · 레닌주의에 의거하여 국가를 창건한 북한도 이러한 과도기론을 수용하고 노동당의 일당독재로 대변되는 프롤레타리아 독재정권을 수립하였다. 그러나 마르크스와 레닌의 과도기론은 과도기에 관한 일반적인 이론에 가까운 것이었기 때문에 실제 과도기 이행에서 제기되는 실천적 문제에 대해서 해답을 주는 것은 아니었다. 실천적 문제에 대한 해답은 공산주의 혁명을 완수한 각 국가들의 몫이었으며 각국에 따라 그 해답은 각기 달랐다.

여기서 특히 문제가 되는 부분은 과도기를 '사회주의'로의 과도기로 볼 것인가, 아니면 '공산주의의 높은 단계'로의 과도기로 볼 것인가 하는 이른바 과도기의 경계 설정 문제였다. 경계설정

---

1) Robert C. Tucker ed., *The Marx-Engels Reader*(New York: Norton, 1978), p.538.

2) Robert C. Tucker ed., *The Lenin Anthology*(New York: Norton, 1975), p.320~324.

문제는 그리고 여기에 대한 각기 다른 해답은 공산주의가 세계적으로 풍미하던 1950년대 그리고 1960년대에 공산진영에서 공산주의 종주국인 소련과 대국인 중국을 중 · 소 갈등, 대립의 관계로까지 비화시키는 데 시발점이 되었던 중대한 문제였다.

1917년 10월혁명 이후 프롤레타리아 독재에 바탕을 두고 사회주의국가를 구축한 소련은 혁명 19년 후인 1936년 중대한 발표를 준비한다. 당시 소련 최고 지도자였던 스탈린은 헌법 초안 보고에서 소련에서 사회주의혁명이 완료되었음을 명시하였다.

이것은 이제 소련에서 자본주의 경제와 자본가 계급은 일소되고 적대 계급은 소멸하여 계급 모순은 더 이상 존재하지 않는다는 것을 의미한다. 즉 자본주의사회에서 공산주의사회로 이행하는 과정에서 과도기가 끝났음을 의미하는 것이었다. 그러므로 이제 소련에서 당과 정부의 최대 과제는 생산력 발전이며 공산주의사회의 완성이 되는 것이었다. 그러나 독일의 침공으로 소련이 제2차 대전에 참가하게 되고 전후(戰後) 미국과의 냉전이 진행됨에 따라 과도기의 공식적인 종언은 1961년 10월 소련공산당 제22차 대회에서 이루어졌다.[3]

한편 중국은 소련과는 달리 공산주의의 높은 단계로까지 과

[3] 당시 당서기장이었던 흐루시초프는 소련에서 사회주의혁명 이후 계급문제는 완전히 없어지고 자본주의 부활의 근원 또한 일소되었음을 주장하며, 프롤레타리아 독재를 폐기하고 '전 인민의 국가'를 선언하였다. 이에 따라 생산력발전이 소련의 최대 과제로 부각되었으며 어떠한 방법이라도 (그것이 설령 자본주의적 경제 정책이라 할지라도) 생산력 발전에 도움이 된다면 적극적으로 수용하고 이용해야 한다는 주장하에 이윤(profit)과 물질적 유인(incentive)의 방법이 광범히 도입되고 이윤 추구가 생산의 주된 목적이 되었다[교양강좌 편찬회 역, 『사회구성체 이행 논쟁』(서울: 세계, 1986), 143~144쪽].

도기를 설정하고 있었다. 1962년 9월 중국공산당 중앙위원회 제8기 재10차 전체 회의에서 당시 중국의 최고 지도자였던 마오쩌둥(毛澤東)은 사회주의 전 시기에 걸쳐 자본 계급이 늘 존재하며 자본주의의 부활을 기도하기 때문에 공산주의사회라는 높은 단계에 이르기까지 프롤레타리아 독재하에서의 계급투쟁의 필요성을 역설하였다. 마오쩌둥의 이러한 입장은 중국에서 문화대혁명이 일어나는 이론적 배경이 되었으며 중국은 문화대혁명 기간 중 인간의 의식과 사상을 절대화하면서 실용주의적인 목표와 수단, 즉 물질적 유인은 철저히 배제시켰다.[4)]

이렇듯 소련은 과도기를 생산관계의 사회주의적 개조 및 사회주의 제도의 수립까지의 시기로 설정하고 사회주의 제도가 수립되면 과도기가 종결된다고 보았고, 생산력 발전과 물질적 유인을 인간의 의식과 사상보다 우위에 두고 실용주의 노선을 추구한 반면 중국은 반대로 인간의 의식과 사상을 우위에 두고 공산주의의 높은 단계로까지 과도기를 설정하고 계급투쟁을 통한 계속혁명(사상혁명 = 문화혁명)을 추구하였다. 소련은 중국을 교조주의로 중국은 소련을 수정주의로 비판[5)]하면서 중·소 갈등은 심화되었으며 이후 서로가 반목하고 대립하는 관계로까지 비화된다.

그렇다면 북한은 공산주의 혁명 이후 과도기를 어떻게 설정하였을까? 이것은 북한 경제를 논함에 있어 매우 중요한 문제이다. 바로 이것이 『경제사전 1』에서 경제학에 대한 정의 중 '사람

---

4) 권중달, 문명숙 편역, 『문화대혁명 전후의 중국 역사 해석』(서울: 집문당, 1991), 206~207쪽.

5) Franz Schurmann, *Ideology and Organization in Communist China*(Berkely: University of California Press, 1966) p.34.

들의 물질경제생활의 력사적인 발전단계'를 규정하는 것이기 때문이다. '력사적인 발전단계'란 생산관계의 사회주의적 개조 이후, 공산주의 건설에서 생산력과 계급투쟁의 관계를 의미하며 북한이 설정하고 있는 과도기에 해당된다.

김일성은 과도기를 두 시기로 구분하고 있다. 먼저 노동자계급이 권력을 장악한 후 사회주의 제도가 완성되는 시기와, 사회주의 제도가 수립된 후 무계급사회가 실현되기까지의 시기, 즉 사회주의사회의 전반 단계가 포함된 시기라는 두 시기로 구분하였다. 북한의 과도기 설정에서 흥미로운 점은 프롤레타리아 독재 문제를 과도기와 분리해서 이해하고, 그 필연성과 적용 기간 및 임무 등을 명확하게 하고 있다는 점이다.[6)]

북한은 프롤레타리아독재를 계급투쟁과 사회주의·공산주의

6) 김일성은 과도기와 프롤레타리아 독재에 대해 다음과 같은 견해를 밝히고 있다. "……. 프롤레타리아독재가 과도기의 전 기간에 있어야 할 것은 더 말할 것도 없고 과도기가 끝난 다음에도 그것은 공산주의의 높은 단계에 이르기까지 반드시 계속되어야 합니다. …(중략)… 계급투쟁이 있는 한 프롤레타리아독재가 있는 것이고 프롤레타리아독재는 계급투쟁을 하기 위하여 필요한 것입니다. 그러나 계급투쟁의 형식은 여러 가지가 있습니다. 자본주의를 때려 부수는 때의 계급투쟁과 자본주의를 때려 부순 다음의 계급투쟁은 그 형태가 다릅니다. 이것은 우리 당 문헌에 이미 똑똑히 밝혀져 있습니다. 그런데 적지 않은 사람들이 이것을 똑똑히 알지 못하기 때문에 좌경적 혹은 우경적 오유를 범하고 있습니다.
사회주의혁명을 할 때의 계급투쟁은 자본가들을 계급으로서 청산하기 위한 투쟁이고 사회주의사회에서의 계급투쟁은 통일단결을 목적으로 하는 투쟁이며 그것은 결코 사회성원들이 서로 반목질시하기 위해서하는 계급투쟁이 아닙니다 …(중략)… 우리가 계급투쟁을 하는 목적은 농민을 로동계급화하여 계급으로서의 농민을 없앨 뿐 아니라 지난날의 인텔리와 도시소자산계급을 비롯한 중산층을 혁명화하야 로동계급의 모양대로 재조하자는 것입니다."[김일성, 「자본주의로부터 사회주의로의 과도기와 프롤레타리아독재의 문제에 대하여」(1967.5.25), 『김일성전집 38』(평양: 조선로동당출판사, 2001), 457~459쪽].

건설의 수단으로 인식하고 과도기뿐만 아니라 공산주의의 높은 단계에서도 세계에 제국주의가 존재한다면 계속 유지되어야 한다는 입장을 갖고 있다. 북한은 자신들의 이러한 입장을 갖는 이유에 대해서 다음과 같이 설명하고 있다.

첫째, 착취계급이 일소되고 사회주의 제도가 수립된 다음에도 자본주의사회로부터 사회주의사회로의 과도기의 전(全) 기간에 걸쳐 계급투쟁이 계속되기 때문이며, 둘째, 과도기가 끝나고 무계급사회가 실현된 다음에도 능력에 따라 일하고 필요에 따라 가져가는 진정한 공산주의적 사회를 실현하기 위해서는 경제건설과 인민들을 혁명화하기 위한 투쟁, 즉 물질적 요새와 사상적 요새를 점령하기 위한 투쟁을 지속하여야 할 필요가 있고, 마지막으로 세계혁명이 아직 완수되지 않고 자본주의와 제국주의가 잔존하는 상황에서 비록 일국 또는 일부지역에서 공산주의가 실현되었다하더라도 제국주의의 위협을 필할 수 없고 외부의 적과 결탁한 내부의 적의 반항을 피할 수가 없기 때문이다[7]라고 설명하고 있다.

북한의 이러한 관점과 입장은 과도기와 프롤레타리아 독재를 시기적으로 불가분(不可分)으로 이해하는 소련과 중국의 견해와는 큰 차이가 있다. 특히 공산주의사회를 이룩하기 위해서 물질적 요새와 사상적 요새 모두 점령하여야 한다는, 즉 물질적 조건과 사상(ideology)을 대립시키지 않고 경제발전 목표와 사상적 목표[8] 가운데 그 어느 것도 절대화하지 않겠다는 주장은 둘 중 하나만은 강조하고 절대화시켜 양극단을 달린 소련[9]과 중국[10]과는 다른 것이었다.

---

7) 김일성, 위의 글, 456~457쪽.

8) 여기서 사상적 목표란 공산주의적 인간, 즉 자신보다는 집단의 이익을 위에 두는 이타적 인간을 의미한다.

북한의 과도기론은 또한 소련과 중국의 것의 부분들을 취해서 결합하는 절충적인 것도 아니었다. 북한은 경제발전 목표와 사상적 목표 중 어느 것도 절대화하지 않았지만, 인간의 의식과 사상적 목표를 우위에 두고 여기에 물질적 조건과 경제 발전 목표를 결합시키는 것이었다.[11)]

---

9) 레닌 사후 새로운 지도자가 된 스탈린은 NEP(New Economic Policy, 1921-1928)을 폐지하고 중앙집권적 계획경제가 본격적으로 시작되는 제1차 5개년 계획(1928~1932) 시기부터 급속한 경제 발전을 위해 집단주의를 강조하는 사상의 역할보다는 개인의 물질적 동기를 자극하여 생산력을 높이는 스타하노프 운동 등에 주력하였으며 스탈린 사후에도 이러한 방식으로 생산력을 높이는 전략은 계승 · 지속되었다(Richard Lowenthal, pp.74~77).

10) 인간의 의식과 사상을 공산사회건설에서 가장 결정적인 요인으로 보았던 마오쩌둥은 대약진 운동(The Great Leap Forward, 1958~1961)을 통해 당시 농업 위주의 후진이었던 중국을 생산력의 발전 단계를 단숨에 뛰어넘어 공산주의사회로 도약을 추구하였다. 대약진 운동은 중국 전역에서 인민공사(人民公社, Chinese Commune) 건설로 귀결되었는데 정경합일체(政經合一體)인 공사에는 공동식당 · 유치원 · 양로원 · 병원 등 공동복지시설들이 설치되고, 평균 주의적 분배가 실시되는 등 집단주의가 절대화되었으며 개인의 물질적 동기를 자극하는 실용주의는 철저히 배제되었다[Victor D. Lippit, *Economic Development in China*(New York: M.E. Sharpe, 1987), p.108].
대약진 운동으로 중국은 기근 등 심각한 경제위기를 맞았고 마오쩌둥은 대약진운동 실패의 책임을 지고 국가주석에서 사임했다. 새로 당 서기가 된 류사오치는 마오쩌둥이 실시했던 여러 '도약'을 종식시키는 정책을 실시하지만 마오쩌둥은 여기에 대항해 사상투쟁을 대중적 차원에서 일으키고 이것이 문화대혁명으로 이어지면서 중국에서 집단주의 사상은 보다 극단적인 형태로 나타나게 된다.

11) 이에 대해 김일성은 다음과 같이 말했다. "모든 사람들을 공산주의적으로 개조하지 않고서는 사회주의의 완전한 승리를 이룩할수 없으며 공산주의사회를 건설할수 없습니다."[김일성, 「천리마 시대에 맞는 문학예술을 창조하자」(1960.11.27), 『김일성전집 26』(평양: 조선로동당출판사, 2001), 290쪽]. 그가 강조하는 것은 사회주의의 완전한 승리가 사람들의 의식을 사회주의적으로 개조해야만 보장될 수 있으며 모든 사람들을 공산주의적으로 개조하지 않고서는 공산주의사회를 건설할 수 없다는 것으로, 사상적 목표를 절대화하지 않지만 물질적 목표보다 우위에 있음을 역설한 것이다.

김일성에게 과도기에서 문제가 되는 것은 사회주의사회 제도와 개인의 의식 사이의 모순, 즉 집단주의적인 사회 제도와 개인주의적인 의식과 그것이 반영된 생활 태도의 모순이었다. 그러므로 북한에서 과도기의 핵심적인 과제는 집단주의적 사회 제도에 부합되게 개인의 의식과 행위를 공산주의적으로, 집단주의적으로 변화시키는 것이 된다.[12]

이러한 북한의 과도기론은 실천적으로 정책화되어 현실에 적용되면서 북한 경제의 내용과 구조를 이루는 근간이 되는데 북한의 경제 건설 그리고 관리에서 정형(archetype)이 되는 '천리마작업반운동', 그리고 '대안의 사업체계'를 통해 보다 구체적으로 살펴보자.

2. 북한 과도기론의 실천적 정책화의 두 축 : 천리마작업반운동과 대안의 사업체계

북한의 문헌에 따르면 천리마작업반운동은 1959년 2월 17일 강선제강소에 대한 김일성의 현지지도가 있은 후 곧이어 3월 8일 강선제강소 제철직장의 진응원 작업반원들의 발기에 의하여 시작되었다고 한다. 천리마작업반운동은 천리마운동의 심화·발전된 형태로서, 기존의 천리마운동과는 달리 생산과정에서 근로자들의 집단적 혁신 운동을 공산주의적 인간 개조 사업과 밀접히

12) 김일성, 「공산주의 교양에 대하여」(1958.11.20), 『김일성전집 22』, 491쪽.

결합시킨 것이라고 한다.[13]

천리마운동과 천리마작업반운동의 가장 큰 차이점은 천리마 운동은 주로 공업 분야에서 개인을 단위로 생산의 증산과 기술의 혁신을 도모한 것이었다면 천리마작업반운동은 농업, 건설, 운수, 상업, 보건, 과학, 문화, 예술 등 사회 전(全) 부분으로 확산되어 진행되었던 전사회적 혁신운동이었다.

즉, 천리마운동은 공업이라는 제한된 분야에서 개인적인 물질적 이해관계에 기초한 개인적 혁신 운동이었다면, 천리마작업반운동은 사회 모든 분야에서 작업반(=집단)을 단위로 하는 집단적인 물질적 이해관계에 기초한 집단적 혁신 운동이었다. 천리마작업반운동을 통해 북한이 의도한 것은 자연을 개조하는 노동 과정과 인간 의식을 바꾸는 교양 과정을 하나로 통일시키고, 노동자들의 공산주의적 의식을 고조시켜 생산력 발전을 도모하는 것이었다.[14]

이것은 생산자들의 의식(사상)이 생산관계의 사회주의적 개조 이후 생산력 발전에서 주도적인 역할을 하는 것으로 보고 경제 발전을 추구함에 있어 정치·도덕적 자극을 우위에 두고 여기에 물질적 자극을 결합시키는, 북한의 독특한 과도기론에 의한 사회주의건설 방식이라고 할 수 있다.

북한에 따르면 대안의 사업체계는 1961년 11월 당 중앙위원

13) 로병훈, 「천리마 운동은 우리 인민의 혁명적 의지의 구현」, 『근로자』 1965년 제19호, 49~50쪽.

14) 리종수, 「사회주의 건설의 새 임무와 직맹 단체의 교양적 역할」, 『근로자』 1962년 제1호, 38쪽.

회 제4기 제2차 확대 전원회의의 결정[15]을 구체화하기 위해 김일성이 대안전기공장에 대한 현지지도 과정에서 전면적으로 도입되었다[16]고 한다. 대안의 사업체계는 청산리방법[17]이 공업의 관리 운영에 적용된 것으로서 다음과 같은 특징은 가지고 있다.

첫째, 지배인 유일관리제를 공장당위원회가 최고지도기관으로 기능하는 집단지도체계로 바꾸었다. 지배인 유일관리제에서는 생산 및 공장·기업소 관리 운영에 대한 권한과 책임이 각 직장별로 분산되어 있었다. 그러나 대안의 사업체계에서는 모든 권한과 책임이 공장·기업 내 최고 지도 기관인 공장당위원회로 집중시킴으로써 계획수립에서 생산물의 실현에 이르기까지 공장·기업소의 모든 경제 활동을 공장·기업소 당위원회가 직접적으로 지도, 통제할 수 있게 되었다.

이것은 경제 관리 사업에 대한 당의 정치적 지도체계와 국가의 행정 기술적 지도체계를 공장·기업소 단위에서 통합시켜 놓

15) 이 회의에서 김일성은 공장·기업소들이 제각기 운영되고 있음을 비판하는 입장에서 다음과 같이 말했다. "우리 나라 공업을 성과적으로 관리운영하기 위하여서는 성, 관리국들의 지도와 함께 공업에 대한 도당위원회의 지도와 통제를 강화하여야 합니다. 그리고 앞으로는 도당위원회 경제부서들은 자기 도에 있는 큰 공장, 기업소들을 직접 책임지고 지도하여야 합니다."[김일성, 「모든 힘을 여섯 개 고지의 점령을 위하여」, 『김일성전집 28』, 166~169쪽]. 김일성의 이러한 지적이 있은 후 당은 생산에 대한 당적 지도(통제)를 강화하여 생산 단위에서 생산계획과 집행이 보다 통일적이고 합리적으로 될 수 있도록 하는 결정을 내렸다.

16) 김일성, 「새 환경에 맞게 공업에 대한 지도와 관리를 개선할데 대하여」, (1961.12.16), 『김일성전집 28』, 268쪽.

17) 청산리 방법은 1960년 2월 '청산리 협동농장'에 대한 김일성의 현지지도를 통해 창출된 것으로 '웃기관이 아랫기관을 도와주고 웃사람이 아랫사람을 도와주며 정치사업을 앞세우고 군중을 발동시켜 혁명과업을 수행하도록 하는 것을 말한다(사회과학원 주체경제학연구소, 『경제사전 2』, 498쪽).

은 것인데 공장·기업소 당위원회의 집단적 지도하에서 당 비서는 당 사업을 담당하고 지배인은 행정 기술 사업을 담당하게 되었다.[18]

둘째, 공장/기업의 최고지도기관인 당위원회의 집단지도하에 당의 정치지도체계와 국가의 행정기술지도체계를 결합하여 통일적인 공장·기업소 관리체계를 확립하였다. 이 새로운 체계에서 지배인은 기업 관리와 관련된 행정 경제 활동 전반을 책임지고 기사장은 지배인의 제1대리인이자 공장의 참모장으로서 계획의 작성, 생산의 조직, 기술지도에 이르는 생산 전(全) 과정을 통일적으로 장악하고 종합적으로 지도하는 것이다.

이 체계는 또한 집단적 협의제로 운영되는 것이 원칙으로 되어 생산과정에서 제기되는 문제들을 집단적으로 토의하여 해결책을 도출하도록 하였으며 위가 아래를 돕는다는 원칙(청산리 정신)에 의거하여 지도적 간부가 아래 단위의 생산현장에 직접 들어가 생산자 대중과 함께 문제를 해결하게 하였다.[19]

셋째, 자재 공급을 위에서 책임지고 보장하는 체계가 확립되었다. 종래의 자재공급체계에서는 자재보장에 대하여 직접적인 생산 단위인 공장·기업소들이 전적으로 책임지게 되어있고 생산에 대한 지도와 보장사업을 하여야 할 성, 관리국은 아무런 책임도 지지 않게 되어있는 관료주의적인 체계였다. 이러한 문제를 해결하기 위해 대안의 사업체계에서는 생산의 조직지도에 해당

18) 김일성의 「새 환경에 맞게 공업에 대한 지도와 관리를 개선할데 대하여」, 305쪽.

19) 김일성, 위의 글, 306쪽.

하는 중앙의 성·관리국이 산하기업의 자재공급에 대해 직접 책임을 가지고 자재를 상부에서 생활현장으로 공급한다는 원칙하에 전문적인 자재공급기관이나 자재 상사를 통하여 산하기업에 자재를 공급하는 한편 기업 단위에서는 부지배인의 지도하에서 자재부가 책임지고 자재를 생산현장에 공급하도록 하였다.[20]

이것이 가능하기 위해서는 상급기관이 생산지도와 자재공급을 통일적으로 장악하는 것이 필수인데 이것은 상부에서 생산현장에 직접적인 연계를 갖고, 즉 생산현장에 직접 들어가 생산현장의 노동자들과 의논하면서 현실을 파악하는 것을 의미한다.

이밖에도 대안의 사업 체계에서는 생산자 대중이 기업 관리에 실질적으로 참가하게 됨으로써 계획화 사업도 개편되었다고 한다. 즉 종전에는 계획을 작성함에 있어서 생산자 대중의 참여는 배제되었으나, 대안의 사업 체계에서는 계획 일군들이 직접 생산 현장에 일상적으로 내려가 하부 실정과 생산 정형을 구체적으로 파악한 상태에서 계획을 작성하도록 하였다.[21] 기업 관리에 대한 생산자 대중의 보다 직접적인 참여는 천리마작업반운동을 통해서 나타났는데 대안의 사업 체계는 이것을 제도화한 것이라고 할 수 있다.

또한 대안의 사업 체계는 공장당위원회의 집체적 지도하에서의 경제 관리 사업에 대한 당의 정치적 지도, 체계와 국가와 행정 기술적 지도체계를 공장·기업소 단위에서 유기적으로 결합하

20) 김일성, 「새로운 경제관리체계를 내올데 대하여」(1961.12.16), 『김일성전집 28』, 235쪽.
21) 김일성, 위의 글, 240~241쪽.

여 (앞에서 살펴본 북한 과도기론에서와 같이) 경제 · 기술 사업보다 정치사상 사업을 우선시하며, 국가의 경제 · 기술적 지도 보다 당의 정치적 지도를 앞세우는 원칙을 제도화한 것이라고 할 수 있다.

위에서 살펴본 것과 같이 북한은 공산주의사회를 이루기 위해 경제발전 목표와 사상적 목표 중 어느 것도 절대화시키지 않고, 인간의 의식과 사상적 목표를 우위에 두고 여기에 물질적 조건과 경제 발전 목표를 결합시키는 입장에서 경제를 바라보며 이러한 시각을 중심에 놓고 경제 정책을 세웠나갔다.

이런 측면에서 볼 때 북한의 모든 경제 정책은 프랙털 구조를 갖고 있다고 할 수 있다. 프랙털[22]이라는 용어는 '파편의', '부서진'이라는 뜻의 라틴어 'fractus'에서 유래했는데, 대략적으로 '자기유사체'로 정의할 수 있다. '자기유사체'란 구성 부분이 전체와 닮은 것인데 북한 경제의 내용과 구조를 이루고 결정짓는 대부분의 경제정책은 북한의 독특한 과도기론에서 파생되었으며 '천리마작업반운동'과 '대안의 사업체계'는 과도기론에 근거한 북한 경제정책의 정형(archetype)으로 이후 북한에서 나온 대부분의 중요한 경제정책들은 '천리마작업반운동'과 '대안의 사업체계'의 프랙탈화 된 모습을 보이고 있다.

이로서 『근로자』와 『경제연구』에서 다루고 있는 사회경제이행에 대한 논의의 틀과 그 범위는 명확해 졌다. 『근로자』와 『경제연구』는 북한이 독특하게 정의하고 있는 공산주의사회로 이행

22) 프랙털에 대한 보다 구체적인 설명은 제임스 글리크 지음/백배식 · 성하운 옮김, 『현대과학의 대혁명』(서울: 동문사, 1993), 103~153쪽을 참조하라.

하는 과도기(=력사적인 단계)를 범위로 하고 있으며 이것을 이루기 위한 경제발전 목표와 사상적 목표 중 어느 것도 절대화시키지 않고, 인간의 의식과 사상적 목표를 우위에 두고 여기에 물질적 조건과 경제 발전 목표를 결합시키는 틀에서 경제를 보고 논하며 여기에 합당한 정책을 고안하는 학문적 장(場)이라고 할 수 있다.

나아가 북한은 도시와 농촌의 차이, 노동자계급과 농민의 계급 차이를 없애 단일적 전 인민적 소유제에 입각한 무계급 사회를 건설하고, 전 인민의 실생활을 통해 사회주의 제도의 우월성을 확신하고 제도의 강화 · 발전을 위해 모든 적극성과 헌신성을 발휘할 수 있도록 생산력을 적어도 발달한 자본주의 국가의 수준으로 끌어올리는 것을 과도기의 임무로 제시[23]하고 있는데 이것은 『근로자』와 『경제연구』에서 다루어져야 하는 연구의 주제[24]와 범위를 보다 명확하게 하는 것이라고 할 수 있다.

---

23) 김일성, 「자본주의로부터 사회주의로의 과도기와 프롤레타리아독재의 문제에 대하여」, 『김일성전집 38』, 454쪽.

24) 북한의 1985년판 『경제학사전』은 경제학을 일반경제학, 전문경제학, 그리고 부문경제학으로 구분하는데 일반경제학에는 정치경제학, 인민경제사, 경제학설사 등이 포함되고, 전문경제학에는 경제통계학, 부기계산학, 경영활동분석, 그리고 재정, 화폐유통, 가격학, 로동경제학 등이 포함되며 공업경제학, 농업경제학, 건설경제학, 운수경제학 등이 포함된다. 마지막으로 부문경제학은 부문 내부와 생산 단위들의 경제문제를 취급하는 분파들로 구분된다고 명시하고 있는데 세부적으로 『경제연구』는 『경제사전』에서 정의하고 있는 경제학 연구 분야, 모두를 연구 주제로 다루고 있다.

제1장 보론

주체사상이 북한의 공식적인 사상체계로 자리 잡으면서 경제학의 임무는 주체사상의 틀에서 다음과 같이 설명하고 있다.

> 경제학의 기본임무는 경제발전의 일반적합법칙성을 실현하는 전반적인 경제활동의 본질적내용을 반영하여 규정한다. 경제생활에서 사람의 지위와 역할의 변화발전의 합법칙성은 사람들의 자주적이며 창조적인 경제활동의 본질적이며 필연적인 련관의 다양한 구조적체계, 다시말하여 경제법칙체계와 밀접한 관계에 있다……(중략) 경제학은 경제법칙, 경제범주들의 과학리론적체계라고 말할 수 있다. 따라서 경제생활에서 사람이 차지하는 지위와 역할의 변화발전의 합법칙성을 연구하는 정치경제학의 기본임무는 경제법칙을 옳게 정식화하고 그 요구와 작용원리, 리용방도를 과학적으로 밝혀내는 것이다. 여기에서 기초적인 문제는 사람을 중심에 놓고 경제법칙의 본질을 옳게 해명하는 것이다.[25]

주체사상에서 주체성, 창조성, 그리고 의식성을 사람의 속성으로 규정하였듯이 경제법칙은 사람과 그의 속성을 위주로 하고 사람이 의거하여 활동하는 객관적인 물질적 및 사회적 조건과의 연관 속에서 그의 본질과 작용을 고찰하여야 한다는 것이다. 여기서 사회의 경제 활동을 규정하는 주동적인 요인은 사람의 경제적 요구와 이해관계, 그리고 자연개조의 창조적 능력이 된다는 것이다.

---

25) 리기성, 「경제학의 사명과 연구대상」, 유수복 편, 『위대한 령도자 김정일동지의 사상리론 경제학 1』(평양: 사회과학출판사, 1996), 43쪽.

경제생활에서 (인민) 대중의 요구는 자연과 사회의 모든 구속에서 벗어나 자주적이며 창조적인 생활을 누리는 것이며 이 요구의 실현에서 사회주의 제도의 수립은 주인의 지위가 전도된 사회를 끝장내고 (인민) 대중을 국가와 사회의 진정한 주인으로 내세운 거대한 역사적인 변혁으로 가능하다는 것이다. 즉 (인민) 대중의 주인으로서의 지위와 창조적 역할이 사회적으로 통일됨으로써 경제를 자주적으로 창조적으로 발전시켜나가는 새 역사가 시작된다는 것이다.

그러나 북한은 이러한 제도의 수립이 그들이 이상적으로 생각하는 공산주의사회로의 이행의 충분조건이 되지 못한다는 점을 다음과 같이 강조한다.

> 인민대중이 경제생활에서 주인의 지위를 차지한 것은 그들이 자주적인 경제적 요구와 리익을 실현하는데서 첫 시작에 지나지 않는다. 사회주의 경제제도는 인민대중의 자주적본성을 구현한 공산주의적성격을 가지고 있는 동시에 낡은 사회의 유물과 관련된 과도적특성을 가지고 있다. 생산수단에 대한 전인민적소유와 함께 협동적소유가 남아있는 소유의 사회화수준에서의 미숙성, 수요에 의한 분배를 실현할수 있을 정도로 발전하지 못한 생산력수준과 그에 적응한 로동의 본질적차이와 힘든 로동이 남아있는 로동의 성격과 로동생활에서의 특성, 근로자들의 물질생활상 수요가 완전히 충족되지 못하고 생활수준상 차이를 완전히 없애지 못하고있는 것은 경제적면에서 사회주의사회의 과도기적특성의 주요한 내용들이다. 이 과도적특성으로 하여 인민대중은 아직 경제생활의 완전한 주인으로 되지 못하고 있다. 사회주의경제제도가 선 다음 인민대중의 경제적 요구와 리익을 전면적으로 실현하기 위하여서는 로동계급의 경제학이 사회주의경제의 공산주의적성격을 발전시켜며 그 과도기적성격을

극복해나가는 원칙에서 사람과 자연, 사회를 공산주의적으로 개조해나가는 길을 밝혀야 한다.[26]

위에서 주목하여야 할 대목은 "경제학이 사회주의경제의 공산주의적성격을 발전시키며 그 과도기적성격을 극복해나가는 원칙에서 사람과 자연, 사회를 공산주의적으로 개조해나가는 길을 밝혀야 한다."이다.

북한에서 공산주의적 경제생활이란 "모든 사람들이 사회적 인간의 본성에 맞게 자주적이며 창조적인 물질생활과 로동생활을 전면적으로 누리며 '하나는 전체를 위하여, 전체는 하나를 위하여'라는 원칙이 완전히 구현되는 고도의 집단주의적인 생활"[27]로 정의하고 있기 때문에 '사람과 자연, 그리고 사회를 공산주의적으로 개조'한다는 것은 결국 경제 그리고 사회 전체를 집단주의를 바탕으로 변화·발전시키겠다는 것으로 해석할 수 있다.

위에서 경제와 사회 발전에서 집단주의가 강조된 것은 공산주의사회로의 이행에서 사상의 우위가 강조된 것으로 북한의 독특한 과도기론에 부합하는 것이다. 또한 집단주의를 바탕으로 한다는 것은 (인민) 대중을 대표하고 조직하는 중심체의 필연성을 의미하며 이것은 북한의 유일한 정당인 로동당이 "자기의 경제정책을 통하여 사회주의사회에서 작용하는 경제법칙의 요구를 경제실천에 옳게 구현할수 있는 지침을 밝혀주며 당의 경제정책은

26) 리기성, 위의 글, 16~17쪽.

27) 리기성, 위의 글, 17쪽.

사회주의경제건설의 지도적지침으로서 경제전략과 그리고 구체적현실에 맞게 경제법칙의 요구를 구현할수 있는 전술적방침을 포괄하고 있다"는 논리로 귀결된다.

따라서 북한에서 경제학은 로동당의 경제정책을 깊이 연구함으로써만 사회주의건설의 현실적 조건에 맞게 경제법칙을 활용하여 (인민) 대중의 요구를 실현할 수 있는 방향과 방도를 찾을 수 있으며 사회주의, 공산주의 건설의 도구로서의 사명을 다할 수 있다는 것이다. 나아가 경제학의 과업은 사상, 기술, 문화의 3대혁명을 수행할 데 대한 사회주의, 공산주의 건설의 총노선, 사회주의 자립적 민족경제건설노선, 사회주의경제건설의 기본노선, (인민)경제를 주체화, 현대화, 과학화할 데 대한 경제건설의 전략노선 등 로동당이 제시한 주체의 경제건설 전략과 노선들을 철저히 구현하고 그의 진리성을 과학적으로 논증하는 것이 된다는 것이다.[28]

위에서 살펴본 경제학의 목적(사명)과 대상은 비록 주체사상이라는 옷을 입고 있으나, 북한에서 주체사상이 공식화[29]되지 전 정의되었던 북한의 독특한 과도기 이행론(즉 공산주의사회로 이행하기 위해 경제적 목표와 사상적 목표 중 어느 것도 절대화시키지 않고, 인간의 의식과 사상적 목표를 우위에 두고 여기에 물질적 조건과 경제 발전 목표를 결합시키는 입장)에 바탕을 두고 있음을 알 수 있다. 그리고 경제학의 연구 범위도 주체사상이 공

28) 리기성, 위의 글, 48~49쪽.
29) 북한은 1970년 제5차 노동당대회에서 주체사상을 당 이념으로 공식화하여 당 규약에 명문화하였다.

식화되면서 로동당이 제시한 경제발전 전략과 노선에 맞추어져 있으며 이것들을 이론적으로 증명하는 것이 경제학의 연구 목표가 된다는 것을 알 수 있다.

제2장

북한 경제의 형성과 구조(1953~1986)

천리마작업반운동 ▸

◂ 대안의 사업체계 : 사업총화

제2장

북한 경제의 형성과 구조(1953~1986)

■ ■ ■

1. 전후 북한 경제건설의 기본노선과 자력갱생

김일성을 위시로 한 공산주의자들은 해방 이전의 북한을 낙후된 전형적인 식민지 · 반봉건적 농업국가로 정의하였다. 그리고 민주주의적 자주 독립 국가를 건설하기 위해 반제반봉건민주주의혁명을 수행할 데 대한 정치노선과 당면과제를 결정하고, 혁명발전에 전반적으로 유리한 정세가 마련되었다고 판단하고 북한에서 먼저 반제반봉건민주주의혁명을 수행하여 '민주기지'를 창설한다는 전략적 방침을 세웠다.

정권을 장악한 공산세력은 '민주기지'론에 입각하여 1946년 3월부터 토지개혁을 시작으로 중요산업을 국유화하고 노동법령 등을 제정하는 등 경제, 사법, 문화, 교육 등 사회 전(全) 분야에 걸친 민주주의적 개혁을 실시하였다. 북한에 따르면 토지개혁과 중요산업의 국유화를 위시한 일련의 개혁적 조치로 북한에서는 제국주의 잔재와 봉건적 관계가 일소되고 인민민주주의제도가 확립되었으며, 1946년 8월 북조선공산당과 신민당을 합당하여 북조선로동당이 창립되고 로동당이 주도하는 1947년 2월 북조선인민위원회가 수립되면서 '프롤레타리아독재정권'의 기반이 마련되었다고 한다.[1)]

그러나 아직 북한에서는 사회주의 또는 공산주의에 바탕을 둔 경제정책 그리고 기반은 마련되지 않았다. 북한에서 사회주의적 경제정책이 실시된 것은 정전 직후인 1953년 8월 초순 노동당 중앙위원회 제6차 전원회의에서 전후 경제건설의 기본노선인 "중공업을 우선적으로 발전시키면서 동시에 경공업과 농업을 급속히 발전시킨다.(이하 중공업우선)"가 나온 후였다.

북한지역은 3년이 넘는 전쟁 기간 중 엄청난 피해를 입었다. 모두 3백만 명이 넘는 사상자가 나왔으며 대부분의 농업 그리고 산업기반은 심각한 피해를 입었다.[2)] 이러한 사정을 배경으로 중공업우선 정책은 사회주의 경제건설에서 중공업을 우선적으로 발전시키는 소련의 발전모델을 차용한 것이라고 볼 수 있다. 중공업을 우선적으로 발전시키는 소련의 발전모델은 프레오브레진스키(Preobrezenski)와 펠드만(Fel'man)에 의해 그 토대가 완성되었는데 프레오브레진스키가 이론적 토대를 만들었고 그것을 펠드만이 수학적으로 증명을 한 것이었다.

1) 고승효 지음/이태섭 옮김, 『현대북한경제 입문』(서울: 대동, 1993), 37~38쪽.
2) 37만 헥타르의 논밭과 총 8천 7백여 동의 공장과 기업소 등이 피해를 입어 농업생산과 공업생산은 1949년과 비교할 때 각각 24%, 36% 정도가 감소하였다(고승효, 위의 책, 111쪽).

프레오브레진스키는 마르크스주의적 역사유물론을 당시 소련사회에 적용해 사회주의하에서의 생산관계의 모순을 노동계급과 쁘띠부르주아계급에서 찾았는데 쁘띠부르주아계급을 농민으로 규정하고 있었다. 그는 또한 생산력의 발전을 위해서는 공업 그중에서도 중공업의 발전이 필수적인데 중공업 발전에 필요한 자본을 공업과 농업 간의 협상 가격차에서 찾았다. 즉 공업제품을 농민에게 비싼 가격으로 팔고 식량을 농민으로부터 싼 가격에 사는 차이에서 공업화에 필요한 자본을 축적, 제공한다는 것이다. 소련은 이것을 위해 농촌지역에서 급격하게 거대한 협동농장을 만들고 농촌을 수탈하여 중공업에 필요한 내부 축적을 진행하였다.[3)]

북한이 소련의 방식을 차용하였으나, 북한의 중공업우선 정책은 공업화만을 추진하기 위해만이라기보다는 자기완결적인 경제체계를 기반으로 자립적인 경제를 확립하기 위한 것이었다. 북한에서 중공업우선 정책을 추진하기 위한 가장 중요한 축적의 원천은 소련 등 사회주의국가들로부터의 경제 원조였다.[4)] 전후 복구 발전 3개년계획 기간(1954~1956) 중 북한은 중공업 발전에 필요한 자본을 원조에서 충당하는 한편 농촌에서 급속한 농업 협동화 정책이 추진되었다. 북한에서 농업 협동화 방침은 소련의 발전모델을 따라가는 측면이 있으나, 소련의 모델과는 다음과 같은

3) John Eatwell, Murray Milgate, Peter Newman eds., *Problems of the Planned Economy*(New York: The Macmillan Press, 1990), pp.214~217.

4) 전후 복구 발전 3개년계획 기간(1954~1956) 동안 국가 예산 수입에서 대외 원조가 차지하는 비중은 연평균 23.6%였다[최고인민회의 제2기 제2차 회의(1958.2) 예산 보고].

차이점을 가지고 있었다.

상기에서 함의되었듯이 북한에서 급속한 농업 협동화 정책은 공업과 농업 간의 협상 가격차에 따른 공업화에 필요한 내부 축적보다는 식량 자급자족의 목적이 더 중요하였다. 전쟁 이후 북한의 식량 생산은 대체적으로 정체되어 있었으며 전쟁 중 많은 사상자로 인하여 노동 부족 현상이 일어나고 있었다. 뿐만 아니라 사회주의 개혁이 아직 이루어지지 않은 농촌은 개인농에 기초하고 있었기 때문에 계급 양극화 현상[5]이 일어나고 있었으며 이것은 생산량 증가의 부정적인 영향을 미치고 있었다.

북한으로서는 농업생산량을 획기적으로 늘리기 위해서는 개인농으로 파편화되어 있는 농지를 통합, 정리하여 생산자본이 투입될 수 있는 기반을 만드는 것이 선차적인 과제였다. 또한 낙후되고 보수적인 것으로 간주되었던 농민들의 의식(사상)을 사회주의적으로 바꾸는 것도 중요한 과제로 제기되었다. 이에 북한은 먼저 개인 수공업 및 자본주의적 상공업의 협동화를 통해 생산수단에 대한 사적 소유를 완전히 철폐하고 농촌에서의 농업 협동화를 통한 생산관계의 사회주의적 개조를 1954년부터 본격적으로 추진하여 1958년 완성하였다.[6]

북한에서 중공업우선 정책에서 천명되었던 '경공업 동시 발전'은 1956년 천리마운동이 시작된 후로부터 현실적인 모양새를 갖추게 되었다. 북한에서 중공업우선 정책이 소련과는 달리 보다

5) 김일성, 「농촌 경리의 금후 발전을 위한 우리 당의 정책에 관하여」(1954. 11.3), 『김일성전집 17』(평양: 조선로동당출판사, 1997), 339쪽.
6) 高瀨淨 지음/이남현 옮김, 『북한 경제입문』(서울: 청년사, 1988), 137쪽.

자립적인 경제체계의 기반을 위한 것이기 때문에 농업과 더불어 경공업을 동시에 발전시킨다는 것은 이상한 것이 아니었다. 결국 생필품을 생산, 공급하는 경공업도 자력으로 해결하겠다는 의지가 전후 경제복구건설 노선에 표명되었다고 할 수 있으나, 1956년 12월에 시작된 천리마운동 전까지는 가시적이고 실질적인 정책이 없었다. 1956년 북한은 자립적 경제체계의 기반 확립에 대한 보다 구체적인 안을 간구하지 않으면 안 되는 실정에 놓여 있었다.

북한에 따르면 전후 복구 발전 3개년계획 기간 동안 북한의 공업 성장률은 연평균 41.7%이었으며, 이 중 생산수단과 소비재 연평균 성장률은 각각 59.4%, 28.0%였다.[7] 1956년 식량 생산량은 1955년에 비해 약 23%가 증가된 280만 톤[8]이었으며 이것은 1949년 식량 생산량 279만 톤보다 많은 것으로 전쟁 전 수준으로 회복되어 정상화되었음을 의미한다.

이러한 성과는 중공업우선 노선이 성공하고 있음을 입증할 만한 것이었으나 중공업우선 노선에 절실히 필요한 자본은 소련을 위시로 한 외국으로부터 오는 원조에 의한 것으로서 중공업우선 노선을 고수하기 위해서는 외국으로부터 지속적인 원조가 절실하였다. 그러나 북한은 외국으로부터 원조를 충분히 확보할 수 없었다. 소련의 원조는 외국으로부터의 원조 중 압도적인 비중을 차지하고 있었는데 북한의 중공업우선 정책에 불만을 갖고 있었

7) 조선로동당출판사, 『우리 당에 의한 속도와 균형문제의 창조적해결』(평양: 조선로동당출판사, 1964), 101쪽.
8) 김일성, 「사회주의 혁명의 현 계단에 있어서 당 및 국가 사업의 몇 가지 문제들에 대하여」,(1955.4.4), 『김일성전집 18』, 83쪽.

던 소련[9]은 북한에 대한 원조를 전후 복구 3개년 기간보다 약 50% 이상[10] 줄였다.

소련뿐 아니라 그 어디서도 자신들에게 필요한 자본을 기대할 수 없었던 북한은 내부 축적에서 그 해답을 찾았다. 여기서 내부 축적이란 협상가격차에 의한 농촌을 수탈하는 방식보다는 절약과 혁신을 통해 증산을 하는 방식이었다. 김일성은 1956년 12월 전원회의의 결정사항을 일방적으로 밑으로 전달하여 증산을 요구하는 것으로 '내부예비(內部豫備)'를 동원할 수 없음을 역설하

---

9) 1955년 스탈린 이후 정권을 잡은 흐루시초프(Nikita Sergeevich Khrushchev)는 실용주의적 개혁을 단행하고 사회주의권 경제통합체인 코메콘(COMECON, Council for Mutual Economic Assistance)을 확대, 강화했다. 바로 이 시기에 북한은 코메콘 가입을 거부하고 자력갱생의 원칙에 기초하여 민족경제를 건설한다는 '자립적 민족경제 건설노선'을 경제정책의 기본 노선으로 설정했다. '중공업우선 발전, 경공업 · 농업 동시 발전'이라는 중공업 최우선 정책을 추진하며 내부의 자원을 극대화해 경제개발을 추진하겠다는 의지를 밝힌 것이다.
소련은 북한의 독자적 발전노선을 그냥 좌시하지 않았다. 소련은 당시 공산당 간부이며 후에 서기장이 되는 실력자 브레즈네프(Leonid Il'ich Brezhnev)를 1956년 4월 노동당 제3차 대회에 파견하여, 노골적으로 북한의 중공업 최우선 정책을 반대하며 코메콘에 가입할 것을 종용(慫慂)하고, 북한도 소련과 같은 집단지도체제로 갈 것을 우회적이지만 강력히 요구하였다. 북한의 발전전략과 권력구조에 대한 소련의 우회적이지만, 강력한 비판은 북한 정권 내 반 김성일 세력을 부추기고 규합시켰다. 1956년 6월 1일부터 7월 19일 박금철, 윤공흠, 최창익 등이 연루된 소위 '8월종파 사건'이라는 북한역사 상 유일한 반 김일성 쿠데타 사건이 발생했고, 사건은 반 쿠데타 세력의 퇴출과 숙청으로 일단락되었다.
이 사건을 계기로 북한과 소련과의 관계는 불가피하게 불편해졌다. 북한이 코메콘 가입을 거부하고 중공업 최우선 정책을 고집하자, 북한에 대한 소련의 경제원조는 급강하였다[Phillip H. Park, *Self-Reliance or Self-Destruction?* (New York: Routledge, 2002), pp.29~30].

10) 국토통일원 편, 『최고인민회의 자료집 2』(서울: 국토통일원, 1988), 550~551쪽.

고 내부예비 동원 방도를 대중과 직접 토의해 보기로 하고 같은 해 12월 28일 강선제강소에 직접 내려가 노동자들과 토의하고 방도를 찾았다고 한다.

강선제강소는 생산능력을 고려하여 원래 6만 톤의 강재 생산을 계획 받았다고 한다. 그러나 김일성이 직접 강선제강소에 내려가 노동자들을 모아 놓고 계획보다 더 많은 강재가 요구됨을 호소하며 함께 방법을 찾을 것을 강구하자, 노동자들은 9만 톤의 강재 생산을 할 것을 결의하고, 결국에는 결의한 것보다 3톤이나 더 많은 12만 톤을 생산하였다고 한다.[11]

이것에 고무된 김일성은 경제건설에서 대중들이 창발성을 발휘할 수 있도록 위로부터의 지도가 이루어지면 대중들의 적극성이 발동되고 이것이 증산에 결정적인 영향을 미친다는 교훈을 얻고, 경제건설 사업을 전(全) 인민적 차원에서 중앙당 간부들이 직접 현지에 내려가 생산 노동자들과 함께 토론하고 그들의 의견을 수용하는, 즉 지도 간부의 지도와 대중의 자각과 창발성이 결합하는 바탕에서 경제건설 방향이 전개되도록 한다. 이것이 북한 경제건설의 총 노선[12]이라는 '천리마운동'의 시작이었다.

11) 김일성, 「시, 군 인민위원회이 당면한 몇가지 과업에 대하여」(1958.8.9), 『김일성전집 22』, 197~198쪽.

12) 이에 대해 김일성은 다음과 같이 말했다. "이리하여 천리마운동은 경제와 문화, 사상과 도덕의 모든 분야에서 온갖 뒤떨어진 것을 쓸어버리고 끊임없는 혁신를 일으키며 사회주의건설을 비상히 촉진시키는 우리 나라 수백만 근로자들의 일대 혁명운동으로 되었으며 사회주의건설에서 우리 당의 총로선으로 되었습니다."[김일성, 「조선로동당 제4차대회에서 한 중앙위원회사업총화보고」, 『김일성전집 27』(평양: 조선로동당출판사, 1999), 363쪽].

■ ■ ■

2. 천리마운동과 비(非)계획 부문 경제의 활성화 : 지방경제와 협동농장

천리마운동은 중공업 분야에서 시작된 것이지만 경공업이 중심이 된 지방공업 확대와 발전에 심대한 영향을 미쳤다. 천리마운동이 한창 진행 중이던 1958년 6월 당 중앙위원회 전원회의에서는 전 인민적 운동으로 중소 규모의 지방공업을 대대적으로 발족시킬 것에 대한 결정을 내렸으며, 이후 지방공업은 북한 전 지역에서 급속하게 확산된다.[13] 지도부에서의 이러한 결정은 외국으로부터의 원조가 급감한 것에서부터 촉발된 것이긴 하지만, 새로운 정책이 만들어 진 것은 아니었다.

중공업우선 정책이 처음 천명된 1953년이었으며 북한 지도부는 이미 경공업과 농업을 동시에 발전시킨다는 자립적 경제기반 확립이라는 목표를 갖고 있었다. 이 목표가 5년이 지난 1958년에 정책으로 현실화된 것이었다. 이에 따라 지방공업은 그 설립 초기부터 명확한 목표와 역할을 갖고 있었다.

지방공업은 주로 중소 규모의 공장들에 기초하여 일반 소비품 생산을 위주로 하면서 기계설비, 철재, 연료 등 일부 생산 수단에 대한 지방적 수요도 지방 자체로 해결할 수 있는 지방공업의 자립적 발전, 지방 경제의 종합적 발전을 추구하는 것이었다. 이

13) 1959년 9월 현재 2000여 개의 지방공업이 있었으며, 1957년을 100으로 할 때 지방공업 생산액은 1958년 171, 1959년 340, 1960년 423 그리고 1961년 500으로 성장하였다[박룡성, 「지방 공업의 확고한 토대 축성과 새로운 발전 단계」, 『근로자』 1962년 제15호, 18쪽].

에 따라 각 도에는 지방공업에서 생산된 생산물을 기본적으로 지방적 수요를 충당하기 위하여 자체로 처분할 수 있는 권한이 주어졌으며 지방에서 요구되는 일부 생산 수단도 자체로 생산할 수 있도록 하였다.[14]

북한은 소비재 및 일부 생산 수단에 대한 지방적 수요를 지방 자체로 충당하게 하여 국가적 부담을 줄임으로써 중앙은 중공업 건설과 대규모 경공업 건설에 역량을 집중하여 외국원조의 급감으로 인한 축적 위기를 해결하려 하였다. 이것은 독특한 북한 경제구조를 형성하는 데 심대한 영향을 주는 것이었는데 지방공업의 육성을 통한 지방에서 생활에 필수적인 소비재 수요 충족을 위한 자기완결적인 경제체계를 구축하는 것은 국가 차원에서의 자립적 경제체계 확립뿐만 아니라 지방 차원에서도 경제적 자립을 추구하는 것이었다.

지방에서 (한정적인 의미이긴 하지만) 자기완결적인 경제체계를 구축하는 것은 필연적으로 지방으로의 행정적인 분권화[15]를 촉진하게 되는 계기가 되었으나, 이것이 지방으로의 정치적 분권화로 이어지지는 않았다. 북한은 도경제위원회를 행정 상위 단위인 경공업위원회의 생산 기술적 지도를 받게 하였으며, 도당

14) 김상학·박영근, 「현시기 공업 관리 체계 개편의 객관적 필연성과 그의 인민 경제적 의의」, 『근로자』 1959년 제15호, 27~30쪽.

15) 중앙 기관으로부터 많은 관리 및 기술간부들과 일부 공업 기업소들이 도경제위원회 산하로 이관되었으며, 도경제위원회는 중앙공업에 대한 통제와 지도 기능을 수행하면서, 종전에 도, 시, 군 인민위원회들의 관리하에 있던 지방공업 및 수산업 기업소들과 임업성 산하 기업소들을 이관 받아 직접 관리하게 되었다[김상학, 「인민 경제 발전에서 도경제위원회의 역할」, 『근로자』 1960년 제7호, 15~17쪽].

위원회장이 도경제위원회 위원장을 겸임하도록 하여 도경제위원회를 도당위원회의 당적 통제 아래 두었다.

이와 같은 도경제위원회 조직은 천리마운동의 군중노선을 반영한 것으로 중앙공업에 대한 지방적 창발성을 강화하는 한편 지방공업에 대한 당적 지도를 강화하는 것이었다. 즉, 도경제위원회 조직은 지방의 창발성을 높이는 틀에서 중앙 및 지방공업에 대한 국가 중앙 기관의 행정 기술적 지도와 지역 당 조직에 당적 지도의 결합을 강화하는 방향에서 이루어 졌다[16]고 할 수 있다.

지방으로의 행정적 분권화는 행정적인 차원에서 지방 경제의 상대적 독자성을 의미한다. 즉 지방의 소비재와 지방 차원에서 요구되는 일부 생산재 수요를 충족하는 범위에서 지방경제가 운영되었음을 의미하며 아울러 천리마운동이 시작되면서 지방 경제가 점진적으로 중앙정부의 중앙 집권적 계획경제 밖에서 운영되었음을 시사하고 있다. 이러한 지방 경제의 상대적 독자성은 지방 재정 자립도[17]에서도 확인되는 것인데, 지방 재정 자립도는 1957년 31%에서 1960년에는 92%로 급증하면서 대부분의 지방(도 차원)에서 재정 자립이 이룩되었다[18]고 한다.

16) 김상학, 위의 글, 17쪽.

17) 북한에서 지방 경제는 지방적 수요를 자체로 해결하는 방향에서 지방 경제의 종합적 발전을 추구하는 것이었기 때문에 지방 재정은 주로 지방에서의 경제활동에 의하여 결정된다. 그러므로 지방 재정 자립도는 지방 자생적인 경제와 중앙집권적 계획경제의 거리를 상징적으로 나타냈다고 할 수 있다.

18) 최고인민회의 제2기 제7차 회의 (1960.2) 예산 보고.

또한 지방공업의 생산 규모도 비약적으로 성장하게 되는데 전체 소비재 생산에서 지방공업이 차지하는 비중은 1956년 13%에서 1962년 51%로 증가하였다[19]고 한다. 총인구의 절반(약 45%)이 지방에 거주하는 당시 북한의 인구 분포를 고려할 때 북한은 1960년대부터 지방 수요를 충족할 만큼의 소비재를 지방스스로 해결하였다는 것이다. 그리고 이것은 북한의 총 소비재 중 약 절반 정도가 중앙집권적 계획경제이외의 영역에서 생산·소비되고 있음을 의미한다.

지방 경제의 분권화는 도에서 군(郡)으로 더욱 세부화되었다. 군당위원회는 1962년 8월 지방당 및 경제 일군 연석회의 이후부터 군내의 모든 사업을 통일적으로 장악, 지도하는 기능을 수행하게 되었다.[20] 이 조치로 지방 경제는 군을 중심으로 재구성되는데 북한 지도부는 군을 사회주의 농촌건설의 지역적 단위 거점으로 설정하고 군을 통해 농촌에서의 기술, 문화, 사상 혁명을 촉진하고, 도시와 농촌을 결합하여 농촌에 대한 도시에 정치적 경제적 문화적 지원을 실현하는 동시에 협동조합적 소유를 전 인민적 소유로 상장 전환시킨다는 임무와 목표를 군에게 부여하였다.

군을 지방 경제의 중심에 놓는다는 북한의 주장은 거창하게 들리지만, 핵심은 1962년 8월 이후부터는 소비재 수요 충족을 위한 소비재 생산과 그에 따른 기계설비, 철재, 연료 등과 같은 일

19) 「1962년 경제 계획 실행에 관한 중앙통계국 보도」, 『노동신문』(1963년 1월 17일자).
20) 편집국, 「당 규약은 당 조직들의 활동 준칙이며 당생활의 기본표준이다」, 『근로자』 1961년 제10호, 36~37쪽.

부 생산재 생산을 도(道) 단위가 아니라 군(郡) 단위에서 하겠다는 것이다. 북한의 이러한 조치는 두 가지 측면에서 고찰해 볼 수 있다.

먼저 지방으로의 경제 그리고 이에 관련 또는 따르는 행정의 분권화는 중공업우선 정책을 고수하면서 외국에서 오는 원조의 급감으로 인한 축적 위기를 극복하기 위함이었다. 북한은 천리마운동에 기반을 두고 이러한 분권화를 추진함으로써 지방의 창발성을 강화하여 경제, 행정적으로는 효율성을 높이려 하였지만, 정치적으로는 당적 통제를 강화하여 집단주의적 사상 고리의 끈을 놓지 않았다. 보다 정확히 표현하자면 지방의 창발성을 집단주의적 사상의 틀에서 강화하려 하였던 것이다.

그러나 도(道)라는 광범위한 행정단위를 지도와 통제가 가능한 집단주의 사상의 틀에 넣기란 매우 어려운 일이었다. 집단주의적 사상 강화는 구체적인 현실에서 구체적인 대상을 놓고 이루어지지 않으면 효과를 내기 어렵기 때문이다. 북한에서 군(郡)은 평균 20여 개의 협동농장과 1만 헥타르 내외의 경지가 있으며, 그 지역 내에서는 자연경제적문화적 차이가 그다지 크지 않다고 하며 말단 행정단위이다.[21] 그러므로 군은 당적 통제와 지도 그리고 천리마운동을 기반으로 한 군중노선의 실현이 도 단위와 비교하여 보다 현실적으로 가능한 단위가 된다.

둘째, 지방 경제를 군 단위로 재편성하기 위해서는, 즉 각각의 군이 군내에서 요구되는 소비재 생산과 소비 그리고 일부 생

21) 고승효 지음/김한민 옮김, 『북한사회주의 발전연구』(서울: 청사, 1988), 226쪽.

산재까지도 자체에서 생산 · 소비하기 위해서는 소비재 생산 그 중에서도 가장 중요한 식량 생산의 원천이 되는 군내의 협동농장들을 하나의 체계로 묶어내어야 할 필요가 있었던 것이다. 이를 위해 북한에서는 1961년 말부터 1962년에 걸쳐 농업협동경영에 대한 종래의 행정적 지도 방식을 개정하고, 군협동농장경영위원회를 중심축으로 하는 새로운 농업지도체계를 확립하였다. 예전의 행정적 지도 방식은 다음과 같은 문제점을 안고 있었다고 한다.

북한은 사회주의 농업발전론에 의거하여 공업기업의 관리운영 방식인 기업적 방식[22]을 농업의 지도와 관리에 도입하려 하였지만 각 협동농장이 농업생산에 필요한 기술수단 및 기술역량을 각자 스스로 해결하기 어려웠고, 만약 이것이 가능하다 하더라도 그 관리운영을 각 협동농장에 맡겨버린다면, 농업협동경영에 대한 국가적 지도와 농업에 대한 공업의 지원이 분산되어 그 효과가 희석될 우려가 있었다. 북한은 농업의 지도와 관리에 기업적 방식을 도입하기 위해서는 전문적인 국가농업지도기구가 필요하다는 판단 아래 군을 중심으로 이러한 국가농업지도기구인 군협동농장경영위원회를 만든 것이다.

더 나아가 군 단위로까지의 이러한 경제 · 행정의 분권화는 청산리방법과 연관되어 있다. 청산리방법이란 1960년 2월 김일성이 청산리 현지지도를 계기로 하여, 관료주의와 형식주의를 극복

22) 북한에서 기업적 방식이란 생산에 대한 기술지도를 강화하고 기업의 모든 경영활동을 계획화 그리고 조직화하는 것을 말한다[김일성, 「우리나라에 있어서 사회주의 농촌문제에 관한 테제」, 『김일성전집 33』, 46쪽].

하기 위한 새로운 당 사업 체계와 방법으로 아래 사람들을 관료주의적으로 명령과 지시로 움직이는 것이 아니라 밑에 내려가 도와주고 대중과 토의를 바탕으로 걸린 문제를 해결해 주는 방법이며, 구체적인 하부 실정 파악을 바탕으로 대중을 당 정책 관철에로 조직 · 동원하는 사업체계라고 한다.[23] 즉 청산리방법은 일방적인 명령하달의 관료주의적 행태를 탈피하고 천리마운동의 대중노선을 관철시켜 당지도의 통일성을 보장하면서 대중의 적극성과 창발성에 의거하여 대두되어 있는 문제를 해결하는 방식이라는 것이다.

1961년 12월 대안전기공장에서 김일성의 현지지도를 통해 새로운 공장 · 기업소 관리체계가 창출되고, 공업기업의 관리운영에서 청산리방법을 구현한 대안체계가 도입되었다. 같은 시기 농업에서는 군협동농장경영위원회를 중심축으로 하는 새로운 농업지도체계가 확립된 것이며, 군협동농장경영위원회는 청산리방법을 군을 중심으로 하는 농촌에서 보다 구체적인 실현하기 위해 설립되었다고 볼 수 있다.

천리마운동으로 상징되는 군중노선을 기반으로 한 절약과 증산을 통한 경제건설을 보다 현실적인 차원에서 실현하겠다는 것이 군 단위로까지의 경제 · 행정의 분권화 추진하였던 북한 지도부의 의도였던 것이다. 그러나 이러한 분권화 조치는 북한 지도부의 의도와는 상관없이 북한 경제를 둘로 나누는 결과를 초래하였다. 북한 경제는 중앙집권적 계획이 지배적인 영역(중공

[23] 편집국, 「청산리방법은 사회주의 건설을 촉진하는 위력한 무기이다」, 『근로자』 1963년 제3호, 10~12쪽.

업과 대규모 경공업)과 중앙집권적 계획 이외의 영역(중소 규모의 경공업이 중심이 된 지방공업과 협동소유가 지배적인 농업)으로 나뉜 것이다.

위에서 살펴보았듯이 중소 규모의 경공업이 중심이 된 지방공업은 군에서 요구되는 소비재를 자체의 생산으로 충족하기 위해서 운영되었다. 군에서 요구되는 소비재를 군 자체의 힘으로 충족한다는 것은 군에 존재하는 내비를 찾아내고 동원하는 것과 군에 존재하는 유휴자재를 활용하여 생산하는 것을 의미한다. 내비와 유휴자재는 중앙집권적인 계획에 잡혀있지도 않고 들어가 있지도 않는 것이기 때문에 중앙집권적 계획이외의 영역에 속한다.

그러나 군을 중심으로 하는 지방 경제가 북한에서 사회주의경제의 영역을 벗어난 것은 아니다. 앞에서 살펴보았듯이 북한은 사회주의를 공산주의사회로 가는 과도기로 설정하고 물질적 목표와 사상적 목표 어느 것도 절대화하지 않으며 인간의 의식과 사상적 목표를 우위에 두고 여기에 물질적 조건과 경제발전 목표를 결합시키는 것에서 공산주의사회로의 이행을 완성하겠다는 목표를 갖고 있다. 나아가 북한은 도시와 농촌의 차이 그리고 노동자계급과 농민의 계급 차이가 존재하는 현실을 인정하고 이를 없애는 것을 과도기에서 해결하여야 할 과제로 보고 있다.

이런 측면에서 볼 때 농촌(지방)에서 경제적 목표(물질적 요새)와 사상적 목표(사상적 요새)는 도시와는 차이를 보일 수밖에 없으며 중앙집권적 계획이라는 보다 높은 단계의 경제운영 방식이외에 방식으로 진행되어야 한다는 것을 의미한다.

북한의 지방경제는 정치적으로 당적 통제를 받았으나, 경제·행정적으로 상대적 독자성을 갖고 운영되었으며 계획이라는 통제적인 틀보다는 대중을 동원하여 내비와 유휴자재를 찾아내고 활용하는 보다 자율적인 틀에서 경제가 운영되었다. 중앙집권적 계획의 틀 밖에서 운영되는 지방 경제는 북한이 정의하고 설정하고 있는 과도기론에 의거한 것이며 과도기적인 성격을 갖고 있다. 그리고 이러한 이중적 경제운영체계는 과도기론에서 명시하고 있듯이 '도시와 농촌의 차이, 노동자계급과 농민의 계급 차이를 없애 단일적 전 인민적 소유제에 입각한 무계급 사회가 건설'되기까지 유지될 것으로 보인다.

북한의 발전론인 '중공업우선 노선'에서 볼 수 있듯이 북한은 과도기에서 경제적 목표와 사상적 목표 둘 중 어느 것도 절대화시키지 않고 사상적 목표를 우위에 두고 여기에 물질적 조건과 경제적 목표를 결합시키는 방향에서 경제건설을 추진하였다. 북한의 이러한 노선은 천리마운동과 청산리방법으로 보다 정제화되었으며 천리마작업반운동과 대안의 사업체계에서 보다 구체화되어 실천적 의미를 갖게 되었다. 제1장에서 살펴보았듯이 천리마작업반운동과 대안의 사업체계는 북한의 경제정책의 정형이 되는 것들인데 북한 계획 경제의 기본 질서를 규정하는 '계획의 일원화 그리고 세부화 체계'와 현재 북한 공업의 근간적인 형태와 성격을 이루는 '연합기업소'를 통해 보다 구체적으로 살펴보자.

3. 1986년 전면 도입된 연합기업소체제의 배경

3-1) 계획의 일원화와 세부화 체계 도입의 배경과 이에 따른 모순

북한의 경제의 틀을 이루는 중요한 경제 정책은 대부분 경제 위기에 대처하고 극복하기 위해서 고안되고 나온 것들이다. 위에서 살펴보았듯이 천리마운동 그리고 그것이 정형화된 천리마작업반운동, 청산리방법, 그리고 대안의 사업체계는 모두 외국으로부터 원조가 급감한 1956년부터 시작된 축적 위기에 대처하고 이를 극복하기 위해서 나온 것들이었다. 이와 같이 북한 경제의 내용과 틀을 결정짓는 중요한 경제 정책들은 경제적 위기가 발생하였을 때, 이것을 대처하고 극복하기 위해서 고안되어 나온 것들인데 1964년 그리고 1965년 각각 본격적으로 도입된 계획의 일원화 그리고 세부화 체계도 예외가 아니었다.

계획의 일원화 그리고 세부화 체계가 도입되는 1960년대 중반 북한 경제는 또 다시 위기를 맞이하고 있었다. 북한이 경제 위기 돌파를 위해 추진하였던 천리마운동을 비롯한 모든 경제 정책은 생산요소(노동과 자본[24]) 투입을 늘임으로써 경제 성장을 도모하는 외연적 성장(extensive source of growth) 방식이었다. 그런데 이 외연적 성장 방식은 수확체감의 법칙(the law of diminishing return)에 적용을 받기 때문에 성장률은 시간이 지남에 따라 둔화될 수밖에 없다.

24) 여기서 자본은 화폐보다는 생산재를 생산할 수 있는 원자재 또는 원료 등을 가리킨다.

노동신문이 1964년 1월 18일자로 보도한 1963년 공업생산액 성장률은 8%[25]이었는데 이것은 제1차 5개년계획 기간(1957~1960) 동안의 공업생산액 평균 성장률 36.6%에 비해 엄청나게 떨어진 수치였다. 이렇듯 1963년부터 북한은 수확체감의 법칙에 의한 외연적 성장 방식의 한계를 맞이하고 있는 상황이었다.

이와 같은 문제의 원인은 1963년부터 본격화된 경제, 국방건설 병진노선으로 자원 부족 문제가 더욱 악화된 것에서도 찾을 수 있다. 북한은 1962년 10월 경제에서 자주 노선을 천명하는 것을 시작으로 같은 해 12월에는 국방에서 자위 노선, 그리고 1963년 2월 정치에서 자주 노선을 대·내외적으로 공식화하였다.

경제와 더불어 국방에서도 자주 노선을 천명한 것은 경제, 국방건설 병진노선을 추진한다는 것이다. 북한은 1963년부터 경제뿐 아니라 국방력 강화를 위해 예전보다 더 많은 자원을 군사부문에 배분한 것으로 보이며,[26] 이것은 북한에서 자원 부족 현

25) 「1963년 경제 계획 실행에 관한 중앙통계국 보도」, 『노동신문』(1964년 1월 18일자).

26) 북한이 정확히 얼마만큼의 자원을 국방력 강화를 위해 더 배분하였는지는 북한의 공식 문헌에는 나오지 않는다. 그러나 국방은 중공업을 기반으로 하고 있다는 점을 고려할 때 국방력 강화를 위해 자원배분을 중공업 부문에 예전보다 더 많이 할 것임은 합리적인 가정이며 북한의 문헌에서 이 점은 확인할 수 있다. 1963년 1월 17일자 노동신문의 보도에 의하면 1962년 공업 부문에서 투자비 총액 중 경공업이 차지하는 비중은 41%였다고 한다. 따라서 중공업이 차지하는 비중은 59%가 된다. 하지만 1963년 5월에 열린 최고인민회의 3기 제2차 회의 예산 보고에서 공업 부문 투자 중 중공업이 차지하는 비중은 86.3%라고 명시 되어 있다. 그러므로 공업 부문 총 투자액 중 중공업이 차지하는 비중은 1962년과 1963년 일 년 사이 27.3%나 증가 한 것이었다. 예산이 1962년과 1963년 사이 약 8.6%가 증가한 점도 아울러 고려한다면, 중공업 부문에 대한 투자가 1962년과 1963년 사이 급격하게 증가하였음을 알 수 있다.

상을 더욱 심화시키는 것이었다.

북한의 자원 부족 문제는 천리마운동과 같은 대중동원식의 경제건설에서 오는 자원 낭비 그리고 공장·기업소들의 본위주의와 그리고 여기에 대처하는 국가계획기관의 주관주의적 관료주의로 인한 계획의 파행적 운영에서도 문제의 원인을 찾을 수 있다. 보다 구체적으로 살펴보자.

천리마운동 그리고 이것이 집단주의 틀에서 보다 정형화된 천리마작업반운동은 기본적으로 대중의 창발성에 의거한 증산운동이다. 대중이 창발성을 발휘하여 증산에 유리한 새로운 생산방식 또는 숨겨진 내부예비를 찾을 수도 있지만 이것이 늘 성공적일 수 없다. 새로운 생산방식은 R&D(Research and Development)에 의한 신규투자가 그렇듯이 실패라는 위험부담(risk)을 항상 안고 있는 것이고, 숨겨진 내부예비를 찾았다 하더라도 그것이 지속가능(sustainable)하지 않는 경우가 일반적이다.[27]

북한은 이러한 문제를 대안의 사업체계[28]을 도입함으로써 해결하려 하였다. 대안의 사업체계는 기본적으로 생산에 대한 당적 통제를 결정적으로 강화하는 것으로서 대중동원의 과잉으로 인한 생산 조직 사업에서 일어나는 문제점을 보완하고 그 수준을 개선, 제고하여 생산의 파동성을 최소화시키고 생산을 정상화하

27) 김일성도 1959년 10월 당중앙위원회 상무위원회 확대회의에서 천리마운동이 시작된 1957년과 같은 예비가 없다며 증산은 지휘관의 능력에 따라 크게 영향을 받는다는 취지의 연설을 하였다[김일성, 「경제 사업에 대한 지도와 문화 혁명 수행에서 제기되는 몇 가지 문제에 대하여」(1959.10.22), 『김일성 저작집 24』(평양: 조선노동당출판사, 1998), 311~312쪽].

28) 대안의 사업체계에 대한 보다 상세한 설명은 앞의 제1장을 참조하라.

기 위한 것이었다. 1962년부터 대안의 사업체계는 모든 국가 경제 기관들을 움직이는 영도 체계[29]로 자리매김을 하였으며 대안의 사업체계를 보완 그리고 강화시키는 방안으로서 계획의 일원화 체계는 1964년 그리고 세부화 체계는 1965년 공식화된다.

계획의 일원화 체계가 도입되기 이전 북한의 계획화 사업은 부문별 경제 관리 체계에서 이루어 졌다. 즉 공장기업소에서 관리국과 성을 거쳐 국가계획위원회에서 계획이 최종 결정되었다. 이러한 계획화 체계는 지배인 유일지도체계가 반영된 것으로서 계획의 현물적 목표 달성에 그 유인 동기(incentive)를 둔 것이었다. 이러한 계획화 체계에서는 핏저(Fitzer)가 지적하였듯이 개별 공장 · 기업소들이 계획과제는 적게 받고 생산요소는 높게 받으려는 현상이 만연[30]하게 되는데 북한도 예외가 아니었다.[31]

북한의 국가 계획 기관은 공장 · 기업소들의 이러한 기관 이기주의적 행태에 대해 생산요소를 개별 공장 · 기업소들에게 적게 주는 반면 이들이 달성하여야 할 생산목표를 높게 설정하는 식으로 대응하였다. 공장 · 기업소들의 기관 이기주의적 행태에 대한 국가 계획 기관의 관료주의적 대응이었다. 따라서 계획은 현실을 객관적으로 반영하지 못하고 주관적으로 작성될 수밖에 없었으며 이것은 계획에서 혼란과 차질을 가중시키고 결국에는 계획을

29) 김종완 · 김정일, 「우리나라에서 사회주의 건설과 경제 관리 체계」, 『근로자』 1963년 제17호, 45쪽.

30) Donald Fitzer, *Soviet Workers and Stalinist Industrialization: The Formation of Modern Soveit Production Relations, 1928~1941*(London: Pluto Press, 1986), pp.85~86.

31) 리재영, 「사회주의 경제 관리와 계획화 사업」, 『근로자』 1966년 제9호, 11~13쪽.

실패로 이끌어 자원의 낭비를 가져오는 원인이 되었다.

대안의 사업체계가 본격적으로 도입되면서 계획화 사업에도 일대 변화가 불가피했다. 대안의 사업체계에서 계획화 사업은 군중노선을 바탕으로 이루어지는 것이었는데 계획 일군들이 직접 생산 현장에 투입되어 노동자들과 토의를 통해 현장 실정과 생산 과정을 구체적으로 파악한 상태에서 계획을 작성하도록 하였다. 또한 국가계획위원회에 직접 관리하는 지구계획위원회와 시·군 계획위원회를 별도로 신설하였는데 이들 기관들은 국가적 요구와 이익을 우위에 두고, 성, 계획국, 기업소 계획부 등 해당 지역과 부문에서의 계획화 사업에 대한 당적 지도와 통제를 강화하는 것을 목적으로 만들어 졌다.[32)]

계획화 사업이 대안의 사업체계의 틀에서 진행되면서 무엇보다 큰 변화를 겪은 것은 자재 공급 부분이다. 대안의 사업체계가 도입되기 이전의 자재 공급 체계는 성, 관리국에서 자재 공급에 대한 계획을 세우고 각 개별 공장·기업소에 대한 자재 배정서를 작성하여 내려 보내면, 각 공장·기업소는 다른 공장·기업소와 계약을 체결하고 직접 자재를 확보해야 하는 체계였다.

32) 이들은 계획의 첫 단계인 예비숫자 작성에서 주 역할이 주어지는데 예비숫자란 생산 단위인 공장·기업소들에서 생산자대중과 함께 생산 단위에서 증산을 위한 모든 가능성을 연구, 검토하여 지구계획위원회(또는 시·군 계획위원회)와 관리국과 성에 제출하는 자료를 일컫는다. 흥미로운 점은 예비숫자가 상반기 중에 신설된 지구계획위원회(또는 시·군 계획위원회)와 관리국과 성, 두 개의 경로를 통해 국가계획위원회에 제출된다는 점인데 이렇게 두 개의 경로를 통해 예비숫자를 집계하는 이유는 관리국과 성만을 통해 예비숫자가 집계될 경우에 빠져들기 쉬운 관리국과 성의 기관본위주의를 미연에 방지하고, 계획의 객관성을 높이자는 데 있었다.

자재공급의 계획을 세우기전 성, 관리국은 개별 공장·기업소에서 올려 보낸 정보(각 공장·기업소의 생산능력, 생산환경 등)를 토대로 계획을 작성하였는데 바로 이 과정에서 개별 공장·기업소의 기관 이기주의와 성, 관리국과의 관료주의가 가장 심하게 충돌되었으며 결국은 성과 관리국의 주관적인 판단으로 계획이 만들어 졌다. 그러나 대안의 사업체계에서는 위가 아래를 도와주고 집체적 지도의 원칙 아래 관리국 산하에 자재 상사를 두게 하여 산하 공장·기업소가 필요한 자재를 다른 관리국의 자재 상사로부터 구매하여 산하 기업소에 직접 공급하여 주게 하였다.[33]

또한 공장·기업소에 자재공급을 통합적으로 관리하는 자재공급부를 두어 이전의 자재 공급 체계에서 공장·기업소내의 직장별로 자재 공급원을 두고 자재 공급을 직장별로 하는 과정에서 자주 일어났던 기관 이기주의적인 행태를 근원부터 방지하려 하였다. 자재 공급부는 부지배인이 관리하였으며 부지배인은 공장·기업소 당위원회의 지도를 받았기 때문에 자재 공급부의 신설로 자재 공급과 이용에 대한 중앙집권적 통제가 강화되었던 것이다.

북한은 1963년 11월 내각 결정으로 대안의 사업체계를 모든 공장·기업소에 적용, 정착시키는 것을 제도화하였다. 이것으로 북한 계획화 체계에도 제도적 변화가 불가피해졌으며 북한은 1964년 3월 내각 결정으로 계획의 일원화 체계를 공식화한다.

북한은 자원 부족 문제의 심화로 인한 경제 위기 상황에서

33) 김일성, 「새로운 경제 관리 체계를 내올 데 대하여」(1961.12.15), 『김일성전집 28』, 235~236쪽.

계획의 일원화 체계를 공식화하는 가장 중요한 목적은 자원 부족 문제가 심화되는 상황에서 당적 지도와 통제를 대안의 사업체계 틀에서 강화하여 계획 수립에 있어 당의 통일적 지도체계를 확립하고 개별 공장·기업소들의 조직 이기주의를 극복하여 낭비를 최소화하고 생산을 극대화하자는 것이다. 다시 말하여 대안의 사업체계의 틀에서 계획사업의 목적은 생산 단위들의 조직화를 통해 생산의 극대화를 이루자는 것이었다.

계획의 일원화 체계를 보다 현실적으로 표현하자면, 생산의 기본단위인 공장·기업소들의 역량을 하나로 묶는(또는 한 방향으로 이끈다는) 것인데, 이것만으로 생산의 극대화는 실현할 수 없었다. 각 공장·기업소는 제각기 다른 생산 역량과 조건을 갖고 있었기 때문이다. 이렇게 다른 생산 역량과 조건을 가지고 있는 개별 공장·기업소들이 조화롭게 결합하여 적극적으로 생산 활동을 협동적으로 할 때 비로소 생산의 극대화란 목적이 달성될 수 있다.

북한은 대안의 사업체계의 틀에서 당적 지도와 통제의 방식을 통해 개별 공장·기업소들의 생산에 대한 결합을 추구하였다. 북한의 방식이 개별 기업소들의 조화로운 결합을 추구하는가는 의문의 여지가 있다. 왜냐하면 위의 방식은 개별 공장·기업소들의 자발적인 또는 자의적인 결합을 추구하는 것이기보다는 사람들의 집단주의적 의식(사상) 강화를 바탕으로 위로부터 의도적인 결합을 추구하는 것이었기 때문이다.

계획의 세부화 체계는 1965년 9월 제도화되는 데 계획의 세부화 체계는 생산 활동의 모든 지표들을 국가 계획안에 포괄하여 그 세부에 이르기까지 빈틈없이 세밀하게 서로 맞물리도록 하는 것, 즉 생산의 모든 요소들을 첨예하게 결합시키고 협동 생산을 세밀하게 조직하는 것이었다. 계획의 일원화 그리고 세부화 체계는 예초부터 현실에서 실현되기 어려운 논리적 모순과 실천적 한계를 가지고 있었다.

계획의 일원화 그리고 세부화 체계가 그 목적을 달성하기 위해서는 현실에서 한 가지 중요한 전제조건을 충족시키어야 하였다. 그것은 계획의 일원화와 세부화 체계에 참여하는 모든 사람들의 사상 의식이 이기주의를 뛰어넘고 높은 수준의 집단주의로 준비가 되어 있어야 하는 것이다.

계획의 일원화와 세부화 체계가 현실에서 이루어지기 위해서는 생산 활동의 모든 부분이 세부에 이르기까지 빈틈없이 서로 맞물리도록 조직되는 것이 전제 조건인데 이것은 경제를 유기체적으로 보는 시각이다. 즉 생산 활동을 담당하는 모든 경제 부문들이 서로 유기적인 관계를 가지고 연결되어 있다고 보는 시각이다(만약 어느 한 부문 또는 부분이라도 연결되어 있지 않으면 그것은 유기적 관계라 볼 수 없다).

그리고 북한에 의하면 이러한 유기적인 관계를 가능케 하는 것이 사람들의 높은 집단주의(공산주의)적인 사상 · 의식이다. 그러나 북한에서도 인정하고 있지만, 모든 (북한) 사람들의 사상의식은 아직 공산주의 수준에 도달하지 못하고 있다(북한은 그들의 과도기론에서 사상적 요새 점령을 물질적 요새 점령과 더불어 과도기의 가장 중요한 과제로 보고 있으며 북한 스스로가 인정하듯이 북한에서 과도기는 아직 끝나지 않았다). 그래서 북한에서는 교육과 실천을 통해 공산주의적 사상 강화를 강조하고 있다.

여기에 문제가 있었다. 계획의 일원화와 세부화 체계가 현실에서 실현되기 위해서는 모든 사람들의 사상적 수준이 공산주의에 이르러야 가능하지만 현실은 그렇지 않기 때문에 생산 활동의 모든 부분이 세부에 이르기까지 빈틈없이 서로 맞물릴 수 없게 되는 것이다.

또한 계획은 미래에 관한 것이지만 미래에서 불확실성(uncertainty)이라는 영역을 완전히 배제할 수 없기 때문에 계획은 불완전한 것이 될 수밖에 없으며, 일정 정도의 완충지대(buffer zone)를 계획에 포함시켜야 불확실성의 충격에 대비할 수 있다. 그러나 북한의 계획의 세부화 체계는 이러한 완충지대를 계획에 포함시키고 있지 않아 미래에 일어날 수 있는 불확실성의 충격을 대비할 수 없었다.

북한에 있는 사람들의 사상적 수준이 공산주의의 수준에 있다고 가정하고 계획을 생산 활동 모든 부분의 세부에 이르기까지 빈틈없이 서로 맞물리게 세운다는 것이 가능하다고 하자. 그러나 계획을 생산 활동의 모든 부분이 세부에 이르기까지 빈틈없이 서로 맞물리게 세운다는 것은 계획을 완벽하게 세운다는 의미로 계획에서 만약에 올지 모르는 내·외부의 경제적 충격에 대비한 완충지대를 포함하지 않는 것이다.

이렇게 계획이 세부화되어 세워져 있는 상태에서 어떤 경제적 충격이 북한 경제의 어느 한 부문에 온다면, 북한 경제는 경제의 모든 부문이 유기체와 같은 서로 연결된 상호 의존적(interdependent)인 관계를 가지고 있기 때문에 충격은 흡수되어 희석되지 못하고 연쇄작용을 일으키며 북한 경제 모든 부문으로 퍼지고 확산되어 북한 경제 전체는 심각한 위기에 빠질 수 있다.[34] 이렇듯 계획의 일원화와 세부화 체계는 현실에서 실현되기 어려운 것이며 계획을 완충지대 없이 모든 부분이 빈틈없이 서로 맞물리게 세우는 것은 바람직하지도 않는 것이었다.

계획의 일원화 그리고 세부화 체계는 위에서 살펴보았듯이 경제, 국방건설 병진노선으로 가중된 자원 부족의 문제 그리고 기존 계획체계에서 필연적으로 만연될 수밖에 없던 계획의 파행성을 극복하기 위해 만들어 진 것이다. 보다 구체적으로 계획의 일원화 그리고 세부화 체계는 자원 부족 문제가 심화되는 상황에서 당적 지도와 통제의 강화를 통해 실질적인 생산 단위인 공장 · 기업소들에서 만연되고 있던 기관본위주의적인 보수성을 극복하는 한편, 군중노선을 통해 국가 계획 기관의 주관주의적 관료주의를 방지하고 계획의 현실성과 객관성을 보장하여 개별 생산 단위 차원에서는 생산의 합리화를 추구하고 국가적 차원에서는 생산 자원을 최대한 확보하여 자원 부족 문제로 인한 위기를 극복하기 위한 것이다. 그러나 위에서 분석되었듯이 계획의 일원화 그리고 세부화 체계는 현실에서 실현하기 어려운 것들이었다.

---

34) 북한은 자립적 경제 노선에 입각하여 각 산업이 서로 유기적이며 상호의존적인 자기 완결적 경제 구조를 구축하였지만 이러한 경제 구조는 외부의 충격(external shock)에 매우 취약한 것이었다. 1990년대 초 소련이 몰락하고 사회주의권 경제가 붕괴되어 석유와 코크스와 같은 원료가 외부에서 북한으로 들어오지 않자 먼저 농업에서 식량생산의 심각한 차질이 생기고 이것이 다른 산업으로 전파되는 악순환에 빠져 결국에는 '고난의 행군'이라는 엄청난 경제위기를 맞는다. 여기에 대한 보다 구체적인 논의는 3장을 참조하라.

3-2) 북한식 위기돌파와 계획의 일원화와 세부화 체계의 무력화 : 대중동원을 통한 증산운동

계획의 일원화와 세부화 체계가 북한 지도부가 의도하는 바대로 현실에서는 작동되지 않았으나, 일원화와 세부화 체계의 바탕이 되는 대안의 사업체계는 이제 북한에서 모든 국가 경제 기관들을 움직이는 영도 체계로서의 입지를 굳히는 것뿐만 아니라 생산 활동과 경제 사업의 틀을 이루고 북한 경제의 내용을 규정하는 데 있어 가장 중요한 요인으로 작동하게 되었다. 그러나 대안의 사업체계의 핵심이라 할 수 있는 사람의 사상을 개조하는 것은 매우 지난하고 긴 과정이다.

북한은 1960년대 중반에 정형화된 대안의 사업체계를 계획화 사업으로까지 적용하면서 경제를 이끌어 가면서 심각한 축적과 자원 부족의 위기로부터 일시적으로 벗어났으나, 축적과 자원 부족의 문제는 항시적 것이었다. 또한 경제 규모가 커질수록 계획의 일원화와 세부화 체계가 적용되는 계획화 사업은 더욱 난관에 빠지게 되었다.[35]

---

[35] 이것은 1970년대 초에 와서 그냥 둘 수 없는 심각한 문제가 되는데 김일성은 1971년 6월 28일 당중앙위원회 정치위원회를 소집하고 계획의 세부화를 실현하는 데 나서는 편향(계획지표수가 종전의 수천 종에서 수만 종으로 지나치게 확대된 것, 그리고 기업소별로 소소한 세부물자에 이르기까지 자신들이 직접 맞물리는 방법으로 계획화사업을 함으로써 늘어난 업무량을 미처 처리하지 못하여 되어 국가적으로 중요한 의의를 가지는 업무를 수행하지 못한 점 등)을 극복하기 위해 대책을 간구하였다고 한다[조선로동당출판사, 『위대한 수령 김일성 동지의 불멸의 혁명 업적 15』(평양: 조선로동당출판사, 1999), 195~196쪽].

이것의 해결책으로 비록 건설 분야라는 제한된 영역이기는 하지만 물질적 동인, 즉 독립채산제, 현물 평가제, 도급제 등의 경제적 공간을 합리적으로 적용하여[36] 풀어가자는 요지의 주장이 조심스럽게 제기 되기 시작하였다. 그러나 최고 지도자인 김일성이 세부화 체계에 대해 몇 만종이 되건, 시간이 아무리 오래 걸리든 상관없이 철저히 계획의 세부화 체계를 관철하라는 강력한 교시[37]가 내려진 상황에서 다른 방법을 모색하는 것은 더 전개시키기 어려운 일이었다.

문제는 경제가 상상의 영역에 있는 것이 아니라 현실에서 엄연히 존재하기 때문에 경제정책에 대한 성과는 늘 가시적으로 나타난다는 점이다. 경제정책의 성격과 처해진 상황에 따라 성과가 빠르게 또는 점증적으로 나타나지만, 새로운 계획 체계 그중에서도 세부화 체계는 당시 북한의 현실에서 실현되기 어려운 것이었다.

김일성이 직접 내린 교시에 대해 직접적인 비판할 수 없는 상황에서 세부화 체계에 대한 문제점은 "계획화사업은 매우 복잡하고 세밀한 사업이며 특히 경제의 규모가 커지고 관리사업이 복잡해짐에 따라 더욱더 어려운 문제들이 많이 부닥치게 되는데 정

36) 리민수, 「기본 건설에서 당의 집중화 정책을 관철하며 투자의 경제적 효과성을 제고하자」, 『근로자』 1966년 제3호, 25쪽.

37) 김일성은 정확히 이렇게 말했다. "우리는 계획지표가 만종이 아니라, 몇만종이 된다고 하더라도 세부계획화를 하여야 하겠습니다… (중략)… 지표가 많아서 하루이틀에 못하면 한두달이나 한해가 걸려서라도 세워야 하며 사람이 적어서 하기 힘들면 계획일군을 늘여서라도 세부계획화를 하여야 하겠습니다."[김일성, 「인민 경제의 일원화, 세부화의 위대한 생활력을 남김없이 발휘하기 위하여」(1965.9.23), 『김일성전집 35』(평양: 조선로동당출판사, 2001), 457~458쪽].

치사업을 앞세우면서 경제기술적인 사업을 잘 배합하면 해결될 수 있다."[38] 등 매우 완곡하게 지적되었다. 그러나 경제상황은 더욱 악화되어 7개년계획을 3년 더 연장할 수밖에 없는 처지가 되자 북한은 계획의 일원화와 세부화 체계라는 이상적(idealistic)인 정책을 더 이상 고수할 수 없었다.

북한은 계획의 일원화와 세부화 체계를 철폐하지 않았지만 결과적으로는 무력화시키는 조치를 취한다. 천리마운동식의 대중동원을 통한 증산운동을 다시 시작하였던 것이다. 1966년 10월 당중앙회의에서 7개년계획의 실행을 3년간 연장시키는 조치가 취해진 이후 로동당 지도부에서는 현 사태를 어떻게 타파할 것인가에 논의가 있었을 것이다. 그리고 어려운 현 상황을 돌파하고 자신들이 세워놓은 경제적 목표를 달성할 수 있는 해결책을 이미 자신들이 잘 알고 있고 또 한때 대단한 성과를 얻었던 천리마식 대중동원 증산운동에서 찾았던 것이다.

로동당의 기관지인 『근로자』는 1968년 제6호부터 천리마작업반운동을 더욱 확대하자는 논문[39]을 시작으로 천리마운동식 대중동원 방식으로 경제적 목표를 달성하자는 주장을 담은 글을 연이어 내보냈다.[40] 이 와중에 1969년 김일성의 "사회주의경제의 몇가지 리론문제에 대하여"라는 논문이 발표되는데 논문이라기

38) 리재영, 「사회주의경제관리와 계획화사업」, 『근로자』 1966년 제9호, 16쪽.
39) 전창철, 「천리마작업반운동을 더욱 확대발전시켜 혁명적대고조를 계속 견지하자」, 『근로자』 1968년 제6호.
40) 편광성, 「경제예비동원에서 제기되는 몇가지 문제」, 『근로자』 1968년 제8호, 1968-8; 권진상, 「천미마운동은 사회주의건설에서 우리 당의 총로선이다」, 『근로자』 1968년 제10호; 심재성, 「천리마작업반운동은 온 사회의 혁명화, 로동계급화를 다그치는 대중적운동」, 『근로자』 1971년 제4호.

보다는 당시 더욱 심각해지는 계획의 일원화와 세부화 체계 실현 문제에 대해 최고 지도자로서 우회적이긴 하지만 해결책을 제시하는 교시라고 할 수 있다.

김일성은 먼저 생산이 끊임없이 높은 속도로 장성하는 것이 사회주의경제발전의 합법칙성이라고 하였다. 북한 경제는 당시 침체되고 있었기 때문에 김일성의 위의 발언은 북한 경제가 사회주의경제발전의 합법칙성에 어긋나는 또는 합법칙성에 합당하지 않는 방향으로 가고 있다고 해석할 수 있다. 김일성은 "사회주의제도의 본질적우월성은 착취와 억압에서 해방된 근로자들이 집단을 위하여, 자신의 행복을 위하여 자각적 열성과 창의, 창발성을 내여 일한다는 데 있다"라고 하였는데 결국 빠른 속도의 증산은 대중노선을 통해 가능하다는 말이다. 즉 다시 빠른 속도로 경제성장을 하자면 천리마운동과 같은 대중동원운동 다시 필요하다는 것이다.

김일성은 이어 '사회주의사회에서 생산수단의 상품적 형태와 가치법칙의 리용에 대한 문제'에 대해서 언급하였는데 상품이 국영 기업소들 사이에 유통되는 경우에는 상품의 형태만을 가지며 따라서 여기에서는 가치법칙도 형태적으로 작용된다는 것이다. 위에서 김일성은 '형태'라고 하였지만 단순히 형태를 의미하는 것이 아니었다. 김일성은 생산수단이 상품의 형태만을 띠게 되는 조건이 국영기업소의 경영상 독자성과 생산수단 유통에서의 등가성의 원칙은 과도적 사회인 사회주의사회의 특성이라고 하였다. 즉 북한의 국영기업은 독립채산제로 운영되기 때문에 상품의 유통은 등가성의 원칙에서 이루어져야한다는 것이다.

나아가 김일성은 상품가격을 결정할 때 사회주의 기본 경제법칙과 가치법칙의 요구를 반드시 타산하여야 한다고 강조하였다. 여기서 가치법칙이란 리민수가 이미 1966년『근로자』제3호에서 이야기하였던 경제적 공간의 합리적 적용, 즉 현물 평가제와 도급제 등의 물질적 자극, 가격을 사회적 필요 노동에 기초하여 정하여 가격 상호 간의 균형을 이루고, 일한 만큼 받아가는 사회주의적 분배를 실현하는 것을 의미한다.

김일성은 마지막으로 북한에서 농민시장을 없애기 위한 방도에 대해서 교시하였는데 김일성은 북한에서 공업화가 완성되고 기술이 높은 단계로 발전하여 인민들이 요구하는 모든 소비품을 충분히 생산, 공급할 때, 즉 공산주의사회로 완전히 이행하였을 때 소비품의 분배는 완전히 공급제에 의하여 실시될 것이라면서 그때까지 경제적 공간의 합리적 적용과 생산수단의 유통 분야에서도 상업적 형태를 옳게 이용하여야 한다[41]고 하였다.

김일성의 교시를 뒤집어서 고찰하자면 다음과 같다. 계획의 일원화와 세부화 체계가 완성되고 그것을 실현하기 위해서 사상이 한층 강조되다보니까, 물질적 자극을 간과하거나 가격공간 이용을 도외시하는 현상이 광범위하게 일어나게 되었으며 계획의 일원화와 세부화의 궁극적인 목표인 증산과 절약은 오히려 퇴보되고 있었다.

계획의 일원화와 세부화 체계는 자신이 직접 발기하고 제도화되었지만, 그냥 두고 볼 수 없는 상황까지 왔던 것으로 판단한 것이다. 그래서 최고 지도자로서 이것에 대한 균형 또는 정리가

41) 이것은 소비품의 유통이 이미 상업적 형태에서(등가성의 원칙에서) 진행되고 있음을 의미한다.

필요하였기 때문에 이것을 바로 잡고 생산을 정상화시키기 위하여 물질적 자극 그리고 가격공간과 같은 경제공간의 합리적 활용을 허용하고 권장한다는 것이 위의 교시의 핵심적인 내용이다. 물질적 동기를 부여하지 않는 상태에서 사상의 강조만으로는 원료와 자재를 사장시키고 낭비하며 그것을 함부로 다루는 무책임한 현상[42]을 근절하기 어려웠던 것이다.

김일성은 '사회주의경제의 몇가지 리론문제에 대하여'에서 경제적 공간의 합리적 활용과 더불어 속도에 대해 언급하면서 천리마운동과 같은 대중노선을 통해 다시 생산의 속도를 높이자고 하여 경제 침체에 대한 자신의 해답을 우회적으로 제시하고 있다. 김일성의 이와 같은 교시가 있은 이후 북한의 경제 정책의 방향을 철저한 중앙집권적인 계획 경제에서 다시 천리마운동과 같은 대중동원 방식과 경제공간을 활용하는 것으로 바뀌는 계기를 마련한다.

대중노선을 통한 증산과 절약을 강조하는 대중동원운동은 '3대혁명소조운동[43]', '70일 전투[44]', '3대혁명붉은기쟁취운동[45]' 등

42) 전순호, 「사회주의경제건설의 위력한 리론실천적무기」, 『근로자』 1974년 제3호, 62~63쪽.

43) 북한은 3대혁명소조운동을 청산리정신, 청산리방법과 대안의 사업체계의 요구대로 3대혁명소조원들이 일군들과 군중을 적극적으로 도와줌으로써 사상, 기술, 문화의 3대혁명을 힘 있게 밀고나가기 위한 혁명적운동이라고 한다[김장운, 「3대혁명소조운동은 우리 당의 군중로선을 구현한 위대한 혁명운동」, 『근로자』 1975년 제5호, 54쪽]. 3대소조운동은 아울러 일정한 기술과 지식을 소유하고, 상대적으로 순결성을 간직하고 있던 청년들을 통해 처음에는 경공업 분야에서, 다음에는 중공업 분야에 그리고 농업 분야까지 점차로 범위를 넓히는 광범위한 하방지도의 방식으로 당시 만연하였던 형식주의, 본위주의, 그리고 관료주의를 극복하기 위한 것이었으며 1973년 2월부터 본격적으로 실행되었다고 한다[정영철, 『김정일 체제 형성의 사회정치적 기원 : 1967~1982』(서울대학교 대학원 사회학과 박사논문), 192~193쪽].

으로 불리며 전개되었는데 김일성은 이러한 대중운동으로 인하여 제1차 6개년계획을 기한 전에 완수하였으며 제2차 7개년계획을 수행하는 데도 이미 많은 성과를 이룩하고 하였다[46]고 만족해하였다. 북한에 따르면 속도전에 힘입어 북한 공업은 1970년부터 1979년 기간까지 매년 평균 15.9%로 성장하였는데 이것은 7개년계획 기간 중 연평균 12.8%로보다 3.1% 높은 것이었다고 한다.[47]

북한은 속도전을 "사회주의건설에서 당의 총로선인 천리마운동의 요구를 훌륭하게 구현하고 그 불패의 위력을 최대한 발양시켜 사회주의건설을 더 잘, 더 빨리 다그쳐 나갈 수 있게 하는, 즉 천리마운동을 구현하고 심화·발전시킨 사회주의건설의 기본전투형식"이라고 정의하며 속도전에 정당성을 부여하고 있다. 그리고 그것에 힘입어 경제 침체에서 어느 정도 벗어난 것으로 보

44) 김정일에 의하여 조직된 것으로 1974년 6개년계획의 전반기 성과가 미달된 상황에서 중앙에서 당과 정부의 전권대표의 권한을 가진 지도소조를 경제건설 현장인 공장·기업소들에 내려 보내 걸린 문제를 풀어 계획 목표를 수단과 방법을 가리지 않고 달성하는 (북한식 표현대로는 본위주의, 요령주의, 보수주의, 소극성과 같은 온갖 부정적 사상경향과의 일대 사상 투쟁을 하여 계획 목표를 달성하는) 속도전이었다[김성택, 「『속도전』은 천리마운동을 구현하고 심화발전시킨 사회주의건설의 기본전투형식」, 『근로자』 1975년 제1호, 50쪽)].

45) 김정일이 1975년 11월 '사상도 기술도 문화도 주체의 요구대로!'라는 구호를 내걸고 발기한 운동으로서 3대소조운동이 심화, 구체화 된 것으로 기술개조운동에 보다 많은 비중을 둔 것이었다 [김정일, 「올해 당사업을 틀어쥐고 나가야 할 몇가지 중심적 과업에 대하여」(도당책임비서, 당중앙위원회 조직지도부, 선전선동부 부부장협의회에서 한 연설, 1976.1.1), 『김정일 선집 7』(평양: 조선로동당출판사, 2011), 372~373쪽].

46) 김일성, 「조선로동당 제6차대회에서 한 중앙위원회사업총화보」, 『김일성전집 72』(평양: 조선로동당출판사, 2007), 251쪽.

47) 리길송, 「속도전의 방침을 구현하여 사회주의 경제건설에서 이룩한 불멸의 업적」, 『근로자』 1981년 제2호, 51쪽.

이지만 속도전이 심화될수록 계획의 파행성은 불가피해졌다.

속도전은 천리마운동과 같이 대중동원, 즉 대중의 적극성과 창발성에 바탕을 둔 증산운동으로 대중의 적극성과 창발성은 그것을 동원하는 것은 가능하나 계획하는 것은 어렵기 때문이다. 뿐만 아니라 속도전은 결국 생산을 빠른 속도로 늘이자 것에 가장 큰 목적을 둔 것으로 자원과 설비 그리고 노동의 합리적 이용에 대한 물질적 동기를 부여하지 않으면 자원의 낭비, 설비의 과도사용과 노동의 과도 동원에 의한 생산율 저하와 같은 문제를 야기할 수 있다. 북한이 속도전을 전개하고 있는 동안 위의 문제들은 현실에서 나타나고 있었다.

3-3a) 독립채산제를 통한 경제관리의 정규(합리)화 : 연합기업소체제 도입을 위한 준비(1973~1977)

김일성이 1969년 "사회주의경제의 몇가지 리론문제에 대하여"에서 상기시켰듯이 북한은 물질적 동기를 자극하고 상품의 유통을 상업적, 즉 등가성의 원칙에 기초해 분배하는 경제적 공간을 가지고 있었다. 그러나 계획의 일원화와 세부화 체계에서 사상이 강조되면서 경제적 공간은 사장되다시피 되었는데, 이번에는 속도전에 가려 빛을 보지 못하고 있었다.

구체적으로 물질적 동기를 자극하는 내부채산제와 작업반우대제가 독립채산제로 운영되는 국영기업소에 있었으나 독립채산제의 원칙은 잘 지켜지지 않았다고 하며, 기업소들이 원료나 자재를 확보하는 데서 싸면 싼 대로, 비싸면 비싼 대로 가져가며 그

값에 대해서는 별로 관심을 돌리지 않는 것과 현상도 만연하였다고 한다.[48)]

계속 묵고할 수 없는 문제였다. 이에 김일성은 1973년 9월 당 중앙위원회 제5기 제7차 전원회의에서 독립채산제를 실시하는데서 나서는 원칙적인 문제들에 대해 교시하였는데 기본적으로 1969년 '사회주의경제의 몇가지 리론문제에 대하여'과 같은 내용이었다. 특이할 만한 점은 독립채산제를 올바로 실시하는 것이 대안의 사업체계의 요구에 부합한다는 점인데, 결국 독립채산제를 대안의 사업체계의 틀에서 정당화하면서 독립채산제를 실시하는 것이 경제관리를 정규화하고 경제생활에서 사회주의적인 제도와 질서를 철저히 세우는 중요한 방도의 하나[49)]라고 규정한 점이다.

독립채산제를 통해 '경제관리를 정규화한다.'는 것은 독립채산제를 상황에 따라 필요하면 활용하고 필요하지 않으면 사장시킨다는 것이 아니라 북한 사회주의경제 제도와 질서를 독립채산제의 바탕위에서 세우겠다는 것으로, 이제부터 경제관리에서 독립채산제를 반드시 견지하겠다는 당의 의지를 반영한 것이기도 하다. 흥미로운 점은 속도전 때문에 유명상실해지고 있는 계획의 일원화와 세부화 체계도 독립채산제를 통해 실현하겠다는 것이 당의 의지에 포함되었다는 점이다.

김일성과 당 지도부는 아직 계획의 일원화와 세부화 체계를 포기한 것이 아니었다. 그들은 독립채산제기업소들이 경영활동

48) 전영설, 「사회주의경제운영에서 상품화폐관계의 경제적공간을 옳게 리용하자」, 『근로자』 1973년 제3호, 52~53쪽.
49) 김태윤, 「대안의 사업체계의 요구에 맞게 독립채산제를 옳게 실시하자」, 『근로자』 1973년 제11호, 44쪽.

의 모든 부분이 세부적으로 맞물릴 수 있고 동원적이고도 현실적인 계획을 세우고 그에 따라 기업관리를 계획적으로 할 수 있는 유리한 조건을 가졌다고 보았는데 독립채산제 안에서 국가재산관리와 그 이용이 보다 엄격하게 진행될 수 있을 것[50]이라고 인식하고 있었기 때문이다.

그들의 인식은 틀린 것은 아니었지만, 계획의 일원화와 세부화 체계가 북한 경제 전체를 하나의 유기체로 상정하고 세워진 것이기 때문에 이것을 실현하기에는 규모(size)와 범위(scale)라는 풀기 어려운 난제가 늘 상존한다. 즉 이 난제를 해결하기 위해서는 북한의 경제를 경영가능한 단위로 나누어서 운영하여야 하는데 아직 북한은 그렇게 할 준비가 되어 있지 않았다. 그러나 경제관리에서 독립채산제를 반드시 견지하겠다는 북한 지도부의 의지는 연합기업소 창설 운영이라는 새로운 실험에 반영되었다.

북한은 1973년 말 또는 1974년 초부터 연합기업소를 창설하여 운영하는 획기적인 조치를 취한다. 북한에 따르면 연합기업소는 국가의 중앙집권적, 계획적 지도 밑에 기업소의 통일적인 생산계획을 세우고 생산자원의 분배와 조절을 실시하여 모든 생산활동을 직접 관할하고, 산하기업소들의 생산 활동 결과에 대하여 당과 국가 앞에 제도적, 즉 생산적으로 재정적으로 그리고 법적으로 완전히 책임지는 기업[51]이라고 한다.

당시 연합기업소는 2.8 비날론련합기업소와 같은 북한의 대

50) 김태윤, 위의 글, 45쪽.

51) 최진성, 「련합기업소의 창설은 위대한 대안의 사업체계의 요구를 철저히 관철하기 위한 획기적 조치」, 『근로자』 1974년 제12호, 39쪽.

표적인 대규모 생산 단위에서 우선적으로 시범 실시되었다. 북한은 연합기업소의 제한적 실시를 통해 연합기업소가 현실에서 실제로 가동되었을 때 문제점 등을 파악하여 전면적으로 가동되었을 때를 대비하여 준비하였던 것이다. 또한 시범 실시 기간을 연합기업소의 우월성을 알리는 계기로 삼고 이를 확대하여, 연합기업소가 전면적으로 실시되었을 때에 만약에 있을 수 있는 반대와 반발을 최소화하려 하였던 것으로 분석된다.[52]

북한 지도부가 연합기업소를 제한적으로 도입하여 시범적으로 운영하여 계획의 합리화를 조심스럽게 타진하는 한편, 속도전도 더욱 가열하게 진행시켰다. 그러나 속도전이 진행될수록 사회주의사회의 과도기적 성격을 무시하여 상품화폐 관계와 관련된 경제적 공간을 이용하는 데 관심을 돌리지 못하고 많은 생산수단과 노동력을 낭비하는 현상[53]은 더욱 만연되고 있었다. 이것은 6개년계획이 끝나고 1977년을 완충의 해로 설정한 것에도 확인할 수 있다.

북한은 6개년계획의 목표를 대부분 달성하였으나, 1977년을 완충의 해로 설정한 것은 일부 부문들에 조성된 긴장성을 풀고 개별적으로 빈틈이 있는 부문들을 보강하여 이미 거둔 성과를 공고히 하면서 새로운 전망계획을 수행하기 위한 준비를 철저히 갖

52) 최진성은 "연합기업소가 조직되고 운영되고있는 사회주의건설의 모든 전투단위에서는 사람들의 일본새가 달라지고 기업관리운영이 개선되었으며 생산이 부쩍 올라갔으며 지금 2.8 비날론련합기업소를 비롯한 전국의 모든 련합기업소들이 국가생산계획을 매달 어김없이 넘쳐수행하고있으며 이 기업소들에서의 생산장성속도가 날을 따라 더욱더 빨라지고 있다."라고 주장하였다(최진성, 위의 글, 41쪽).

53) 리근환, 「경제적공간을 옳게 리용하는것은 사회주의경제관리를 더욱 개선하기 위한 중요한 담보」, 『근로자』 1976년 제11호, 54~55쪽.

추자는 사정에 의해서라고 설명하는데, 결국 속도(경제성장 그중에서도 공업생산 성장)는 (속도전으로) 보장되었으나, 균형은 유지되지 못했다는 것이다.

즉 소비재 성장률이 생산재 성장률에 비해 매우 낮았다는 것이다. 그리고 '균형이 보장되지 못하면서 많은 자재와 자금, 로력의 량비'[54]를 가져오게 되었다. 무엇보다 낭비가 심하게 일어났던 부문은 자재공급이었는데 자원이 부족하고 투자를 위한 축적의 위기를 항시적으로 겪고 있었던 북한으로서 반드시 집고 넘어가야 할 문제였다.

이에 북한은 경제조직을 강화하고 경제사업 체계와 질서를 철저히 세우는 것에서 해결책을 찾았는데 그것은 대안의 사업체계의 강화였다.[55] 대안의 사업체계의 단순한 강화가 아니고 독립채산제를 기반으로 하는 대안의 사업체계의 강화였다. 독립채산제를 실시하는 기본단위가 기업소임을 분명히 하고 해당 기업소의 구체적조건과 현실적가능성을 충분히 타산하고 그 시기에 도달하여야 할 수준을 정확히 고려하여 계획을 세워야 독립채산제를 실시하고 있는 매개 기업소가 증산·절약투쟁을 힘차게 추진할 수 있다[56]는 논리였다.

54) 김철석, 「경제발전이 높은 속도와 정확한 균형을 보장하는 것은 사회주의경제법칙의 중요요구」, 『근로자』 1977년 제3호, 40~42쪽.
55) 편집부, 「경제조직사업을 강화하는 것은 사회주의건설을 힘있게 다그치기 위한 중요방도」, 『근로자』 1977년 제5호; 로태석, 「경제사업 체계와 질서를 철저히 세우는 것은 생산과 건설을 다그치기 위한 중요한 과업」, 『근로자』 1978년 제7호.
56) 김경련, 「대안체계이 요구에 맞게 독립채산제를 바로 실시하는 것은 경제관리개선의 중요담보」, 『근로자』 1978년 제8호, 51쪽.

나아가 독립채산제를 바로 실시하기 위해서는 가치법칙을 옳게 적용하여야 한다며 가격을 바로 정하고 재정적 통제, 즉 원에 의한 통제를 강화하여 한다는 주장[57]과 노동에 의한 분배법칙, 즉 '오직 일한 사람에게만 생산물을 분배하고 같은 로동에 대하여서는 같은 보수를 주는 원칙에서 로동의 질과 량을 유일한 척도로 분배하는 법칙'을 강조하기[58]시작하였다. 결국 독립채산제는 기업 관리를 합리화하는, 즉 최소한의 지출로 최대한의 경제성과를 내는 최적의 방법으로,[59] 그래서 북한이 항시적으로 안고 있고, 속도전으로 인하여 그 문제의 심각성이 더해가는 자원 부족과 투자를 위한 축적의 문제를 해결할 수 있는 방안으로 논의의 초점이 맞추어 졌다.

3-3b) 계획의 정규(합리)화에 대한 논의 : 『근로자 1978~1981』를 중심으로

한종순의 논문에서 흥미로운 점은 독립채산제가 기업관리를 합리화하는 중요한 경제적 공간으로 되는 이유로 "독립채산제가 로력과 기계설비, 원료와 연료, 자재와 자금의 량비를 없애고 절약제도를 강화하도록 일군들과 생산자들을 자극하고 통제하는" 시스템이 내장(system built-in) 되어있다고 주장하고 있는 점이다.

57) 김재서, 「사회주의사회에서의 생산수단의 상품적형태와 가치법칙의 리용문제」, 『근로자』 1979년 제3호, 52쪽.

58) 리상설, 「사회주의경제관리에서 경제법칙의 올바른 리용」, 『근로자』 1979년 제9호; 김재서, 「사회주의적로동보수제를 정확히 실시하는 것은 경제관리 개선의 중요한 요구」, 『근로자』 1979년 제12호.

59) 한종순, 「독립채산제와 기업관리의 합리화」, 『근로자』 1979년 제5호, 37쪽.

즉 독립채산제가 가치법칙의 (형태적) 이용을 전제로 하고 있으며 물질적 관심성의 원칙에 기초하고 있는 기업관리 방법이라는 것과 직접적으로 연관 되어 있기 때문에 기업관리의 합리화 방안이라는 것이다."[60]

중앙당 간부의 이러한 주장은 (그리고 그것이 중앙당 기관지에 실렸다는 의미는) 당내에서 생산을 정상화하기 위해서는 경제적공간의 활용의 필연성이 이미 어느 정도 공론화되지 않으면 가능하지 않는 것이기 때문에 당시 당 내에서 경제적 공간의 활용에 대한 높은 수준의 논의가 진행되고 있었음을 감지할 수 있다. 그러나 현장에서 속도전의 여파와 관성은 여전히 기세를 떨치고 있었으며 생산은 파동을 겪고 있었다.

여전히 기업소들은 상순에서 중순까지 어물어물 시간을 보내다가 월말에 가서 돌격전식으로 생산하여 월 계획을 수행한다며 설비를 혹사하고 많은 생산자원을 낭비하고 제품의 질도 보장하지 못하고 있었다.[61] 생산의 파동이 계획의 일원화와 세부화 체계, 그중에서도 세부화 체계에 심각한 악영향을 미치는 것이 이미 명백한 사실이었으나, 당내에서는 그럼에도 불구하고 계획의 일원화와 세부화체계를 고수하여야 한다는 주장이 사그라지지 않고 있었다.

박남기는 균형성을 무시하고 경제발전속도만을 절대시한다면 인민경제 부문들과 재생산고리들의 균형이 파괴되고 경제발전에서 심한 혼란과 동요를 일으켜 실제적으로는 경제발전의 높

60) 한종순, 위의 글, 38쪽.
61) 김원석, 「생산의 정상화와 인민경제계획화사업」, 『근로자』 1980년 제1호, 42쪽.

은 속도를 이룩할 수 없다고 속도전에 대한 문제를 지적하는 한편, 반대로 계획화사업에서 균형만을 절대화하면서 경제발전의 높은 속도를 위한 적극적인 균형을 설정하지 않는다면 생산자대중의 적극성과 창발성을 높이 발양할 수 없게 된다고 주장하였다.

그는 "사회주의, 공산주의 건설이 진척되어 경제의 규모가 커지고 부문 간의 생산·소비적 연계가 복잡하고 커질수록 계획성과 균형성을 정확히 보장할 데 대한 요구가 더 커지는데 이러한 요구를 철저히 관철하기 위해서는 나라의 모든 계획화사업을 국가가 유일적으로 틀어쥐고 세부까지 구체적으로 짜고 들어야만 해결"된다[62]고 강조하며 계획의 일원화와 세부화 체계를 옹호, 고수하는 주장을 폈다.

이러한 상황에서 김일성은 조선로동당 제6차대회에서 한 중앙위원회사업총화보고에서 1970년대까지의 경제사업을 총화하고 1980년대 사회주의경제건설의 주요과업을 제시하였다. 사회주의경제건설의 '10대 전망목표'가 바로 그 과업을 담고 있는데 김일성은 인민경제 모든 부문에서 생산을 높은 속도로 장성시켜 가까운 앞날에 한 해에 1,000억키로 와트시의 전력, 1억 2,000만 톤의 석탄, 1,500만 톤의 강철, 150만 톤의 유색금속, 2,000만 톤의 시멘트, 700만 톤의 화학비료, 15억 메타의 천, 500만 톤의 수산물, 1,500만 톤의 알곡을 생산하며 10년 동안 30만 정보의 간석지를 개간할 것을 '10대전망목표'로 제시하였다.[63]

---

62) 박남기, 「계획의 일원화, 세부화는 우리당의 주체적인 계획화 방침」, 『근로자』 1980년 제9호, 45쪽.

63) 김일성, 「조선로동당 제6차 대회에서 한 중앙위원회사업 총화보고(1980.10.10)」 『근로자』 1980년 제11호, 31쪽.

공업생산총액 기준으로 이것은 1980년 현재에 비하여 3.1배가 높은 것이었으며, 알곡생산기준으로 1979년 900만 톤에 비해 약 1.7배가 늘어난 목표였다. 김일성 자신도 말하였듯이 '10대 전망목표'는 만약 이것이 달성된다면 북한은 선진국 대열에 올라서게 되는 대단히 웅대한 것이었다. 김일성이 제시한 '10대 전망목표'는 당시 상황을 고려하여 보면 웅대한 것을 떠나 불가능에 가까운 것이었지만, 흥미로운 점은 이 목표를 달성하기 위해 김일성이 제시한 방법이다.

김일성은 "경제지도와 기업관리를 개선하며 절약투쟁을 강화하는 것이 사회주의경제건설의 방대한 전망과업을 성과적으로 수행하기 위한 중요한 담보"라며 이것은 "인민경제 모든 부문에서 대안의 사업체계를 더욱 철저히 관철할 때 가능"하다고 역설하고 있다. 김일성은 이어 "계획의 일원화와 세부화에 대해서 언급하면서 이것을 잘 실현하기 위해서는 자재공급사업과 협동생산조직을 개선하여야" 한다고 하였다.[64]

김일성의 위의 발언을 해석하여 보면 다음과 같다. 김일성은 우회적으로 기존의 경제관리체계(또는 경제정책)가 낭비를 조장하는 비효율적이라고 비판하면서 자재공급사업과 협동생산조직에서 대안의 사업체계가 더욱 철저히 관철되는 방향에서 이것들의 개선이 이루어 져야 한다고 하며, 이렇게 되었을 때 계획의 일원화와 세부화 체계도 실현될 수 있다고 말한 것으로 해석할 수 있다. 즉 계획의 일원화와 세부화 체계는 기존의 자재공급사업과 협동생산조직 운영체제에서는 실현되기 어렵고 대안의 사업체계

64) 김일성, 위의 글, 35쪽.

가 관철될 수 있는 다른 운영체제에서 실현 가능하다는 말이다.

김일성의 이러한 뜻은 처음에는 잘 전달되지 못한 것으로 보인다. 리동춘은 경제지도일군들의 혁명의 주인다운 태도에서,[65] 즉 사상에서 그리고 리길송은 여전히 속도전[66]에서 경제지도와 기업관리를 개선하기 위한 방도를 찾았다. 그러나 중앙당 간부들 사이에서 이제 주요 논의의 초점은 대안의 사업체계가 어떻게 자재공급사업과 협동생산조직에서 더 잘 관철될 수 있을 것인가에 맞추어져 있었다.

이것을 반영이나 하듯이 당 기관지인 『근로자』 1981년 6호는 "대안의 사업체계의 요구대로 공장당위원회 집체적지도를 더욱 강화하자"라는 제목하에 편집부 논설을 첫 장에 실었다. 이후 자재공급사업과 협동생산조직에서의 대안의 사업체계의 관철 그리고 경제지도와 기업관리를 개선하는 방도에 대한 논의는 여러 각도에서 본격적으로 전개되었다.

강경순은 사회주의사회에서 가격공간을 잘 이용하는 것은 제품의 질을 높이며 기업 관리를 개선하는 데서 중요한 의의를 가진다면서, 질에 따라 가격을 서로 다르게 정함으로써 공장·기업

65) "그러므로 경제지도일군들이 혁명의 주인다운 태도를 가지고 자기 맡은 초소를 책임적으로 지켜나가는 혁명적기풍을 높이 발휘하여야 경제지도와 기업관리를 더욱 개선하여 나갈수 있다."(리동춘, 「경제지도와 기업관리를 개선하는 것은 새 전망과업 수행의 중요방도」, 『근로자』 1981년 제1호, 56쪽.

66) "생활은 우리 당이 제시한 속도전의 방침이야말로 사회주의경제건설을 힘있게 다그쳐나가기 위한 위력한 무기이며, 모든 부문, 모든 단위에서 속도전을 세차게 벌려나갈 때… 제2차7개년계획을 빛나게 수행하고 새 전망과업의 웅대한 목표들을 앞당겨 점령함으로써…"(리길송, 「속도전의 방침을 구현하여 사회주의경제건설에서 이룩한 불멸의 업적」, 『근로자』 1981년 제2호, 51쪽.

소들이 질 좋은 제품을 더 많이 생산하도록 자극하고 통제하여야 한다고 주장하였다.[67)]

김영상은 북한에서 군(郡)들이 가지고 있는 경제적 규모가 대단하다며 '10대 전망목표'를 달성하기 위해서는 군당위원회의 역할을 높여야 한다고 주장하는데, 결국 집체적 지도체제인 군당위원회의가 군에서 당사업과 경제사업을 밀착시켜(군에서 대안의 사업체계를 관철시켜) 당조직들과 당일군들이 경제 사업을 대행하는 현상을 철저히 없애고 행정일군들의 책임성과 자립성을 적극 높여주도록 하여야 한다는 이야기이다.[68)]

손몽린은 대안의 사업체계가 철저히 관철하기 위해서는 모든 경제 단위들에서 경제조직사업, 생산과 경영활동을 최대한으로 짜고 들어야 한다며 기업관리의 정규화, 규범화가 절실히 필요하다고 역설하였다. 그에 따르면 기업의 정규화와 규범화란 대안의 사업체계의 요구에 맞게 사회주의적 기업관리 규범과 규정을 만들고 모든 일군들이 그에 따라 한결같이 움직이도록 한다는 것을 의미하며 기업관리를 정규화, 규범화하여야만 생산을 높은 수준에서 정상화하고 연관된 부문들 사이의 협동생산을 강화하며 국가계획규률을 강화하며 전반적 경제건설을 촉진시킬 수 있다고 한다.

나아가 그는 기업관리의 정규화와 규범화를 모든 공장 · 기업소들에서 일시에 적용하기보다는 모범 단위를 먼저 만들고 그 성과와 경험을 일반화하여야 그것을 가장 빨리 그리고 정확히 수행

67) 강경순, 「제품의 질제고와 가격공간의 리용」, 『근로자』 1981년 제6호, 47~50쪽.
68) 김영상, 「경제사업에 대한 군당위원의 지도」, 『근로자』 1981년 제7호, 27~33쪽.

할 수 있다며, 이미 김일성과 당의 지도 밑에 지난 기간 인민 경제 여러 부문에서 본보기공장을 꾸리고 사업을 적극 벌인 결과 기업관리를 정규화, 규범화하는 데서 커다란 성과를 이룩하였다고 하였다.[69] 송몽린이 말한 본보기 공장이란 바로 1973년 또는 1974년에 설립되어 시험 운영되고 있던 연합기업소들 의미하는 것으로 추정된다.

박홍걸은 대안의 사업체계를 적용하면서 자재를 위에서 자재상사를 통해 아래에 보장, 공급해주는 자재공급체계가 형성되어 자재공급에서 관료주의적 형태가 극복되고 있다면서, 자재상사도 자재공급에서 상업적 형태 즉 등가계산의 원칙에서 진행되어 자재공급에서 효율성을 높아지고 협동생산도 원만히 보장되고 있다고 주장하였다.[70] 한편, 상이나 관리국장들이 자재를 직접 관리하고 있음을 언급하여 있어, 아직 연합기업소가 시험단계에서 더 이상 확산되어 있지 않고 본보기 또는 모범 단위에 머물러 있음을 그의 글에서 확인할 수 있다.

김관현은 설비관리와 자재관리, 로력관리와 재정관리 등에서 계획화사업의 개선을 통해 사회주의경제관리를 합리화시켜야 절약투쟁을 힘 있게 벌릴 수 있다며 이것과 더불어 절약투쟁의 전제조건이 되는 독립채산제도 강화시켜야 한다고 주장하였다. 그는 또한 계획화사업과 기준화사업을 잘해야 공장·기업소들에 대한 국가의 계획적지도와 관리를 보장할 수 있다[71]고 하였는데 기

69) 송몽린, 「기업관리의 정규화는 집단주의에 기초한 사회주의제도의 본성적 요구」, 『근로자』 1981년 제7호, 34~38쪽.

70) 박홍걸, 「우리 나라, 사회주의자재공급체계의 우월성」, 『근로자』 1981년 제8호, 45~49쪽.

준화사업은 생산재와 소비재 특히 생산재에서의 표준화사업을 의미하는 것으로 연합기업소 전면적인 도입의 필요성을 간접적으로 피력하고 있는 것으로 파악된다.

박봉주는 공장당위원회사업을 더욱 개선함으로써 '10대 전망목표'를 실현하기 위한 투쟁을 힘차게 벌려야한다고 역설하였는데, 공장당위원회는 이미 대안의 사업체계가 1962년부터 전면적으로 도입되면서 존재하였던 것이기 때문에 공장당위원회사업(설비관리, 자재관리, 로력관리, 재정관리 등)을 더욱 개선한다는 그의 주장은 공장당위원회사업이 대안의 사업체계의 요구대로 잘 진행되지 않고 있음을 지적하고 있다고 해석할 수 있다.

또한 그는 '오늘 공장당위원회사업에서 나서는 중요한 과업의 하나는 공장·기업소 앞에 맡겨진 생산과제를 수행하도록 옳게 이끌어주는 것이다'[72]라고 지적하고 있는데, 당시 생산이 정상적으로 이루어지지 않고 있다는 현실을 우회적으로 말해주는 것으로 설비관리, 자재관리, 로력관리, 재정관리 등과 같은 공장당위원회사업의 개선을 통해 낭비를 줄이고 절약하여 생산을 정상화하자는 주장이다.

최원철은 기업관리의 정규화, 규범화하기 위한 방도를 재정관리 사업을 잘하는 것에서 찾았다. 최원철에 따르면 재정관리를 개선하는 데서 중요한 것은 독립채산제를 바로 실시하는 것과 재정규율을 강화하는 것이다. 그는 재정총화제도를 철저히 세우는

71) 김관형, 「나라살림살이와 절약투쟁」, 『근로자』 1981년 제9호, 44~48쪽.
72) 박봉주, 「사회주의건설의 심화발전과 공장당위원회의 사업」, 『근로자』 1981년 제10호, 39~44쪽.

것이 재정관리 사업을 개선하는 방도라고 하면서, 재정총화제도가 인민경제 모든 부문, 모든 단위들에서 생산총화와 재정총화제를 밀접히 결부시켜 진행되어야 정치적 평가를 기본으로 하면서 물질적 평가를 옳게 결합시켜 생산자들이 맡은 혁명과업 수행에서 책임성과 창발성을 높이 발휘할 수 있다고 주장하였다.[73] 물질적 평가를 개인적 단위로까지 제도화시키자는—연합기업소는 부분적인 개선 조치가 아니라 개인 단위까지 물질적 작대로 평가되는 전면적이고 포괄적인 개선 조치가 전제되어야 원활히 운용될 수 있다는—주장이다.

변승우는 사회주의사회에서 모든 경제활동은 화폐관계를 매개로 진행되기 때문에 기업소경영활동에 대한 은행의 통제는 국가가 실시하는 생산과 유통에 대한 여러 가지 통제가운데서 가장 위력한 것이라고 주장하였다. 그렇기 때문에 은행은 모든 자금공급과정에서 예외 없이 기업소의 자금수요의 타당성을 엄격하고 엄밀한 기준에서 검토하는 방법으로 경영활동에 대한 통제를 실시하여야 한다는 것이다. 그런데 현재 문제가 되는 것은 은행일군들의 미숙함으로, 은행사업을 정규화, 규범화하는 데서 반드시 해결하여야 할 문제는 변화하는 현실의 요구에 맞게 은행사업규정들을 개선하고 은행일군들의 동작규범(사업수칙)을 마련하는 것이라고 역설하였다.

그는 또한 은행일군들은 지금 힘차게 벌어지고 있는 본보기단위를 꾸리는 사업에 적극 참가하여 좋은 사업경험들을 쌓으며

73) 최원철, 「재정관리사업과 기업관리의 합리화」, 『근로자』 1981년 제10호, 56~59쪽.

그를 일반화하여 훌륭한 동작규범을 만들도록 노력하여야 한다고 당부하고 있는데[74] 당시 은행과 같은 금융기관등도 현실 변화에 맞게 개편되고 있음을 알 수 있는 대목이다.

『근로자』 1981년 제12호에는 대안의 사업체계에 관한 논문이 4편[75]이나 실렸다. 대안의 사업체계가 시작 된지 20년을 기념하여 특집호가 나온 것이다. 논문들의 대부분의 내용은 대안의 사업체계의 당위성 그리고 우월성에 대한 것이나, 두 가지 특이할 만한 사항들이 눈에 띤다.

첫 번째 특이할 만한 사항은 김일성에 의하여 새로운 공업지도체계가 만들어졌다는 것이다.[76] 기존의 공업지도체계에서는 정무원과 부들에서 도에 있는 공장, 기업소를 직접 관리, 관할하였으나, 새로운 공업지도체계에서는 도경제위원회가 도안의 모든 공장, 기업소들을 관리, 관할하며 생산과 기업관리를 직접현지에서 지도하게 되며 정무원 위원회, 부들에서는 전망계획을 연구하는 사업과 과학기술 발전에 대한 지도, 협동생산을 맞물려주는 사업을 맡아서 하게 된다는 것이다.

김일성과 당 지도부에서 새로운 공업지도체계를 내놓은 배경에 대해서는 정확하게 설명하고 있지 않지만, 새로운 공업지도체계가 나온 배경을 두 가지 측면에서 가늠해 볼 수 있다.

74) 변승우, 「경제사업과 은행의 통제적역할」, 『근로자』 1981년 제11호, 49~53쪽.
75) 편집부, 「대안의 사업체계는 주체의 공산주의적기업관리형태」, 10~15쪽; 신수근, 「당위원회의 집체적지도는 대안체계의 근본요구」 16~20쪽; 양인혁, 「대안의 사업체계는 우가 아래를 도와주는 우월한 경제관리체계」, 21~25쪽; 유시영, 「대안의 사업체계와 경제관리의 과학화, 합리화」 26~30쪽.
76) 편집부, 위의 글, 14쪽; 양인혁, 위의 글, 23쪽; 유시영, 위의 글, 30쪽.

첫째, 기존의 체계를 관할, 관리하는 데에서는 규모 또는 범위의 문제가 있었다. 정무원의 각 위원회와 부들에서 부문별로 전국에 걸쳐있는 공장·기업소들을 세부적으로 지도하기란 결코 쉽지 않은 일이며 결국 규모 또는 범위의 문제에 부닥치게 된다.

두 번째, 양인혁은 그의 논문에서 다음과 같은 발언을 하고 있다. "모든 지방들에서 국가의 부담을 덜어주고 살림살이를 자체로 꾸려나가기 위한 투쟁을 힘있게 벌리고 있다. 오늘 우리의 지방들에서는 온갖 예비와 가능성을 최대한으로 탐구동원하여 생산과 건설을 적극 다그치고 있으며 국가에 더 많은 보탬을 주기 위하여 아글타글 애쓰는 기풍이 높이 발휘되고 있다."[77]

북한은 자원 부족으로 인한 투자에 필요한 축적의 문제를 항시적으로 안고 있다. 그러므로 도 단위에서 자력갱생적 경제구조, 즉 자기 완결적 경제구조를 가지고 도 경제를 중앙의 도움 없이도 스스로 운영하고, 나아가 국가가 필요한 축적에 도움을 준다면, 국가는 예산에 대한 부담을 줄이고 필요한 축적의 또 다른 원천을 마련할 수 있는 것이다.

북한은 이미 소비재 생산, 소비 그리고 유통을 군 단위에서 해결하고 있었고 이제 도 단위에서 생산재 생산, 소비와 유통까지 자체적으로 해결하는 조치를 취한 것으로 해석된다. 그러나 이러한 조치 실행되게 되면 일반적으로 두 가지 문제가 생기게 된다.

한 가지 문제는 도 단위에서 생산재까지 자급자족하는 것이 북한의 도가 가지고 있는 자원과 환경을 고려할 때 어려움을 띠

77) 양인혁, 위의 글, 24쪽.

나 불가능한 일이 된다는 것이다. 함경북도, 자강도, 양강도 지역은 식량생산을 하기에는 적합하지 않은 산악지대로 도민들의 생존을 위한 최소한의 식량생산도 어려운 지역이기 때문에 소비재의 자급자족은 생각조차 할 수 없는 곳들이다. 소비재 생산에서도 지역의 소비를 충족하지 못하는 지역들에서 생산재생산까지 자급자족하라는 것은 어불성설에 가까운 말이다.

또 다른 문제는 지역과 지역 간의 물물교환 또는 무역이 허용되지 않는 상태에서 도 단위에서의 자급자족 체계를 실행을 하게 되면 각 도가 가지고 있는 자원의 차이와 한계로 인하여 상대적으로 부자 도와 가난한 도를 불가피하게 만들어 낸다는 것이다. 만약 중앙차원에서 이런 양극화를 예산지원 등과 같은 행정적인 방법으로 해결하지 않으면, 경제적으로 낙후된 지역 주민들의 불만이 고조될 수밖에 없고 이것은 나아가서 체제의 위협이 될 수 있다.

북한이 내놓은 새로운 공업지도체계는 지속가능하지 않은 정책이었으며 4년 후인 1986년 연합기업소가 전면적인 도입됨으로서 사실상 대체되는데, 도 단위에서 자력갱생적 경제구조까지 고려하지 않으면 안 되었던 당시 북한 지도부의 고민을 새로운 공업지도체계 도입을 통해 엿볼 수 있다.

두 번째 특이할 만한 사항은 유시영의 논문에서 발견된다. 유시영은 자신의 논문에서 다음과 같이 적고 있다.

> 우리 당은 혁명적직능을 만들고 그에 따라 사업을 정규화, 정상화하기 위한 투쟁을 현명하게 령도함으로써 경제관리 규범과 규정을 더욱 완성하

고 공장, 기업소들의 경영활동에서 중요한 역할을 당담하는 관리부서들의 사업을 조직화, 규범화하는데서 획기적인 전변을 일으켰다. 우리 당은 또한 인민경제의 부문별로 본보기공장을 꾸리기 위한 조직지도사업을 강화하여 수많은 공장, 기업소들을 기업관리가 정규화, 규범화된 본보기공장으로 훌륭히 꾸려놓았다.[78)]

위에서 유시영이 말한 '혁명적직능'이란 3대소조운동, 70일전투 그리고 3대붉은기쟁취운동에서 파견된 비교적 젊고 기술과 지식을 소유하고 있는 소조원들이 경제현장에 투입되어서 만들어낸 일본새(일하는 태도)라고 추정되는데, 이들은 당의 유일사상, 주체사상으로 튼튼히 무장되었으며 당중앙(김정일)의 지도와 통제에 따르는 그의 충실한 근위대, 친위대였다. 이들은 당의 요구대로 대안의 체계를 자신들이 투입된 공장 · 기업소들에서 철저히 관철시키며 현장에서는 지도적 위치 차지하고 있었으며, 상당수는 당 간부로 활동하고 있었다.[79)] 이 점은 연합기업소가 전면적으로 도입되는 데 있어서 매우 중요하다. 연합기업소체제는 독립채산제로 운영되기 때문에 연합기업소에서 지도적 위치에 있는 사람들이 당에 대한 충성도가 높지 않으면, 당의 유일적 지도체계를 보장할 수 없기 때문이다.

유시영의 위의 글에서 확인할 수 있는 또 다른 사실은 북한 지도부가 도경제위원회를 만들어 도 단위 자력갱생적 경제구조를 구축하는 한편, 1973년 말 또는 1974년 초부터 연합기업소를 시범적으로 운영하는 실험을 계속하고 있었다는 점이다.

78) 유시영, 「대안의 사업체계와 경제관리의 과학화, 합리화」, 29쪽.
79) 정영철, 『김정일 체제 형성의 사회정치적 기원: 1967~1982』, 198쪽.

도 단위 자력갱생적 경제구조 구축과 연합기업소의 전면적 도입은 반드시 상충되는 것은 아니지만 연합기업소가 전국적인 네트워크(연합기업소의 세 번째 형태)를 갖고 조직될 경우 도경제위원회와의 상충은 불가피하여 동시에 공존하기는 어려운 체제이다. 북한은 일단 도 단위 자기 완결적 경제구조를 먼저 구축하고, 연합기업소에 대한 실험을 계속하면서 두 체제의 실효성을 비교, 탐구하였던 것[80]으로 해석된다.

3-4) 대안의 사업체계와 연합기업소체제

북한이 안고 있던 자원 부족과 투자에 필요한 축적 문제는 도 단위에서 자력갱생적 경제 구조를 구축하고도 잘 풀리지 않았던 것으로 분석된다. 김일성과 당 지도부는 '80년대속도'라는 또 다른 속도전을 발기하고 증산·절약운동을 전개하였다.

'80년대속도'는 전국적 차원에서 벌어졌는데 생산자 대중의 단결과 협조를 강화하고 그들의 무궁무진한 창조력을 높이 발양시키는 운동이며 생산과 건설에서 나서는 문제를 대중적 투쟁과 집단적 혁신으로 풀어가는 전진운동이라고 한다.[81] 그러나 명칭

80) 도경제위원회에 대한 논의는 김환의 논문「우리당의 령도는 사회주의경제건설의 승리를 위한 결정적 담보」,『근로자』1982년 제2호, 69쪽. 그리고 유시영의「새로운 공업지도체계는 가장 우월한 우리 식의 공업지도체계」『근로자』1982년 제3호, 46~52쪽) 논문에서 다시 언급된다. 특히 유시영은 논문 전체를 할여하여 새로운 공업지도체계인 도경제위원회의 설립 배경과 의의에 대해서 상세하게 설명하고 있다. 그러나 유시영의 위의 논문 이후 새로운 공업지도체계에 대해서 다시 언급, 논의되지 않았기 때문에 연합기업소가 전면적으로 도입되는 1986년 이전에 폐기된 것으로 보인다.

만 바꾸었을 뿐이지 3대혁명소조운동, 70일속도전, 또는 3대붉은 기쟁취운동과 같이 대중의 정치도덕적 동기, 즉 사상을 강화(자극)하여 대중이 더 적극적으로 생산에 참여하도록 하는 대중동원식 증산 · 절약운동이다.

수확체감의 법칙은 일반 법칙이며 어느 것에도 적용된다. 사상과 물질적 동기도 예외가 아니다. 그러므로 사상과 물질적 동기 중 어느 하나만 지나치게 의존하거나 강조한다면 수확체감의 법칙에 적용을 받아 그 효과성을 잃게 된다.

북한은 김일성이 1980년 신년사에서 '10대 전망과제'를 제시하면서 경제에서 가시적 성과에 집착하였던 것 같다. 경제적 공간의 중요성을 무시하지 말 것임을 강조하고 독립채산제를 기반으로 대안의 사업체계를 산업전반에서 관철하려하고 이것이 구현되어있는 연합기업소를 시범적으로 운영하였지만, 그것은 어디까지나 이론적인 차원에서 그리고 제한적인 범위에서 강조, 실시되었을 뿐, 현실을 지배하고 있었던 것은 사상을 강조하는 대중동원식 증산 · 절약운동이었다.

속도전이 진행되면서 산발적으로 이곳, 저곳에서 가시적인 성과가 나타날 수 있지만, 생산의 파동성은 커질 수밖에 없고 계획은 합리적인 영역을 벗어날 수밖에 없다. 이러한 현상을 북한의 당 간부들은 직접적으로 표현하지 않았지만, 완곡하게나마 자신들의 논문에서 1983년 중반부터 1985년까지 『근로자』 거의 매호마다 지적하며 경제적 공간의 합리적 이용 그리고 경제관리의

81) 리정준, 「'80년대속도' 창조투쟁은 사회주의 경제건설의 힘있는 추동력」, 『근로자』 1983년 제3호, 55~56쪽.

합리화의 필요성을 강하게 다시 주장하기 시작한다.[82)]

그들은 경제적 공간의 합리적 이용과 경제관리의 합리화가 더 이상 이론과 시범적 영역에서 머물러서는 안 된다는 판단을 하였던 것이다. 이들의 우려는 공론화되었으며 김일성도 독립채산제의 올바른 실시를 문제의 해결책으로 보고 이것이 체계화되어있는 연합기업소가 전면적으로 도입되어야 하는 필요성을 언급하였다.

> 경제는 객관적인 경제법칙에 따라 발전합니다. 그러므로 사회주의경제관리는 반드시 경제법칙의 요구에 맞게 하여야 합니다. 객관적경제법칙에 철저히 의거하지 않고 그 어떤 결정을 채택하거나 당적통제를 강화하는 것만으로는 문제를 해결할수 없습니다. 사회주의경제를 관리운영하는데서

82) 리원경, 「사회주의하에서 정치도덕적자극과 물질적자극의 옳은 결합」, 『근로자』 1983년 제8호, 22~27쪽; 송주규, 「사회주의경제지도관리에서의 행정경제조직사업과 당정치사업」, 『근로자』 1984년 제1호, 46~49쪽; 윤기정, 「경제관리의 합리화와 가치법칙의 올바른 리용」, 『근로자』 1984년 제4호, 35~37쪽; 김태극, 「생산정상화와 자재공급사업」, 『근로자』 1984년 제5호, 42~45쪽; 변승우, 「재정규률의 강화와 원에 의한 통제」, 『근로자』 1984년 제5호, 50~54쪽; 홍동익, 「정확한 경제계산과 과학적인 경제관리」, 『근로자』 1984년 제6호, 51~55쪽; 최원철, 「독립채산제는 사회주의국영기업소의 계획적관리운영방법」, 『근로자』 1984년 제7호, 22~27쪽; 한인호, 「기업관리에서 원가공간의 합리적리용」, 『근로자』 1984년 제7호, 45~49쪽; 김찬숙, 「사회주의적로동보수제와 그 올바른 이용」, 『근로자』 1984년 제8호, 36~39쪽; 김철, 「사회주의경제관리에서 근로자들의 자각성과 통제 의 옳은 결합」, 『근로자』 1984년 제10호, 45~49쪽; 최재국, 「경제사업에서 타산을 잘 하여야 한다」, 『근로자』 1984년 제11호, 34~37쪽; 유시영, 「사회주의경제관리의 과학적인 방법론」, 『근로자』 1984년 제12호, 39~45쪽; 차상로, 「경제적공간과 그 합리적리용」, 『근로자』 1984년 제12호, 45~48쪽; 김원석, 「경제건설에서 질적지표의 개선문제」, 『근로자』 1985년 제6호, 39~45쪽; 한인호, 「경제관리에서 독립채산제를 실시하는 것은 우리 당의 일관한 방침」, 『근로자』 1985년 제2호, 58~62쪽.

객관적 경제법칙에 의거하지 않을 때에는 반드시 편향을 범하게 되며 결국은 사회주의건설을 망쳐먹게 됩니다… (중략)… 나는 이미 오래전부터 사회주의사회의 특성과 사회주의에서 작용하는 경제법칙들의 요구에 맞게 경제관리를 과학적으로, 합리적으로 할데 대하여 강조하였습니다. 나는 특히 정치도덕적자극과 물질적자극을 옳게 결합하여 독립채산제를 바로 실시할데 대하여 많이 강조하였습니다. 그러나 이러한 문제들이 아직도 바로 집행되고 있지 않고있습니다… (중략)… 내 생각에는 앞에서 말한대로 관리국과 련합기업소들을 조직하고 관리국과 련합기업소범위에서 독립채산제를 실시하며 개별적공장, 기업소들에서도 독립채산제를 실시하도록 하면 기업관리에서 많은 개선을 가져올수 있을 것 같습니다… (중략)… 당중앙위원회 경제부서들과 정무원 책임일군들은 오늘 내가 말한 것을 깊이 연구하고 그에 따라 관리국과 련합기업소를 합리적으로 조직하기 위한 안을 잘 만들어야 하겠습니다.[83]

연합기업소의 전면적인 도입은 북한 경제관리의 전반적인 방향이 연합기업소 구축으로 가는 연합기업소체제를 의미한다. 또한 이것은 북한에서 이제 경제적 공간의 활용을 통한 경제관리의 합리화가 제도화되는 북한 경제의 분기점이라고 할 수 있다.

북한의 국가적 목표는 자립노선을 고수하며 공산주의사회로의 이행이다. 그러나 북한의 경제적 조건은 매우 열악한 것이었다. 자원은 부족하였으며 자립노선의 고수는 자원 부족 현상을 더욱 악화시키는 것이었다. 북한이 자립노선을 포기하지 않는 한 북한의 선택의 폭은 매우 제한적이었다. 결국 북한은 절약을 강조하면서 사람들의 물질적 동기보다는 정치·도덕적 동기를 자극

83) 김일성, 「독립채산제를 바로 실시하는데서 나서는 몇가지 문제에 대하여」(1984.11.13), 『김일성전집 80』(평양: 조선로동당출판사, 2009), 329~335쪽.

하여 사람들로 하여금 더욱 적극적으로 경제건설에 참여하는 방향에서 공산주의사회로의 이행을 추구하였다.

이것이 제도화된 것이 계획의 일원화와 세부화 체계이다. 위에서도 살펴보았듯이 북한은 대안의 사업체계를 계획의 일원화와 세부화 체계의 작동 방식으로 두어 국가의 중앙집권적지도와 기업소의 창발성을 옳게 결합을 통해 높은 단계의 사회주의경제건설을 추구하였다. 그러나 문제는 규모와 범위에 있었다. 북한이 중국과 같은 거대한 사회는 아니었지만 북한의 경제는 천만 명이 넘는 사람들로 구성되어 있었고, 수많은 부문으로 이루어진 경제를 하나의 유기체로 보고 일치단결을 추구하는 것은 경제관리의 합리적 규모와 범위를 벗어난 것이었다.

더군다나 물질적 동기가 동반하지 않는 절약에 대한 강조는 공허한 것이었으며, 지속적인 천리마식 대중동원 방식의 증산운동은 절약보다는 낭비가 초래되어 자원 부족 현상을 더욱 악화시켰다. 북한은 경제적 공간의 도입을 통해 이러한 문제를 풀고자 하였던 것이다.

위에서도 살펴보았지만 북한에서 독립채산제, 작업반우대제, 도급제, 분조관리제과 같은 경제적 공간에 대한 논의와 이것들에 대한 실험은 긴 역사를 가지고 있으며 위기에 대한 일시 대처용이 아니라 북한 경제의 제도화 과정에서 실질적인 내용과 역할을 가지고 있었다. 연합기업소는 북한이 안고 있었던 이러한 문제들을 해결하는 고리로서 10년 이상의 실험을 거쳐 1986년부터 본격적으로 그리고 전면적으로 도입된 것이며 이것은 북한 경제관리 운영에서 새로운 체제가 성립된 것을 의미하였다.

3-5) 연합기업소 운영체계의 구성과 특징

연합기업소의 어떻게 운영되는지 보다 구체적으로 살펴보자. 먼저, 연합기업소는 국가계획기관의 지도 아래 계획을 자체로 세우고 망라된 산하 공장·기업소들에게 그것을 나누어지며 필요에 따라 국가계획에 기초하여 조절할 뿐만 아니라 다른 공장, 기업소들과 경제거래를 진행[84]한다고 한다. 국가계획기관의 지도 아래 계획을 자체로 세운다는 것은 우선 계획의 일원화와 세부화 체계에서 세워지는 계획과는 매우 다른 것을 의미한다.

일원화와 세부화 체계에서 계획화사업은 최종적으로 국가계획기관에서 결정되는 명령적(command) 성격이 내재된 계획이었다. 그러나 연합기업소체제에서는 국가계획기관의 지도 아래 연합기업소가 계획을 자체로 세우는 체계이기 때문에 국가에서 거시적 지표 또는 목표를 주고 계획의 미시적 부분은 연합기업소에서 세우는 것으로 해석할 수 있다.

이것은 지표지시적 계획(indicative planning)과 유사하나 동일한 것은 아니었다. 지표지시적 계획은 국가가 보조금, 장려금, 그리고 세금 등을 통해 경제적 목표를 달성하도록 유도하는 것이지만, 연합기업소체제에서 계획수립의 주체는 연합기업소가 되지만 일단 계획이 수립되면 법적의무가 부여되는 것이기 때문이다. 그러나 연합기업소체제를 엄격한 통제·명령적 계획경제

84) 김철식, 「우리 나라 련합기업소는 사회주의기업소조직의 새로운 형태」, 『근로자』 1985년 제2호, 71쪽.

라고는 볼 수 없다.

연합기업소체제에서 북한의 계획체계는 일정한 자율성을 바탕으로 한 계획체계이며 계획의 일원화와 세부화 체계에서 불가피하게 생기는 규모와 범위, 즉 공간적 문제를 풀기 위한 것이었다. 이러한 계획화체계가 현실에서 유효성을 갖기 위해서는 국가의 통일적 지도를 유지하면서 기업의 창발성을 보장하는 문제를 해결하여야 한다. 북한이 경제에서 계획체제를 고집하는 이유는 사상적인 측면도 있지만 경제적인 측면도 있다. 경제적 역량을 국가적 차원에서 집중하여 자원의 낭비를 극소화하고 활용을 극대화하여 증산을 하자는 것이고 그렇게 하자면 계획의 일원화와 세부화가 요구된다는 논리이다.

국가적 차원에서 계획의 세부화는 규모와 범위의 문제로 인해 어렵기 때문에 계획의 규모와 범위를 분할하여 (연합기업소체제에서) 계획의 세부화를 도모하자는 것이다. 따라서 문제는 연합기업소가 계획의 주체가 되어 기업의 창발성은 보장할 수 있으나, 국가의 통일적 지도는 어떻게 유지될 수 있는가에 있었다.

북한은 이 문제를 대안의 사업체계를 통해 해결하려 하였다. 즉, 각 연합기업소에서 당위원회를 최고지도기관으로 위치시켜 그 집체적지도하에 연합기업소의 공업생산과 기업관리에서 나서는 모든 문제를 토의결정하고 그에 따라 산하 공장 · 기업소의 당조직들과 당원들, 근로자들을 움직이기 위한 조직 · 정치사업을 진행하게 하였다.

이를 보다 구체적으로 설명하자면 다음과 같다. 연합기업소의 최고지도기관인 연합기업소당위원회는 당의 경제정책을 접수하고 그 관철을 위한 구체적인 방향과 방도를 당위원회에서 집체적으로 토의결정하고 업무를 분장한다. 기업소의 모든 사업과 과업의 실행과정과 결과는 당위원회에서 총화되게 하여, 즉 당의 경제정책을 바탕에 두고 평가되게 하여, 연합기업소의 모든 사업에 대한 당적지도를 강화하는 방향에서 경제 과업을 수행하게 하였다.

산하 공장·기업소 당위원회들은 연합기업소당위원회의의 지도를 받으며 연합기업소당위원회의 연결고리로서 각기 자신들의 공장·기업소를 지도운영하게 되어 있어, 연합기업소에 소속되어있는 모든 단위에서 당의 경제정책을 관철할 수 있도록 하여, 국가의 통일적인 지도를 유지하게 하였다.[85] 그러므로 연합기업소체제가 잘 운영되어 북한이 목표하는 것을 달성하는 것은 대안의 사업체계가 연합기업소체제에서 얼마나 잘 관철되는가에 달려있다고 할 수 있으며 대안의 사업체계의 원만한 운영은 결국 당 조직 사업에 달려있기 때문에 북한에서의 경제사업은 정치사업과 밀접히 연결되어 있는 상호적 관계라고 할 수 있다. 즉 (북한이 자립노선을 고수하는 한) 경제와 정치를 따로 띠어놓고 경제발전을 추구할 수 없는 구조인 것이다.

연합기업소체제에서 각 공장·기업소와 생산자 대중들의 창발성이 보다 효과적으로 발양될 수 있는 근거는 연합기업소가 독

85) 리상설, 「대안의 사업체계 관철과 련합기업소」, 『근로자』 1986년 제7호, 46~47쪽.

립채산제로 운영되기 때문이라고 한다.[86] 연합기업소 산하 개별 기업도 독립채산제로 되어있어 연합기업소는 2중 독립채산제로 운영된다. 이것은 이전 체제와 비교하여 두 가지 중요한 변화를 의미한다.

먼저 행정 · 관료적 명령관계가 계약관계로 전환됨을 의미한다. 이 점은 김일성의 발언에서도 확인된다. 김일성은 독립채산제를 바로 실시하려면 계획을 잘 세우고 자재공급사업을 자재공급계획과 계약에 따라 진행되어야 한다[87]고 하였는데, 이것은 연합기업소에서 자재공급은 국가가 계획을 통해 개별 공장 · 기업소들에게 직접 내려 보내는 것이 아니라, 연합기업소가 직접 자체의 자재 상사를 갖고 자기 기업 내부에서 해결할 수 없는 자재에 대해서는 다른 연합기업소와 계약을 통해 확보하는,[88] 즉 계약관계를 위주로 해서 이루어진다는 것이다.

[86] 한인호에 따르면 독립채산제는 국가의 중앙집권적지도와 통제 밑에 기업소가 상대적독자성을 가지고 경영활동을 해나가면서 생산에 지출된 비용을 자체로 보상하고 국가에 이익을 주는 합리적인 관리운영 방법이라고 한다. 나아가 그는 독립채산제 규정과 세칙을 잘 만들고 과학적인 계산제도를 세우며 계획실행평가를 바로잡고 물질적자극공간을 옳게 이용하며 독립채산제를 실시하는 데서 모범을 창조하고 그것을 일반화하기 위한 사업을 적극 벌려나가야 한다고 강조하였다(한인호, 「경제관리에서 국가의 중앙집권적 지도와 기업소창발성의 옳은 결합」, 『근로자』 1986년 제5호, 47쪽).
한인호의 위의 글에서 알 수 있는 것은 연합기업소체제가 도입되기 이전 물질적자극공간이 활용도가 매우 낮았다는 사실이며 그렇기 때문에 더 이상의 정치도덕적 자극공간을 자극하는 것은 증산 · 절약에 아무런 도움이 되지 않았고 북한 지도부는 물질적 자극공간을 활용하는 운영체제를 고안, 실행할 수밖에 없었음을 유추해 볼 수 있다.

[87] 김일성, 「련합기업소를 조직하며 정무원의 사업체계와 방법을 개선할데 대하여」(1985.11.19), 『김일성전집 82』(평양: 조선로동당출판사, 2009), 458쪽.

[88] 김철식, 「우리나라 련합기업소는 사회주의기업소조직의 새로운 형태」, 71쪽.

두 번째, 연합기업소체제는 2중 독립채산제로 운용되기 때문에 기업의 경영활동 결과는 이제 그 기업의 생산계획이 얼마만큼 수행되었는가에 의해 평가될 뿐만 아니라, 연합기업소 전체의 계획수행에 얼마만큼 기여했는가에 따라 다시 평가받게 된다. 즉 연합기업소가 생산계획을 달성 또는 초과 달성하여 이익을 올리면 산하 기업들도 거기에 기여한 정도에 따라 이익을 배분받으며, 반대로 연합기업소가 계획을 달성하지 못하고 손실을 입은 경우에는 산하 기업들도 거기에 관련된 정도에 따라 보상을 책임지게 된다.[89] 연합기업소 매개 단위까지도 독립채산제로 운영된다는 것은 연합기업소는 경제공간을 바탕으로 운영된다는 것이며 경제공간은 연합기업소에 소속된 모든 단위에 예외 없이 적용된다는 의미이다.

여기서 흥미로운 점은 연합기업소 도입과 천리마작업반운동의 도입은 상황과 내용 측면에서 많이 닮아 있다는 점이다. 1950년대 중반에 일어난 축적 위기를 북한은 군중노선에 의거해 대중의 적극성과 창발성을 높이는 방식, 즉 천리마작업반운동에서 돌파하려 하였다. 항시적 축적과 자원 부족의 문제와 중앙집권적 계획의 과잉으로 인하여 1970년대 중반부터 또다시 가시화되고 있던 경제침체 문제를 북한은 또다시 군중노선을 통하여 해결하려 하였다.

이번에는 천리마작업반운동과 같은 단순한 증산운동이 아니라 중앙집권이 과잉된 계획체제를 계획실현과 운영 가능한 단위, 즉 연합기업소체제로 분할하지만 대안의 사업체계의 틀을 유지

89) 김철식, 위의 글, 71~72쪽.

하여(즉 당적 지도와 통제를 큰 틀에서 유지하면서 대중노선에 의거하여) 침체하여 가는 경제를 재활하려는 것이었다.

연합기업소체제 도입이 천리마운동이 아니라 천리마작업반운동과 닮아 있는 것은 연합기업소체제에서의 보상체계를 고려하여 보면 보다 확연히 나타난다. 천리마작업반운동에서 증산에 대한 보상은 개인이 아니라 집단(작업반)을 중심으로 이루어진다. 그래서 보다 많은 물질적 보상을 받기 위해서 개인은 다른 개인보다 더 열심히 일하는 것이 아니라 (천리만운동에서처럼) 작업반이라는 집단에서 다른 개인들과 함께 생산의 성과를 높여야만 하는 것이다. 개인적 물질적 보상을 늘리기 위해서는 집단주의적으로 행동하여야 한다는 역설적(paradoxical)인 방식이다.

연합기업소의 보상체계 역시 마찬가지이다. 연합기업소 개별 산하 기업의 물질적 보상을 늘이는 것은 산하 다른 개별기업들과 협동을 잘하여야만 가능하기 때문이다. 이런 측면에서 볼 때 연합기업소는 천리마작업반운동의 프랙털, 즉 자기유사체이라고 할 수 있다. 그러나 연합기업소가 천리마작업반운동의 단순한 복사체(simple replica)는 아니었다. 그것은 2중 독립채산제의 도입으로 물질적 자극과 동기가 연합기업소체제에서 보다 명료해지고 체계화되었기 때문이다.[90]

---

[90] 김일성은 사회주의 경제를 운영하는 데서 가치법칙을 이용하는 문제가 중요하게 제기된다면서 연합기업소를 조직하는 목적을 독립채산제를 올바로 실시하여 생산을 높은 수준에서 정상화시키는 것에 있다고 하였다(김일성, 『김일성전집 82』, 426쪽). 즉 연합기업소 체제를 도입하는 궁극적인 목적이 증산이며, 증산은 정신 · 도덕적 자극보다는 물질적 자극과 동기에 보다 큰 비중을 두고 추구하겠다는 것으로 해석할 수 있다.

연합기업소는 그 조직형태를 기준으로 네 가지 형태로 나눌 수 있다. 첫 번째 형태는 모태기업과 생산·기술적으로 연결된 관련 부문의 공장·기업소들을 모태기업을 중심으로 조직하는 형태이다. 주로 화력발전, 금속, 화학, 건축자재 등이 모태기업이 되고 이들에게 원료·연료를 공급하는 관련 부문 공장·기업소와 이것을 수송하는 기관 등이 함께 첫 번째 형태의 연합기업을 이룬다. 두 번째 형태는 주로 채굴공업 부문에서 나타나는데 일정 지역 안에 있는 동일한 부문의 기업들과 이들과 공통으로 관련된 보조 부문의 공장·기업소를 하나로 조직한 형태이다. 세 번째 형태는 주로 기계공업이나 경공업 부문에서 나타나는데 전국적 범위에서 같은 제품을 생산하는 공장·기업소들을 하나로 묶어 조직하는 형태이다.[91] 네 번째 형태는 특수한 형태로서 야채, 과일, 담배 등을 다루는 전문 농업기업소를 통합하여 하나로 조직한 형태이다.[92]

이와 같은 연합기업소의 분류는 보다 원활한 자재 수·공급을 위해서라고 분석할 수 있다. 연합기업소의 첫 번째와 두 번째 형태는 그 성격상 모체기업을 최상으로 하는 종적 생산관계(첫 번째 형태) 그리고 같은 또는 근거리 지역이라는 공간을 토대로 하는 횡적 생산관계(두 번째 형태)는 모두 각 형태의 연합기업소 내의 자재 수·공급을 유리하게 해주는 것이다.

연합기업소 세 번째 형태는 전국적 범위에서 구성되어 생산 및 경영이 통일적으로 이루어질 수 있어 기계공업에서 필수적인

91) 고승효 지음/이태섭 옮김, 『현대북한경제 입문』, 197~198쪽.
92) 이정철, 『사회주의 북한의 경제동학과 정치체제』(서울대학교 대학원 정치학과 박사논문, 2002), 143쪽.

규격화(standardization)를 도모하는 데 유리하다. 규격화를 이루는 데는 같은 종류의 자재가 연합기업소 안에서 수·공급되어야 하기 때문에 한 형태로 묶여있는 것이 자재 수·공급에 유리하다.

주로 농업기업소들을 연합하여 만든 네 번째 형태는 야채, 과일 그리고 식료품등 시기성에 민감한 제품을 다루기 때문에 국가의 수매라는 유통단계를 거치지 않고 (시간을 절약하고) 직접 식료원료를 기업 간 수·공급할 수 있는 연합기업소체제가 유리하다.

그런데 이들 모두 2중 독립채산제에 적용을 받기 때문에 연합기업소 내의 수·공급 체계는 연합기업소 내의 기업 간의 계약의 방식으로 이루어지게 되는데 이것은 각 형태의 연합기업소마다 내부 시장(intra-industry market)을 갖고 있다는 의미이다.[93] 뿐만 아니라 연합기업소체제에서는 자재 수·공급에 있어 연합기업소가 직접 자체의 자재 상사를 갖고 자기 기업 내부에서 해결할 수 없는 자재에 관해서는 다른 연합기업소, 기관, 심지어는 무역회사와 계약을 통해 확보하도록[94] 하였는데 이것은 자재의 수·공급 조절이 연합기업소 간의 시장[95](inter-industry market)을 통해 이루어진다는 의미로, 자재 수·공급에도 경제적 공간이 활용될 수 있는 체계가 확립되면서 이제 북한의 거의 모든[96] 자재

93) "… 생산에 필요한 자재를 자체로 해결하게 됨으로써 일군들과 근로자들의 책임성을 더욱 높이고 자력갱생의 원칙에서 내부예비를 최대한 동원리용하여 필요한 자재를 보장하게 된다."(리상설, 「대안의 사업체계 관철과 련합기업소」, 『근로자』 1986년 제7호, 50쪽

94) 김철식, 「우리나라 련합기업소는 사회주의기업소조직의 새로운 형태」, 75쪽.

95) 매개 연합기업소들이 직접 '중앙자재총련합상사' 또는 '지구자재련합상사'를 통하여 서로 계약을 맺고 원료 자재를 해결하게 하였는데 '중앙자재총련합상사'와 '지구지재련합상사'는 자재수·공급이 이루어지는 시장이라고 볼 수 있다.

96) 군수물자와 전략적 물자는 여기에서 제외되었을 것이다.

수·공급은 시장을 통해 이루어지게 된 것이다.

1986년 『근로자』 마지막 호인 12호에서 유시영은 "사회주의 경제관리문제해결에서 우리 당이 이룩한 불멸의 업적"이라는 제목의 논문에서 경제관리문제의 궁극적인 해결책은 대안의 사업체계를 경제관리 모든 부문에서 관철시키는 것이고, 그것은 연합기업소를 통해서 가능하다며 다음과 같이 주장하고 있다.

> 현시기 경제지도와 기업관리를 개선하는데서 틀어쥐여야 할 중요한 고리는 련합기업소들의 역할을 결정적으로 강화하도록 하는 것이다. 우리 나라 련합기업소는 사회주의사회의 특성과 우리 나라 경제발전의 합법칙성을 정확히 반영한 우리 식의 새로운 기업소조직형태이다. 그것은 경제규모가 커진 현실발전의 요구에 맞게 대안의 사업체계를 더욱 철저히 관철하고 대안의 사업체계를 더욱 철저히 실시하여 사회주의경제건설을 힘있게 다그칠수 있게 하는 커다란 우월성을 가지고 있다. 우리는 계획화사업과 자재공급사업을 더욱 개선하고 일군들의 책임성과 역할을 높여 련합기업소의 우월성과 생활력을 충분히 발휘되도록 하여야 한다.[97]

유시영의 위의 글은 연합기업소체제라는 새로운 체제로의 전환이 갖는 배경과 의미에 대해서 압축적으로 설명해준다.

경제 규모가 커진 상황(경제통제의 영역이 커진 상황)에서 계획의 일원화와 세부화 체계를 더 이상 고집한다는 것은 합리성을 벗어나는 것이었고, 사상·의식 강화를 통한 지속적인 천리마운동식 대중동원을 통해 증산을 촉구하는 것은 생산의 파동성을 높이고 낭비를 초래하여 자원 부족 현상을 악화시키는 것이었다.

97) 유시영, 「사회주의경제관리문제해결에서 우리 당이 이룩한 불멸의 업적」, 『근로자』 1986년 제12호, 63쪽.

이 문제를 1980년대 들어 더 이상 묵과할 수 없는 단계에 이르렀던 것이다.

경제공간의 합리적 적용과 경제관리의 합리화는 북한 지도부사이에서 오랜 시간 논의가 되어왔으며 그 결과로 연합기업소체제라는 새로운 경제관리 운영체제를 1986년 본격적으로 도입하게 된다. 위에서 살펴본 것과 같이 연합기업소체제는 제한적인 의미이긴 하지만 시장(market)을 생산자재 수·공급체계에서 주로(走路) 활용하는 새로운 체제였다. 또한 위에서 분석되었듯이 북한에는 계획에 포함되어있지 않은 생산품이 이미 소비재생산에 큰 비중(약 절반)을 차지하고 있었는데 1960년대 중반부터 군단위에서 지방의 소비를 충족시키기 위한 목적으로 지방의 유휴자재와 예비를 동원·활용하여 생산된 소비재가 바로 그것이다.

이와 같이 1980년대 중반, 북한의 경제는 중앙집권적인 엄격한 통제와 명령에 의한 계획경제라고 알려진 기존의 주장과는 매우 다른 모습을 갖추고 있었다. 이러한 배경을 안고 북한의 경제학자들은 북한 경제발전에 대한 연구를 전개하였으며 자신들의 연구 결과를 『경제연구』 등에 개재하였다. 제3장에서는 『경제연구』 1987년 제1호부터 2002년 제4호[98]까지 실린 논문들을 중심으

98) 2002년 7월 1일 나온 '경제개선조치'는 북한 경제의 분기점이라고 일반적으로 알려져 있다. 『경제연구』에 실린 논문 또는 논설들은 시간차를 갖고 작성됐다. 즉 정책이 나온 이후 그 정책에 대한 논평과 논의가 진행된, 사후(事後, ex post)적인 것이다. 그러므로 2002년 7월 1일에 나온 '경제개선조치'는 2002년 7월 이후 나온 『경제연구』에서 다루어질 수 있기(경제개선조치가 북한에서 북한 외부에서 인식하는 것처럼 분기점적인 중요성과 상징성이 없다면 사후에도 다루어 지지 않을 것이다) 때문에 3장의 분석의 범위를 2002년 말까지로 설정하였다.

로 분석하여 북한 경제의 실상을 파악하고 '선군정치'와 '실리'가 동시에 나온 배경에 대해서 알아보도록 하자.

제3장

『경제연구』를 중심으로 본 북한 경제(1987~2002)

▲평남 안주시 장마당

▼흥남비료연합기업소

제3장

『경제연구』를 중심으로 본 북한 경제(1987~2002)

1. 연합기업소체제의 전면적 도입과 시행착오(trial and error)

북한은 1987년부터 제3차 7개년계획(1987~1993)을 시작하였다. "인민경제의 주체화, 현대화, 과학화를 계속 힘있게 다그쳐 사회주의완전승리를 이룩하기 위한 물질기술적토대를 튼튼히 마련하는 것"이 제3차 7개년계획의 기본과업이었는데 기본적으로 공업생산은 1.9배, 농업생산은 1.4배 이상으로 장성시켜 사회주의경제건설의 '10대전망목표'를 계획 기간 안에 성취하는 것이었다.[1]

김일성은 계획을 성과적으로 수행하기 위하여서는 "경제지도와 기업관리를 결정적으로 개선하여야 한다."[2]고 강조하였는데

1) 김재서, 「사회주의경제건설을 힘있게 다그치는 것은 사회주의완전승리를 이룩하기 위하여 나서는 중요과업」, 『근로자』 1987년 제2호, 79쪽.

‘경제지도와 기업관리의 결정적인 개선’은 바로 연합기업소체제의 전면적인 도입과 실행을 의미하는 것이었다. 연합기업소체제에 거는 기대가 그만큼 컸던 것이다. 그러나 현실과 지도부의 기대 사이에는 간극이 있었다. 중앙집권적 통제 · 지시계획체제에서 연합기업소체제로의 이행은 북한 지도부의 기대만큼 신속하게 이루어지지 못했다.

북한에서 정책이 만들어지고 실행되는 절차는 일반적으로 다음과 같은 과정을 거친다.[3] 먼저 중앙당 차원에서 문제(가령 공장 · 기업소에서 자재 수 · 공급의 문제)에 대하여 토의를 한다. 토의의 자료로는 각 지방 당에서 올라온 주(主) 문제에 관련된 소상한 정보들과 당 검열위원회에서 수집하고 검열된 자료들을 다 활용되기 때문에 문제의 비중과 자료의 양에 비례하여 토의시간이 달라진다.

토의가 끝나면 지난 문제(가령 공장 · 기업소에서 자원 낭비 현상)를 현 문제와 연관시켜 총화하면서 현 문제를 풀어갈 방향과 결정하고[4] 만약 지난 문제와 연결되는 고리를 현 문제의 해결 방향에서 찾는다면, 바로 그 연결고리가 정책의 기본 내용을 이루게 되는 것이다.

---

2) 김일성, 『사회주의의 완전한 승리를 위하여』(평양: 조선로동당출판사, 1987), 19쪽.

3) 필자가 1999년 미국 Columbia 대학 국제행정 대학원(School of International and Public Affairs)의 일원으로 북한을 방문한 당시 인민경제대학 원로교수로부터 직접 들은 내용을 정리한 것이다.

4) 북한에서는 정책의 연관성과 연결성을 매우 중요시한다. 그러므로 지난번의 토의 주제와 이번에 토의 주제를 연결시키려고 하고 그 연결고리가 되는 것을 찾아서 정책화시킨다.

이제 정책화 단계인데, 두 가지 방향에서 진행된다고 한다. 하나는 북한이 천리마운동, 청산리방법, 대안의 사업체계와 같이 최고지도자가 현장을 방문해 노동자들과 토의를 거치는 형식을 띄고 노동자들과 더불어 궐기하고 발기하는 방식이다. 다른 하나는 당중앙위원회 정치국이 결의사항을 승인하고 정무원이나 내각에서 결정하는 소위 '내각 결정'이라는 방식이 있다. 여기까지는 중앙당 차원의 이야기이다. 중앙당 차원에서 결의되고 승인되어 정책이 나왔지만 현실에서 실행문제는 이제부터이다.

북한에서는 정책의 실행에 앞서 정책에 대한 교육부터 시킨다. 인민경제대학은 주로 당 간부들이 교육을 받는 곳인데, 정책의 변화가 있거나 새로운 정책이 나왔을 때 그것을 당 일반 간부들에게 그리고 정부 관료들에게 교육시키는 곳이다. 이러한 교육을 받은 당 간부들과 관료들은 현장에 다시 투입되어 정책을 수행하게 되는데, 일단 이들은 자신들의 속한 공장 · 기업소의 당위원회에 가서 새로운 정책에 대해서 설명하고 자신들의 공장 · 기업소 차원에서 새로운 정책을 잘 수행할 방도를 찾고 결의한다.

공장 · 기업소 당위원회 간부들을 또 자신이 속한 작업반으로 가서 같은 과정을 통해 정책이 자신들의 작업반 실정에 맞게 보다 잘 수행할 수 있도록 방도를 찾고 결의한다. 그리고 월, 분, 연기 마다 작업반, 공장 · 기업소, 연합기업소, 내각 순으로 총화를 거쳐서 수행에 있어서 문제점을 찾아내고 시정 또는 개선할 방도를 찾아 위의 역순으로 내려 보내고 각 단계별로 자신들의 실정에 맞게 토의하고 결의하는 과정을 거친다.

북한의 위와 같은 정책의 수립 그리고 실행은 점증적이면서도 포괄적이기 때문에 많은 시간을 요하고 복잡한 과정이 될 수밖에 없다. 그런데 연합기업소체제를 제도화시키는 것, 즉 현장에서 공고히 정착시키고 당 간부뿐만 아니라 일반 근로자들까지 자기의 것으로 받아들이는 것은 훨씬 더 어려운 일이었다.

연합기업소체제 안의 모든 공장 · 기업소들은 독립채산제로 운영되고 체제 안에서는 이제 원가, 가격, 그리고 수익성 이라는 경제적 공간을 합리적으로 적용, 이용하고 경제계산을 도입하여, 노동력, 기술, 원료, 자금 등의 계획화의 주요요소들을 과학적으로 타산하고 가장 효율적으로 사용할 수 있는 방안을 도출해 내어야하기 때문이다.

연합기업소체제가 도입되기 이전 북한의 근로자들은 중앙집권적 통제 지시계획경제 체제에 가까운 계획의 일원화 그리고 세부화 체계 아래 있었다. 이 체계 안에서 물질적 동기는 명목상 존재하였으며, 근로자들은 물질적 동기보다는 정치 · 도덕적 동기에 길들여 있었다. 그러나 한편으로 근로자들의 공장 · 기업소에서의 생활은 그다지 복잡하지 않았다. 근로자들은 맡은 일은 시간적으로 채우기만 하면 직장에서 봉급은 연금과 같이 나오는 것이었기 때문에 일을 더 열심히 하고 또 새로운 방법을 찾아 능률을 올리는 것을 할 동기가 별로 없었다.

독립채산제로 운영되는 연합기업소체제는 국가납부의무를 수행한 다음 이익금을 연합기업소 단위에서 균등하게 나누어 분배하는 것이 아니고 많이 번 단위가 적게 번 단위보다 더 많이 가져가는 도급제(都給制) 체제였다. 도급제는 공장·기업소 단위뿐 아니라, 매 근로자들에게도 적용되어, 근로자들에게 물질적 동기가 부여되었다. 그러나 계획체제의 오랜 습관에 젖어 있는 근로자들에게 물질적 동기가 부여되었다고 그들이 갑자기 경제적 목적을 최우선으로 내세우는 '호모 이코노미쿠스(homo economicus)'되는 것은 아니었다.

뿐만 아니라 도급제 체제가 원만히 운영되기 위해서는 경제계산이 철저히 이루어져야 한다. 즉 종업원 한 사람당 생산량, 제품 단위당 물자소비량을 비롯하여 생산 규모, 노동생산능률, 설비와 원자재의 이용률을 반영하는 통계자료들을 수집하고 분석하여야 하는데, 아직 공장당위원회의 당위원장을 비롯한 당 간부도, 지배인도, 기사장도 새로운 체제를 정확히 이해하지 못하는 실정이었다. 당위원회가 준비가 되어 있지 않았으면 종업원들의 준비 상태는 거론할 필요도 없는 것이었다.

공장·기업소들이 독립채산제로 운영되면서 많은 문제점들이 발견되는데 그중에서도 원료, 자재, 연료, 동력 등을 낭비하는 현상은 근절되고 있지 않았다. 오래 동안 지속되어온 천리마식 대중동원을 통한 경제건설과 독립채산제 단위가 아닌 예산제 단위로 운영되었던 공장·기업소들에서 자원 낭비와 남용은 습관화되어 있었으며 공장·기업소들은 낭비에 대해서 물질적 책임을 지지 않았다.[5]

[5] 한득보, 「원료, 자재의 합리적리용에 작용하는 중요지표들과 경제적공간」, 『경제연구』 1987년 제1호, 40쪽.

또한 연합기업소는 국가의 직접적인 지도 밑에 계획화사업, 생산조직사업을 비롯한 모든 경영활동을 자체로 해나가는 계획 단위, 생산 단위, 집행 단위가 되었지[6]만 여기에 대해 대부분의 연합기업소들은 자신들의 권한의 범위를 잘 알지 못하고 있었다. 특히 가격공간의 이용, 즉 가격 책정 부분은 대부분의 연합기업소들에게 매우 생소한 것이었다.

연합기업소의 생산물이 국가 경제적 차원에서 의미가 크고 연합기업소들 사이에 유통되는 제품인 경우 국가에서 가격을 정해주지만, 연합기업소 자체에서만 생산하여 소비하는 제품인 경우[7]에는 기업소자체가 제정하게 하여야 한다. 그래야 연합기업소들에서 독립채산제가 강화하고 기업 관리를 합리화하는 데서 가격공간을 옳게 이용하게 할 수 있기 때문이었다.[8] 그러나 대부분의 연합기업소들에서는 국가에서 가격을 정해 주기를 기다리고 또 가격보다는 현물로 위주로 거래하여 가격공간을 제대로 이용하지 못하고 있었다.

중앙집권적 통제 지시 계획체제에서 자재 수·공급은 명령(command)에 의해 이루어 졌다. 그러나 독립채산제로 운영되는 연합기업소체제에서 자재 수·공급은 계약을 통해 이루어지는데, 많은 기업소들이 이전 방식에 길들어져 있었고 계약은 책임

6) 유시영, 「련합기업소는 우리 식의 새로운 기업소조직형태」, 『경제연구』 1987년 제1호, 28~29쪽.

7) 연합기업소의 형태적 기준으로 보아 연합기업소 대부분의 생산품이 여기에 해당된다.

8) 리동구, 「가격의 일원화와 그 실현에서 나서는 몇가지 문제」, 『경제연구』 1988년 제2호, 32쪽.

을 동반하는 것이기[9] 때문에 이들은 계약 방식에 의한 자제 수·공급 해결하기보다는 위에서의 지시를 기다리고 있는 실정이었다.

연합기업소체제는 결국 이전 체제에서 새로운 체제로 제도(institution)를 바꾸는 일이다. 관행, 습관, 그리고 문화가 바탕인 제도를 바꾸는 것은 시간이 요하는 일이다. 최원철은 연합기업소체제가 전면적으로 도입되고 3년이나 지난 시점에서 연합기업소 도입이 갖는 이점과 이전 체제의 단점을 다음과 같이 원론적으로 서술하고 있다.

> 인민경제계획을 수행하는 사회적 분업체계에 망라되여있는 기업소들은 같은 제품이나 생산물을 생산하는 경우에도 원료의 보장조건, 기계설비의 기술상태, 로력구성 등에서 차이가 있으며, 생산하는 제품이나 생산물이 같지 않다. 이런 조건에서 매 기업소들이 국가에 리익을 줄 정도를 바로 평가하는 문제는 매우 복잡하고 어려운 사업이다. 이것은 가치공간들을 리용하는 독립채산제적기업관리방법으로 해결하지 않을수 없게 한다. 그러므로 독립채산제를 바로 실시하는 문제는 경영단위들의 생산활동을 옳게 평가하는 요구로 된다. 사실상 경영단위의 생산활동, 국가계획과제 수행정형을 바로 평가하지 못하는 독립채산제는 아무런 의의를 가지지 못한다.[10]

최원철 주장의 요지는 연합기업소 차원에서 독립채산제가 잘 관철되고 있지 않기 때문에 산하 공장·기업소들 에서도 그 원

9) 최영옥, 「계약제도를 강화하는 것은 자재공급사업을 개선하기 위한 중요한 요구」, 『경제연구』 1988년 제2호, 41쪽.
10) 최원철, 「대안의 사업체계를 철저히 관철하고 독립채산제를 바로 실시하는 것은 기업관리개선의 기본담보」, 『경제연구』 1988년 제4호, 9~10쪽.

칙이 지켜지지 않으니, 경영평가를 잘 할 수 없다는 것이다. 연합기업소체제가 전면적으로 도입되면서 기업들 사이에서 자재 수·공급은 등가보상의 원칙에서 매매(賣買)가 이루어지는 '상업적 형태'를 취한다.

그러나 이러한 원칙은 잘 지켜지지 못하고, "기업소들 사이에 생산수단을 넘겨주거나 넘겨받을 때 망탕 거저 주거나 눅거리로 주는" 형태가 만연하였다. 현명한은 이러한 형태를 개선하기 위해서는 기업소들 사이에 주고받는 물자재산운동의 상업적 형태를 옳게 실현하며 무현금결제조직을 개선하여야 한다[11] 고 주장하였는데 그의 글에서 눈에 띄는 점은 자재 수·공급 체계에서 사고파는 형식 즉, 시장의 중요성을 강조한 점이다.

> 사회주의하에서는 모든 것이 계획적으로 생산되고 계획적으로 공급되며 계획적으로 소비된다. 그러나 기업소들사이에 생산소비적 련계가 밀접하여지고 다양해지는 조건에서 모든 것을 다 정확히 계획화한다는 것은 힘든 일이다. 그러므로 필요한 물자재산이 계획에 예견되였을거나 꼭 필요한 물자재산이 계획에 반영되지 않은 것을 바로잡을수 있으며 계획에 예견되였다고 하더라도 팔고사는 형식을 무시하고 망탕공급하는 현상을 없앨수 있다. 그리고 물자재산의 공급과 대금지부간의 일치를 보장할 수 있다.[12]

북한은 시간이 지나면서 기업 차원에서는 연합기업소체제에 어느 정도 적응해 가고 있었지만 웅대한 제3차 7개년계획을 세워

11) 현명한, 「류동자금의 리용에서 제기되는 몇가지 문제」, 『경제연구』 1989년 제4호, 33쪽.
12) 현명한, 위의 글, 33쪽.

놓은 북한 지도부로서도 연합기업소체제가 현실에서 신속하게 뿌리내리지 못하는 현실을 좌시할 수 없었다. 김일성은 연이어 연합기업소들 방문하여 현지지도를 하면서 연합기업소체제의 원만하고 확고한 정착을 독려하였다. 이러한 덕분에 기업은 점차적으로 연합기업소체제로의 이행을 하고 있었지만, 아직 현장 근로자들에게는 경제공간이라는 영역으로의 이동과 정착은 기업보다 더디었다.

공장 · 기업소에서 원가, 가격, 그리고 수익성 이라는 경제적 공간이 이용되고 경제계산도 도입하여, 노동력, 기술, 원료, 자금 등의 계획화의 주요 요소들을 타산하는 등 연합기업소체제의 제도화가 이루어지고 있었으나, 종업원들에게는 잘 실행되고 있지 않았다. 많은 공장 · 기업소들에서는 아직도 평균 주의적으로 생활비를 지급하고[13] 있었으며 따라서 종업원들 사이에는 태업이 만연하고 심지어는 일을 하지 않고 생활비를 받아가는 일도 있었던 것[14]으로 보인다. 이러한 현상이 빨리 없어지지 않았던 이유는 북한의 체제적 특성에서도 찾을 수 있다.

연합기업소체제가 도입되기 이전 북한은 모든 것을 사상에 우위에 두고 조직화를 통해 풀어가려 하였다. 사상에 우위를 둔

13) 김재현, 「도시경영부문에서 점수제에 의한 생활비분배방법」, 『경제연구』 1990년 제1호, 31~32쪽.

14) 서승환은 생활비분배에 대한 논문을 김재현에 이어 내면서 이렇게 질타하고 있다. "… 일하지 않는 사람에게는 소비적권리가 허용되지 않으며 사회를 위한 일을 한 사람에 한하여서만 소비적권리가 보장되는 것은 사회주의적원칙이며 사회주의사회발전의 합법칙적요구이다."(서승환, 「사회주의적 로동보수제는 근로자들의 창조적 로동활동을 추동하는 중요공간」, 『경제연구』 1990년 제2호, 15~16쪽).

조직화란 결국 인간관계를 통해 일을 추진하고 처리한다는 것이다. 천리마운동, 천리마작업반운동, 청산리방법, 대안의 사업체계, 모두 사상에 우위를 두고 조직화를 통해 대중동원을 하여 거시적으로 경제를 건설하고 미시적으로 공장·기업소를 이끌어가는 것이었다. 여기서 인간관계는 이 모든 것을 가능케 하였던 기제(mechanism)로 작용하였으며, 보다 높은 단계의 조직화가 진행될수록 인간관계는 조직화의 틀에서 더욱 강화될 수밖에 없는 것이었다.

인간관계가 강화된다는 의미는 사람들 사이에 강한 동질성과 유대감을 나눈다는 것이었으며, 사상에 우위를 두었다는 의미는 이러한 조직화에서 강조되었던 것이 자기보다 조직의 이익을 먼저 생각하는 집단주의였다. 대중동원 사업에서 북한 사람들에게 강요되었던 것은 위와 같이 사상에 우위를 둔 조직화였고 그것을 조직화 과정에서 (그리고 그것에 길들어지면서) 북한 사람들은 자의반타의반(自意半他意半)으로 내재화(內在化, internalization)시켰다. 이러한 사람들에게 이제 '일한 만큼 가져가는' 사회주의원칙대로 분배에도 차등을 두겠다는 방침은 신속히 관철되기 어려운 것이었다.[15)]

15) 박재영은 물질적 자극을 보다 적극적으로 실시하기 위하여서는 일부 부문 또는 모든 부문의 노동보수 기준 액을 높이거나 그밖에 물질적 자극공간들을 더 적극적으로 이용하는 것과 같은 조치를 실시하여야 한다며 사회주의원칙에 의한 분배 조치의 강화, 확대 실시를 촉구하였다(박재영, 「물질적자극문제해결의 원칙적요구와 기본고리에 대한 주체적해명」, 『경제연구』 1990년 제2호, 26~28쪽).

2. 연합기업소체제의 공고화와 지방으로의 경제 분권화

연합기업소 그리고 산하 공장·기업소들에서는 새로운 체제가 신속히 관철되지 못했지만,[16] 연합기업소 이외의 공간에서는 새로운 체제가 도입되기 이전부터 시장은 사람들의 생활에 중요한 영향을 미치고 있었다. 2장에서 살펴보았듯이 지방에서 소비재 생산은 지방의 수요를 충족시키는 자급자족적 체계를 가지고 있었으며 이전부터 계획의 통제 밖에 있었으며 시장이 수요와 공급을 매개해 주었다.[17]

16) 연합기업소체제가 전면적으로 도입되고 실행된 지 6년이 넘었지만, 아직 많은 기업소에서 2중 독립채산제가 잘 실행되지 않고 있었다는 것은 안현진의 다음의 글에서 간접적으로 확인할 수 있다. "련합기업소가 생산을 정상화하는데서 은을 내개 하자면 기업의 규모가 커지고 생산기술적구조에서의 자립성이 높아진 조건에 맞게 당위원회의 집체적지도를 강화하고 통일적이고 집중적인 생산지도체계와 자재공급체계, 후방공급체계를 정연하게 세우며 2중독립채산제를 바로 실시할 수 있는 방도들을 깊이 연구하고 받아들이며 부단히 완성해나가야 한다."(안현진, 「련합기업소의 생산기술적구조와 생산정상화」, 『경제연구』 1992년 제2호, 30쪽).

17) 이것은 리동구의 설명에서 잘 나와 있다. "아직 생산수단에 대한 소유형태에서는 서로 다른 국영경리와 협동경리가 있으며 협동농민들의 개인부업경리도 있다. 이러한 소유형태에서의 차이는 가격제정에서 한가지 방법만을 기계적으로 적용할수 없게 한다… (중략)… 이러한 조건에서 자유수매식료품과 농부업생산물에 대해서는 지방의 실정에 맞게 가격을 정하도록 하여야한다…(중략)… 오늘 우리나라의 모든 공장, 기업소들에는 생활필수품직장과 가내작업반, 부업반 등이 훌륭히 꾸려져 있으며 거기서 생산되는 여러 가지 소비품들은 직매점과 같은 류통망을 통하여 근로자들에게 직접 판매되고 있다…(중략)… 직매점과 같은 류통망을 통하여 판매되는 소비품에 대한 가격은 생산자와 수요자와의 합의에 의하여 제정되는 가격이다. 직매점가격을 올바로 정하는데서 무엇보다 중요한 것은 직매점 가격제정대상을 정확히 규정하는 것이다. 직매점가격제정대상은 공장, 기업소의 생활필수품 직장이나, 가내작업반, 부업반들에서 부산물과 페설물, 지방의 유휴자제를 리용하여 계획외에 생산한 소비품이다."(리동구, 「가격의 일원화와 그 실현에서 나서는 몇가지 문제」, 『경제연구』 1988년 제2호, 30~33쪽).

그런데 이제 새로운 체제가 도입되고 새로운 체제에서 각 공장 · 기업소들이 독립채산제로 운영되어, 자재 수 · 공급이 동일한 연합기업소 안에서 이루어질 때 가격 책정은 연합기업소의 실정에 맞게 하도록 하였다.[18] 즉 동일한 연합기업소 안에서 자재 수 · 공급의 가격은 연합기업소 자체 시장(intra-market)에서 결정되도록 한 것이다.

또한 공장 · 기업소들의 자율권이 높아지면서 생산기업소들이 부산물이나 폐설물, 지방의 유휴자재를 이용하여 생활필수품 직장, 가내작업반, 부업반 등을 꾸려 거기서 생산되는 여러 가지 소비품을 직매점과 같은 유통망을 통하여 근로자들에게 직접 판매 하였다. 직매점과 같은 유통망을 통하여 판매되는 소비품은 계획 밖에서 생산된 것으로 생산자와 수요자와의 합의에 의하여 가격이 제정되었다.[19]

여기서 말하는 유통망이란 시장을 가리키며 시장은 비록 연합기업소에서는 새로운 체제의 핵심으로 신속하게 자리 잡지는 못했지만, 다른 영역에서는 공고히 뿌리를 내리고 있었으며 새로

---

18) 리동구, 위의 글, 32쪽.

19) 김원국은 이 점을 보다 분명하게 다음과 같이 표현하고 있다. "상업기업소와 개별적주민들사이의 상품거래는 자유매매의 원칙에 따라 진행되는 것만큼 주민들의 수요와 상품의 판매를 세부적으로까지 서로 맞물리기는 힘들다… (중략)… 소매상업기업소의 상품류통계획수행정형이 주민들의 수요변동에 따라 영향을 받는다는 것은 소매상업기업소들의 경영활동결과가 어느정도 자연발생적요인의 영향을 받는다는 것을 말하여준다. 상업기업소 독립채산제를 실시하는데서는 반드시 이러한 특성을 고려하여야 하며 그에 맞게 독립채산제를 정확히 실시하여야 한다."(김원국, 「사회주의상업기업소 독립채산제의 특성」, 『경제연구』 1990년 제1호, 33~34쪽).

운 체제에서 탄력을 받아 확산되어가고 있었다.[20]

고재환은 "상품보장사업에서 인민들의 수요를 원만히 보장하도록 한다는 것은 근로자들이 늘어나는 화폐소득을 가지고 무엇이든지 마음대로 언제어디서나 구애됨이 없이 상품을 사며 봉사를 받을 수 있게 한다는 것을 말하며 이것은 근로자들이 로동의 질과 양에 따라 지불받은 화폐소득을 가지고 무엇이든지 요구대로 살 수 있게 한다는 것[21]"이라고 하였는데 당시 북한에서 시장 확대의 정도와 북한 지도부의 시장 확대에 대한 의지를 엿볼 수 있는 대목이다.

고재환의 앞의 글에서 당시 상황에 대해서 또 다른 몇 가지 중요한 사실들을 발견할 수 있다. 먼저 앞의 글에서 지적되었듯이 근로자(소비자)들이 갖고 있는 현금의 양과 근로자들이 그 현금으로 살 수 있는 상품의 양에 차이가 있다는 점이다. 즉 시중에 풀려있는 화폐가 시중(시장)에서 살 수 있는 상품보다 많다는 이

---

20) 여기에 대해서 위순형은 다음과 같이 대변하고 있다. "사회주의사회에서는 사회주의분배법칙이 작용하는것만큼 소비품공급사업에서 사회주의분배원칙을 철저히 관철할 것을 요구한다. 사회주의분배원칙은 사회주의사회의 과도적성격을 직접적으로 반영하고 있는 것으로서 본질상 로동에 의한 분배이다…(중략)… 사회성원들 각자가 사회에 지출한 로동의 질과 량에 따라 받은 분배몫이 골고루 차례지도록 하는 원칙, 수요에 맞게 공급하는 원칙을 지키지 않으면 안된다…(중략)… 사회주의사회에서 로동에 의한 분배는 주로 화폐형태로 실시되고 거의 모든 소비품이 상품으로 생산된다. 이런 조건에서 사회주의분배원칙을 최종적으로 실현하는 방법에 있어서도 매매의 형식, 즉 상업적 방법을 취하지 않으면 안된다(위순형, 「사회주의상업발전의 합법칙성」, 『경제연구』 1989년 제2호, 42~43쪽). 즉 시장을 통한 자원배분은 사회주의분배원칙에 위배되지 않는다는 것이 위순형 주장의 요지이다.

21) 고재환, 「화폐류통을 공고화하는데서 나서는 중요요구」, 『경제연구』 1991년 제1호, 43쪽.

야기이며 고재환은 상품생산을 신속히 늘여 시중에 풀려있는 현금과 균형을 맞추어야 한다는 지적하고 있다. 당시부터 인플레이션에 대한 우려가 있었던 것으로 해석할 수 있는 부분이다.

고재환은 이를 위해 생산을 빨리 늘려야 한다고 주장하면서 기업소 간에는 무현금 결제를 강화하는 것이 인플레이션의 원천 중 하나를 사전에 차단하고 원에 의한 통제를 강화하는 방안이라고 주장하였다. 나아가 그는 통일적인 외화관리체계를 철저히 세워야 외화를 당과 국가의 의도에 맞게 효과적으로 이용할 수 있으며 외화관리에서 부정을 막을 수 있다고 하였다.

고재환의 주장은 벌어들인 외화에 대한 통제로 이어진다. 그는 인민경제 모든 부문의 기관, 기업소들이 번 외화를 무역은행에 집중시켜야 하며 국가의 승인하에서만 쓰도록 하며 국가의 통제 밖에서 외화거래를 하거나 외화를 쓰는 일이 없도록 한다고 하면서 특히 국내에서 외화를 유통시키거나, 기관, 기업소들 사이에 외화를 거래하는 일이 없도록 통제하는 것은 국가가 나라의 화폐유통을 통일적으로 장악하고 계획적으로 그 유통량을 통제함으로써 화폐유통의 공고화를 확고히 담보할 수 있다[22]고 주장하였다.

고재환의 글을 뒤집어서 해석하자면, 당시 국가의 통제 밖에서 외화거래가 이루어지는 행위가 성행하였고, 기관, 기업소들 사이에서도 외화를 거래하고 있었다는 것이다. 고재환은 1991년 초반기에 위의 글을 작성하였을 것인데 당시 북한은 소련의 몰락과 사회주의경제권의 붕괴라는 심각한 경제위기의 상황을 맞

22) 고재환, 위의 글, 45쪽.

이하고 있었다.

원래 연합기업소체제가 전면적으로 도입될 당시 연합기업소는 무역성을 통해서만 외국과 무역을 할 수 있었지만, 상황이 어렵게 돌아가자, 연합기업소에서도 직접 무역을 할 수 있도록 허용된 것으로 보인다. 연합기업소가 어느 정도까지 무역을 하고 있었는지는 알 수 없으나, 연합기업소까지 무역을 하고 외화가 이미 통제영역을 벗어나 유통되고 있었다는 것으로 보아, 연합기업소에 무역에까지 관해 상당 정도의 자율권이 부여되었다고 분석할 수 있다.[23]

전국적으로 조직되어 있는 연합기업소뿐만 아니라 도에도 자체 무역이 허용되는 새로운 무역체계는 1991년 수립되었다. 새로운 무역체계는 대외경제위원회를 비롯한 위원회, 부들에서 하는 국가무역과 도행정경제위원회에서 하는 지방무역체계로 구성되는데, 생산을 담당한 위원회, 부들과 도행정경제위원회에서 무역관리부서와 무역회사를 두고 자기 부문, 자기 지방에서 생산한 수출품들을 직접 내다 팔고 필요한 제품들을 직접 사다 쓰게 하는 무역체계와 방법이라는 것을 의미한다[24]고 한다.

---

23) 『경제연구』에서 연합기업소가 자체적으로 무역을 할 수 있는 권한을 가지고 있다는 것을 처음 공식적으로 언급한 것은 안현진의 앞의 글이다. "또한 련합기업소는 국가계획위원회의 지도밑에 계획을 직접세우는 계획 단위, 생산의 직접적인 조직지휘, 집행단위로서의 기능을 수행하며 생산물의 일부를 대외시장에 팔고 필요한 설비와 자재를 사다쓸수 있는 권한을 가지고 있다."(안현진, 『경제연구』 1992년 제2호, 30쪽). 안현진의 논문이 1990년 말에서 1991년 초에 작성된 것으로 보아 연합기업소의 자체 무역권은 1989년에서 1990년에 부여된 것으로 추정된다.

24) 리신효, 「새로운 무역체계의 본질적특성과 그 우월성」, 『경제연구』 1992년 제4호, 30쪽.

새로운 무역체계는 '국가의 중앙집권적인 계획적지도 밑에'라는 단서를 달고 있지만 생산을 담당한 위원회, 부들과 도들에서 스스로 자기의 생산능력과 자연 경제적 조건들을 타산한데 기초하여 수출입계획을 자체적으로 세우고 무역계약을 체결하며, 무역계획과 계약에 따라 수출품을 생산하고 무역활동도 직접 한다는 측면에서 획기적인 조치라고 할 수 있다. 북한이 이러한 획기적 조치를 취하는 가장 중요한 이유는 대외 무역의 발전을 통하여 생산을 정상화하고 발전시키자는 데 있었다고 한다.[25)]

도 단위에게 무역권한을 부여하는 것은 연합기업소체제와 분리시켜 생각할 수 없다. 연합기업소체제는 경제를 연합기업소 단위로의 분권화(decentralization) 조치였다. 북한은 연합기업소체제를 도입하기 이전 도경제위원회를 설립하고 도 단위에서 자급자족 체계를 추구하였다. 그러나 2장에서 분석되었듯이 도 단위에서의 자급자족 체계는 북한이 지역 간의 심각한 불균형 감수하지 않는 한 지속할 수 없는 목표였다.

북한은 도 단위의 자급자족적 체계를 버리고 연합기업소체제를 도입함으로써 도 단위에서의 자급자족적 체계에서 기대한 이점(利點)인 중앙정부의 예산 부담을 줄이는 동시에 지역의 균형적 발전도 도모하려 하였다. 연합기업소체제에서는 연합기업소와 연합기업소 간의 자재 수·공급이 허용되어 전국적 차원에서 시장(inter-industry market 그래서 inter-regional market)을 가질

25) 리신효, 위의 글, 31쪽.

수 있었기 때문이다.

위에서 분석되었듯이 연합기업소가 무역권한을 가지는 것이 허용되었는데 연합기업소는 전반적으로 중공업과 대규모의 경공업을 위주로 구성되었기 때문에 연합기업소의 주요 무역 물품은 중공업 관련 제품과 석탄과 같은 지하자원이었을 것이다. 그러나 북한의 비교우위를 고려할 때 무역을 보다 안정적으로 끌고 갈수 있는 부문은 노동집약적인 경공업과 농·수산 특산물이라고 할 수 있다. 그렇게 때문에 연합기업소에서 자체 무역이 실질적(de facto)으로 허용된 상황에서 도 차원의 지방무역을 공식적으로 허용하는 것은 광물과 중공업의 제품이 위주가 될 수밖에 없는 연합기업소 무역을 보완하고 지역의 균형적 발전을 동시에 도모할 수 있는 방안이 되었다.

3. 1990년대 초 경제위기와 충격의 여파

북한은 1987년부터 제3차 7개년계획을 야침 차게 추진하고 있었다. 새로운 경제관리체제인 연합기업소체제를 계획과 동시에 발족시켜 경제공간의 합리적 적용과 경제관리의 합리화를 주축으로 삼아 계획의 목표를 달성하려 하였다. 그러나 1990년 초에 일어난 소련과 동구 사회주의권의 몰락과 사회주의경제권의 붕괴는 북한에게 심각한 위협으로 다가왔다.

북한은 경제에서 자립노선을 바탕으로 자기완결적인 생산구조를 갖추고 대외경제를 극소화시키는 방향에서 경제건설을 해

왔으나, 중공업에 필수적인 원료인 석유와 코크스[26]는 국내생산이 불가능하여 수입에 의존하고 있었다. 당시까지 북한 총 에너지 생산에서 원유가 차지하는 비중은 약 10%로 정도로 크지 않았으나, 원유는 북한 농업에 필수적인 에너지원이었다.

북한은 1980년대 말, 기계화 수준은 100정보당 평지대에서는 7대, 중간지대, 산간지대에서는 6대에 이르렀으며, 화학비료시비량은 정보당 2톤의 높은 수준에 올라섰다[27]고 한다. 이로서 석유는 식량생산에서 주원료 또는 주연료가 되는 것으로 원유의 공급 없이 농사를 짓는다는 것은 북한이 만들어 놓은 농업구조상 매우 어려운 것이었다.

소련은 북한에게 사회주의 우호 가격(socialist friendly price)을 적용하여 원유를 북한의 다른 현물과 물물교환 형식으로 공급해 왔으나, 소련 붕괴 이후 들어선 러시아는 북한에게 미 달러라는 경화(硬貨, hard currency)를 요구하였다. 외화가 풍족하지 않았던 북한은 원유를 소련 붕괴 이후 러시아로부터 예전과 같이

26) 역청탄(瀝靑炭) 또는 흑탄(黑炭)이라고도 한다. 탈 때에는 긴 불꽃을 내며, 특유한 악취가 나는 매연을 낸다. 탄화도(炭化度)는 갈탄보다 높고 무연탄보다 낮다. 탄소함유량은 80~90 %, 수소함유량은 4~6 %이다. 탄화도가 상승함에 따라 수소가 감소하고 탄소가 증가한다. 건류(乾溜) 때에 역청 비슷한 물질이 생기므로, 이 이름이 붙었다. 발열량은 8100 kcal/kg 이상이다. 강점결탄(强粘結炭)은 제철용 코크스 · 도시가스로 이용되며, 점결탄과 약(弱)점결탄은 발생로용과 도시가스용으로, 비(非)점결탄은 일반 연료용으로 사용된다. 최근에는 수소의 첨가, 가스화 등의 연구가 발달하여, 석탄화학 공업의 가장 중요한 자원이다[네이버 지식백과(두산백과), http://terms.naver.com/entry.nhn?cid=200000000&docId=1126312&mobile&categoryId=200000910].

27) 리영균, 「농업생산을 높은 과학기술적 토대우에 올려세우는 것은 사회주의 농촌건설의 중요과업」, 『근로자』 1988년 제8호, 57쪽.

사올 수 없었을 것으로 추정되며 러시아에서 북한으로의 석유공급은 1994년을 기점으로 중단되었던 것으로 보인다.

|표 1| 소련/러시아로부터 북한의 석유와 코크스 수입(1988~1992)

단위 : 1,000톤

	1988	1989	1990	1991	1992*
석유	640	506	410	42	190
코스탄	1,037	939	827	184	0

※ 출처 : 日本貿易振興機構(JETRO), 「北朝鮮の經濟と貿易の展望」(東京: JETRO, 1991), 52쪽, 73쪽.

※ * 1992년은 전망치임

석유공급의 중단은 농업에 필수적인 원료와 연료가 공급되지 않는다는 것이며 농업에서 생산이 실질적으로 중단된다는 것을 의미한다. 1,500만 톤의 알곡 생산[28]을 제3차 7개년계획의 목표로 삼고 있었던 북한은 1993년부터 농업생산이 급속하게 떨어지기 시작하였고 1995년에는 심각한 자연재해까지 겹치게 되어

28) 1,500만 톤의 알곡은 껍질(husk)까지 포함된 것으로 껍질을 벗기고 벗기는 과정에서 무게가 약 30%~40%까지 줄어서 정작 먹을 수 있는 양식이 되는 것은 900만 톤에서 1,050만 톤이다. 북한은 6개년계획(1971~1976년)수행 기간이 끝나는 1976에 가서 800만 톤이 넘는 알곡을 생산하였다고 하는데(김원삼, 「우리 나라에서 사회주의경제건설의 40년과 당의 경제전략」, 『경제연구』 1988년 제2호, 8쪽), 800만 톤 역시 껍질을 벗기지 않은 상태의 무게를 뜻하는 것으로 껍질을 벗기면 528만 톤 정도이다. 세계보건기구(WHO)가 권장하는 최소 하루 칼로리 총량은 2,100이며 이것을 곡물섭취로 환산하면 약 610그램 된다. 2100 칼로리 중 약 80%를 곡물에서 그리고 나머지는 반찬에서 얻는다고 하면 1985년 북한의 인구는 1천 9백만 명 정도이기 때문에 식량자급에 필요한 곡물은 약 338만 톤(0.00488kg × 365 × 1천 9백만) 그리고 종자와 동물사료 등에 약 30만 톤가 사용된다고 가정하면, 북한은 1970년대 초반 또는 중반부터 식량 자급자족을 이루었던 것으로 분석된다.

알곡생산이 약 400만 톤까지 떨어졌다(표 2 참조).

2장에서 언급되었듯이 북한의 자기 완결적 생산구조는 외부적 충격에 매우 취약한 구조이며 석유공급 중단이라는 외부로부터 오는 충격은 먼저 농업생산을 와해시켰으며, 농업에서의 식량공급의 중단은 공업에 종사하는 근로자들에게 기근과 같은 심각한 상황을 초해하면서 공업생산 전반에 부정적인 영향을 미쳤으며 이것은 다시 농업생산을 저해하는 악순환을 일으켰다. 이러한 악순환이 북한 총 생산에 정확히 어떤 영향을 미쳤는지는 북한이 관련 자료를 공개하지 않고 있어 알 수 없으나, 다음과 같은 방식으로 추정할 수 있다.

1995년 엄청난 홍수 피해를 입었던 북한은 유엔식량농업기구인 FAO(Food and Agriculture Organization)와 유엔세계식량계획인 WFP(World Food Program)에 식량 원조를 처음으로 공식 요청한다. FAO와 WFP는 Mission Team을 북한에 파견하여 북한 당국으로부터 피해 관련 자료와 농업 자료 등을 제공받고 직접 표본(sample) 피해 지역들을 방문하는 등의 현지조사를 통하여 북한 파견 조사 보고서를 작성하였다. 이들이 북한으로부터 받은 자료는 북한이 정확한 국가통계체계를 갖고 있다면 북한 경제에 관한 경제통계 중 가장 신빙성이 높은 자료들이라고 할 수 있다.

아래의 표 2는 FAO/WFP보고서 중 식량생산 관련 정보인데 이것에 의하면 1989년만 하더라도 총 알곡생산은 8백 1천만 톤이나 되었다. 쌀은 껍질을 벗기지 않은 채 무게를 잰 것이기 때문에 34%의 감량을 적용하여(3900 × 0.66 = 2574) 총 알곡 생산을 계산하면[2천 6백만 톤(쌀) + 4천 2백만 톤(옥수수) =] 6백 8십만 톤이 되어, 식량 자급자족을 하였던 것으로 추정된다.

1993년 쌀 생산은 1989년에 비해 56만 톤(3900 - 3440) 그리고 옥수수는 백만 톤(4200 - 3200) 줄었다. 원유가 정상적으로 들어올 때와 들어오지 않을 때 쌀은 약 12% 그리고 옥수수는 약 24% 밖에 줄지 않았다.

|표 2| 북한의 알곡생산(Food Cereal Production) 1989, 1993, 1995

Crop	1989 알곡(Crop)		1993 알곡(Crop)		1995 알곡(Crop)	
	생산 (1,000ton)	산출 (kg/ha)	생산 (1,000ton)	산출 (kg/ha)	생산 (1,000ton)	산출 (kg/ha)
벼*	3,900	6,000	3,440	5,300	2,580	3,969
옥수수	4,200	6,000	3,200	4,600	2,350	3,357
총산 (Total)/ 평균 (Avg.)	8,100	6,000	6,640	4,950	4,930	3,663

※ Note : FAO/WFP 파견단은 1989과 1993년 추정치에 벼는 650,000헥타르에서 재배하고 옥수수는 700,000헥타르에서 재배하는 것으로 추정하였다. FAO/WFP 파견단은 북한정부 관료들과 논의한 것과 자신들이 직접 방문하여 얻은 표본 자료를 바탕으로 106,900헥타르의 논과 94,700헥타르의 옥수수밭이 홍수 피해로 손실된 것으로 측정하고 1995년 알곡 생산과 산출을 계산하였다.

※ * 벼는 껍질을 벗기지 않은 통벼를 가리킨다. 그러므로 식용을 할 수 있는 알곡을 계산할 때는 통벼의 전체무게에서 30~40%를 감안하였다. 따라서 식용 가능한 쌀은 1989년 2,340,000~2,730,000톤, 1993년 2,064,000~2,408,000톤 그리고 1995년 1,548,000~1,806,000톤이 된다.

※ 자료 : Office of the Agricultural Commissions (the DPRK) and the 1995 FAO/WFP Mission estimates.

만약 북한의 발표대로 경운기와 비료시비량이 1980년 대 중반 이미 높은 수준(100정보당 평지대에서는 7대, 중간지대, 산간지대에서는 6대, 그리고 화학비료시비량은 정보당 2톤)에 이르렀다면, 석유가 들어오지 않는 상태에서 알곡이 미량(微量, 쌀 12%, 옥수수 24%)밖에 줄지 않았다는 것인데 이것이 사실이라면, 북한은 그동안 비축해둔 석유가 있었고, 그것을 식량생산을 위해 어느 정도 사용하였을 것으로 추정할 수 있다.

1995년은 쌀은 1989년에 비해 1백 3십 2만 톤, 그리고 옥수수은 1백 8십 5만 톤 줄었는데 비율로는 각각 34%와 44%가 되고 알곡 총 생산은 1989년에 비해 약 40%가 줄었다. 1995년의 자료는 홍수 피해를 감안한 추정치인데, FAO/WFP Mission Team은 표본 피해 지역만을 조사하였기 때문에 사정이 보다 나쁘고 자동차로 방문하기 어려운 지역은 조사에 포함되어 있지 않아, 1995년 작황은 FAO/WFP의 추정치보다 훨씬 나빴을 것이다. 그러므로 1995년 알곡 총 생산은 1989년에 비해 약 50%(약 3백 2십 7만 톤) 이상 줄었을 것으로 보는 것이 보다 합당한 추정치이다.

1996년 알곡 총 생산은 1995년보다 줄었을 것이다. 석유공급 상황이 1995년보다 더 나아지지 않았으며, 홍수피해로 둑과 관개시설 등 많은 농업 제반시설이 파괴되어 농업생산에 한층 더한 지장을 주었을 것이기 때문이다.

공업 부문에는 농업 부문 이상의 충격이 전해졌을 것으로 분석된다. 산업의 쌀이라 하는 강철을 만들기 위해 코크스가 필수적인데 코크스가 수입되어 들어오지 않으므로 강철을 생산하기 어려웠을 것이며, 강철 생산에 지장이 생기면 강철을 필요로 하는 모든 부문에 문제가 생길 수밖에 없다.

북한에서는 전력, 석탄, 금속, 기계, 화학 공업이 국가경제발전에서 골간적 의의와 자립경제의 물질적 토대 가진다고 하여 기간공업이라 명칭하고 이 부문들의 집중 투자하여 발전을 도모하여 왔다.[29] 특히 김일성이 제시한 '10대전망목표'를 달성하기 위해 기간공업 부문의 생산기술적 토대를 확대강화하기 위한 투자와 건설이 집중적으로 진행되고 있었는데 석탄이 전력의 원자재이고 전력은 금속, 기계, 그리고 화학의 원동력이며, 금속, 기계, 화학의 발전은 다시 석탄공업의 발전으로 이어지듯 기간공업 부문의 각각은 서로 긴밀히 연결되고 있으며 상생(相生)적 관계이다.

역(易)으로 한 부문의 문제는 다른 부문의 문제로 곧바로 전달되며 문제가 전달될 때마다 문제의 정도는 누진, 확대된다. 코크스기 수입되어 들어오지 않자 기간공업 부문은 먼저 철강, 즉 금속 부문에서 심각한 문제가 생기면서 이 문제는 모든 기간공업 부문으로 전달 확대되었을 것이다.

또한 농업에서 식량생산이 절반 이상으로 줄면서, 경제충격은 가중되어 공업 전체로 파급되어, 위기의 심각성을 더 했을 것이다. 경제위기 기간 중 공업생산에 대해 북한은 공식적인 발표를 하지 않지만,[30] 농업보다 더한 충격을 받았고 위기가 한층 가

---

29) 홍성남, 「기간공업부문의 생산기술적 토대를 확대강화하는 것은 올해의 중요한 경제건설과업」, 『근로자』 1988년 제3호, 62쪽.

30) 중앙당의 기관지인 『근로자』는 1992년부터 1997년까지 국내 그리고 그 어디에서도 찾아볼 수가 없다. 근로자가 북한에서조차 발행이 중단되었는지는 알 수 없으나, 『근로자』가 중앙당에서 논의되고 있는 것, 그리고 그것과 연관된 것을 주로 다루기 때문에 (그래서 때로는 민감한 것을 다루기 때문에) 당시 논의된 것의 대부분은 당연히 경제위기에 관한 것이었을 것이다. 그러나 문제가 너무나도 심각하여 이것이 외부로 알려지는 것을 두려워해 발행이 중단된 것이었거나, 또는 발행되어도 중앙당 핵심층(inner circle)만 볼 수 있었던 것으로 추측된다.

중되어 확산되었기 때문에 1990년대 중반, 공업 총 생산량은 경제위기가 시작되기 전인 1989년보다 60% 이상 줄었을 것으로 추정된다.

위에서 추정하는 것과 같이 북한에서는 1992년부터 심각한 경제위기가 시작되어 1994년, 1995년, 그리고 1996년 최악의 경제위기를 겪었다. 북한은 공식적으로 1994년부터 1997년까지의 4년 기간을 '고난의 행군' 이라고 한다. 『경제연구』에서는 1999년 말에 가서 '고난의 행군'이 '구보의 행군'으로 바뀌었다고 한다.[31] 1993년부터 2000년까지 발간된 『경제연구』의 분석을 통해 북한이 이와 같이 전례 없는 경제위기를 어떻게 대처하였지 살펴보자.

4. 경제위기에 대한 북한의 대응

4-1) 혁명적 경제전략(1994~1996) : 농업·경공업·무역 제일주의

북한은 제3차 7개년계획(1987~1993) 기간 중 김일성이 제시한 '10대전망목표'의 확고한 기반을 새로 도입된 연합기업소체제를 통해 다지려 하였다. 그러나 독립채산제, 작업반우대제, 도급

31) "지난해 주체88(1999)년은 강성대국건설에서 위대한 전환이 일어난 력사의 해였다. 최근 몇해동안 우리 인민은 류례없는 시련의 언덕을 넘어왔다. 우리가 벌린 '고난의 행군', 강행군은 우리 식 사회주의를 지키기위한 결사전이였다. 지난해 우리 인민은 불굴의 투쟁을 벌려 여러해째 계속된 어려운 행군을 구보행군으로 전환시켜놓았다."(리종서, 「위대한 김정일동지께서 제시하신 혁명적경제정책은 사회주의경제강국건설의 전투적기치」, 『경제연구』 2000년 제1호, 2쪽).

제 등 경제공간을 통해 경제관리의 합리화, 즉 계획의 합리화는 이전 중앙집권적 지시 계획체제와 물질적 동기보다는 정치 · 도덕적 동기를 앞세우는 동원 체제에 익숙해져 있었던 북한 근로자들에게는 생소한 것이었으며 도입초기 그들의 적응에 대한 미숙함 때문에 북한 지도부가 바라던 대로 신속한 결과를 주지 못하였으며 제3차 7개년계획은 실패하고 말았다.

그러나 제3차 7개년계획의 가장 큰 실패의 원인은 외인(外因)적 요인에 기인한 것이었다. 소련과 동구권 사회주의권의 몰락과 사회주의경제권의 붕괴에 따른 무역 및 대외 경제 교류의 급격한 감소는 북한 경제에 심각한 타격을 주었다. 당시 북한은 대외 무역의 70% 정도를 사회주의시장에 의존하고 있었으며 주요 전략물자라고 할 수 있는 원유와 코크스는 전적으로 외국에서 수입되고 있었고 사회주의시장의 붕괴 이후 다른 대안을 찾을 수 없었기 때문에 사회주의시장의 붕괴라는 충격(shock)은 고삐 풀린 망아지처럼 북한 경제전역으로 확산 되었다.

제3차 7개년계획의 실패는 내인(內因)적 요인에도 기인하는데, 북한의 자립노선을 바탕으로 구축된 자기완결적 생산 구조가 충격을 흡수하거나 분산 희석하지 못하고 충격을 확산시킬 뿐 아니라 위기를 가중시키는 악순환을 만들어 낸 것이었다.

'10대전망목표'의 확고한 토대를 7개년계획 기간 중 마련하여 자신들의 경제를 선진국 수준으로 끌어올리겠다는 원대한 목표는 물거품처럼 사라지고, 북한은 역사상 최악의 경제 위기를 맞이하고 있었다. 이에 1993년 12월 당 중앙위원회 제6기 제21차 전원회의에서 '혁명적 경제전략'을 채택하였다. '혁명적 경제전략'이란 1994년부터 1996년까지 3년 동안을 완충기 기간으로 설정하고 농업제일주의, 경공업제일주의, 무역제일주의 등 3대 제일주의방침을 관철시키고 석탄, 전력, 철도운수, 그리고 금속 등 선행 부문을 계속 발전시켜나간다는 것이다.[32]

한국 전쟁 이후 줄곧 이어온 '중공업우선 노선'에서 농업, 경공업, 무역으로 경제의 우선순위가 바뀌었다는 의미에서 '혁명적 경제전략'이라는 명칭을 붙인 것으로 보이는데 자신들이 무려 40년 동안 일관되게 고수해온 노선을 바꾸어야만 할 정도로 경제사정이 어려웠다는 것을 상징적으로 이야기해준다. 다시 말하여 '혁명적 경제전략'이란 북한의 경제발전 노선인 중공업을 우선적으로 발전시키면서 경공업과 농업을 동시에 발전시킨다는 '중공업우선 노선'에서 농업, 경공업, 그리고 무역과 같은 소비재 생산과 확보에 우선순위를 두고, 국가경제의 기반이 되는 석탄, 전력, 철도운수, 그리고 금속공업을 동시에 발전시킨다는 것이다.[33]

완충기 기간은 원래 1993년부터 1996년까지 설정되어 있었다. 그러나 『경제연구』 1996년 제2호를 통해 발표된 김상학의 다음의 글에서 '고난의 행군'이 아직 끝나지 않았음을 알 수 있다.

32) 김일성, 『1994년 신년사』(단행본) (평양: 조선로동당출판사, 1994), 5쪽.

33) 북한의 모든 공식문헌에서는 '혁명적 경제전략'을 다음과 같이 설명하고 있다. "우리 당이 내놓은 혁명적경제전략은 완충기기간에 농업제일주의, 경공업제일주의, 무역제일주의 방침을 철저히 관철하며 인민경제의 선행 부문인 석탄공업, 전력공업, 철도운수를 확고히 앞세우고 금속공업을 계속 발전시키는 것입니다."(김정일 지적, 서승환의 「경공업제일주의방침을 관철하는 것은 현시기 사회주의경제건설에서 나서는 중요한 전략적사업」, 『경제연구』 2004년 제2호, 8쪽). 원래 금속공업은 인민경제 선행 부문에 포함되어있지 않았지만, '혁명적 경제전략'이 나온 이후 선행 부문과 함께 계속 발전시켜야 한다고 언급되고 이후에는 선행 부문에 포함하여 쓰고 있다.

> 우리 인민은 위대한 령도자 김정일동지의 현명한 령도밑에 혁명적경제전략 관철에서 커다란 성과를 이룩하였다. 그러나 우리앞에는 이룩한 성과에 만족하지 말고 혁명적경제전략을 끝까지 관철하여야 할 무겁고도 영예로운 임무가 나서고 있다. 혁명적경제전략을 철저히 관철하기 위해서는 혁명선렬들이 추켜든 붉은기를 높이 들고 백두밀림에서 창조된 '고난의 행군' 정신으로 살며 싸워나가야 한다.[34]

한편 김상학은 '혁명적 경제전략' 관철에서 커다란 성과가 있었다고 평가하는데 '혁명적 경제전략'이 결국 소비재 생산 확대와 확보에 초점에 맞추어진 정책임으로 고려할 때 소비재 생산 확대와 확보에는 진전이 있었다는 것이다. 즉 아직 심각한 식량문제와 생필품의 부족 현상은 해결되지 않았지만, 상황이 더 심각해지지 않게 통제(control)할 수 있는 여지가 마련되었다는 것으로 해석할 수 있다.

북한의 경제위기를 초래한 요인 중 외인적 요인에 핵심을 이루는 사회주의시장의 붕괴로 인한 원유와 코크스와 같은 전략물자의 수입 중단 및 감소는 완충기 기간 중 개선되고 있지 않았다. 그렇다면 상황이 더 심각해지지 않고 통제할 수 있는 여지가 마련되었다는 것이 어떻게 가능하였을까?

소비재 생산 확대와 확보를 강조하는 혁명적경제전략은 연합기업소라는 새로운 체제가 도입되고 체제로서 자리를 잡고 있는 상황에서 나온 것이다. 2장에서 살펴보았듯이 새로운 체제는 시장을 기반으로 하고 있으며 북한의 기업은 자재의 수 · 공급 그

34) 김상학, 「우리 당의 혁명적경제전략과 축적과 소비사이의 균형」, 『경제연구』 1996년 제2호, 10쪽.

리고 사람들은 소비재의 상당 부분을 이미 시장을 통해 거래하고 있었다. 소비재의 생산 확대와 확보에 핵심을 둔 '혁명적 경제전략'은 새로운 체제에서 확대되고 있었던 시장화를 더욱 가속화시켰다. 각 기업소는 독립채산제로 운영되기 때문에 자신의 단위에서 자신의 이익을 극대화시키는 것을 목적으로 운영하였다.

이것은 기업소들 간의 계약관계에서 잘 나타나는데, 국영 기업소들이 국가의 예산으로 운영되는 이전 체제에서는 각 기업소는 국가의 지시를 받아 자재의 수·공급을 해결하였으나, 독립체산제에서는 기업소들 간의 맺은 계약으로 자재의 수·공급을 해결하였다. 그리고 각 기업소는 경영상 독자성을 갖고 있었기 때문에, 상대 기업소와의 협상은 계약을 자신에게 유리하게 맺기 위한 필수 조건이었다.

또한 이미 계약된 자재가 필요 없거나 맺은 계약을 조절할 필요가 있을 경우, 해당 절차를 밟아 재협상을 통해 이미 맺은 수·공급 계약을 변경하거나 취소할 수 있었다. 뿐만 아니라 공급자가 품질의 조건을 어겼을 때 수요자는 자재의 질이 낮은 대신 싼값으로 받거나 그것을 다른 자재와 교환해줄 것을 요구할 수 있으며 자재에 있는 품질적 결함을 고쳐줄 것을 요구하거나 어떤 자재의 인수를 거절하고 이미 지불한 대금을 돌려줄 것을 요구할 수도 있다.

수요자가 자재의 결함을 고쳐줄 것을 요구하거나 새로운 자재로 바꾸어줄 것을 요구하는 경우에 그 요구가 실현될 때까지 대금의 지불을 보류할 수 있다.[35] 기업들 간의 보다 정교해 지는

35) 안윤옥, 「기업관리의 합리화에서 계약관계가 노는 역할」, 『경제연구』 1993년 제2호, 39쪽.

이러한 협상은 시장이라는 기제를 통해 자재의 수·공급을 조절하는 것이 정착되고 있다는 것을 의미한다.

기업소 간의 상업적 형태에서 이루어지는 자재의 수·공급은 원칙적으로 유일 도매가격을 통해 이루어진다. 유일 도매가격이란 도매가격 수준이 사회적 필요로동의 양적 크기, 즉 가치 형태의 양적 크기에 상응하게 설정된 가격을 가리킨다. 북한은 이 유일 도매가격이 원료, 자재를 비롯한 시초생산물을 늘리고 그것을 경제적이고 합리적으로 이용하도록 자극하는 효과적인 경제적 공간으로 되고 있다고 한다.[36]

어느 한 기업소 생산성(productivity)을 높여 유일 도매가격보다 낮은 비용으로 해당 물자를 생산할 수 있으면 그 차이를 기업의 이익으로 가져 갈 수 있기 때문에 유일 도매가격이 효과적인 경제적 공간이 되는 것이다. 그러므로 이 시기 북한에서 자재 수·공급은 제한적인 의미이긴 하지만 수요와 공급의 법칙에서 시장을 통해 이루어지는 자원배분(resource allocation)이었다.

그러나 안윤옥의 논문에서 설명되었듯이 품질의 고하(高下)에 따라(보다 정확히 이야기 하자면, 품질이 낮았을 경우) 매매 가격이 유일 도매가격보다 낮아 질 수 있고, 기업소가격(도매가격에서 거래수입금을 뺀 가격, 즉 원가와 이윤으로 구성된 가격)은 유일가격으로만 정하지 않는다. 즉 석탄, 광물과 같이 원가 수준이 자연·지리적 조건이나 생산방법의 차이로 인하여 심하게 차이 나는 생산물에 대하여서는 원가 수준이 비슷한 여

36) 장상준, 「사회주의사회에서 가격균형설정의 근본요구」, 『경제연구』 1996년 제1호, 15쪽.

러 기업소들의 원가를 평균으로 하여 원가 수준을 규정하거나 개별적기업소의 원가에 기초하여 기업소가격을 정하도록 하였다.

기업소가격은 또한 유일 도매가격처럼 한 전망 기간에 그 수준을 고정적으로 유지하는 것이 아니라 2~3년에 한 번씩 개정하도록 하여 기업소가격은 원가저하를 위한 투쟁을 자극하는 데 효과적으로 이용된다고 한다.[37] 이렇듯 유일 도매가격에서의 협상의 여지 그리고 보다 유동적으로 책정되는 기업소가격은 기업소 간의 거래에서 협상의 역할을 높여 자원배분에서 시장을 역할을 동시에 높이는 것이라고 할 수 있다.

류길선은 원가는 가변적이기 때문에 원가 변동을 고려한 부문평균전망계획원가(시기적 가변성을 고려하여 계산된 원가)를 적용하여야 가격의 현실성을 담보하고 기업소들의 능동성도 보장할 수 있다는 매우 대담한 주장을 하였다. 즉 생산현실이 고려되어야 타당한 가격이 나오게 되므로 유일 도매가격도 가변적이어야 한다는 주장이다.

그리고 이러한 도매가격을 갖고 기업소들 간의 상품거래가 이루어 져야 기업소들이 채산을 정확히 할 수 있어 기업소 간의 상품교환이 활성화 될 수 있다는 것이다.[38] 결국 류길선 주장의 요지는 상품교환을 시장에 맡기자는 것인데 이와 같은 주장이 나올 정도로 시장이 활성화되고 확대되었음을 감지할 수 있는 대목

37) 강기철, 앞의 글, 31쪽.
38) 류길선, 「기업관리에서 가격공간의 합리적리용」, 『경제연구』 1994년 제3호, 40쪽.

이다. 류길선의 주장은 일정하게 공론화되었고 상당한 논의가 있었던 것으로 분석된다.[39]

북한은 상품교환에서 등가성법칙이 가치법칙보다 포괄적이고 일반적이라고 한다. 가치법칙은 상품들에 체화되어 있는 사회적 필요노동인 가치로 규정되는 것을 가리키는 반면 등가성법칙은 준 것만큼 받는 등가관계를 의미한다. 따라서 준 것만큼 받는 등가성의 원칙은 가치에 의한 등가교환이라는 의미뿐 아니라 가치가 아닌 비가치의 교환인 경우에도 포괄함으로써 상품교환 일반의 가장 보편적인 의미를 담게 된다고 한다.

또한 단일한 전민소유제가 확립되어 사회주의완전승리가 이룩되면 상품생산이 없어지는 것만큼 가치법칙의 작용도 끝나게 되지만, 경영상독자성을 가진 기업소들의 경제거래는 여전히 등가성원칙에 기초하여 진행되며 봉사와 같은 활동의 교환영역에서도 등가성의 원칙에 기초한 회계가 정확히 이루어진다고 한다.[40]

가치법칙은 정광수의 앞의 글에서 설명하고 있듯이 가치, 즉 해당 상품을 생산하기 위해 필요한 노동(노동에 의해서 결정되는 가치)에 의하여 결정되기 때문에 상품교환에서 시장은 제한적인

39) 2년 후에 나온 류길선과 유사한 주제를 다룬 논문에서 장상준은 "먼저 가격을 정할 때에 상품에 들어있는 사회적필요로동에 정확히 의거하여야 한다"는 김일성의 교시를 근거로 사회적필요로동지출만이 가격균형설정에서 서로 다른 사용가치를 비교하고 하나의 유일한 기준에 따라 그 수준을 규정할 수 있게 하는 기준으로 된다며 유일 도매가격을 고수하여야 한다고 주장하며 류길선의 주장을 반론하였다(장상준, 『경제연구』 1996년 제1호, 15쪽).

40) 정광수, 「등가성의 법칙은 교환일반의 경제법칙」, 『경제연구』 1995년 제3호, 23~26쪽.

역할을 할 수밖에 없다. 그러나 준 것만큼 받는다는 등가성법칙이 상품교환 영역에서 보다 보편적이고 일반적이라는 주장은 시장을 통해 상품교환이 이루어져야한다는 의미를 내포하고 있다.

북한에서 봉사란 서비스업을 뜻하는데 서비스는 노동으로 가치가 평가되기 어렵기 때문에 가치법칙이 적용될 수 없고 준 것만큼 받는 등가성법칙이 적용된다는 것이며, 정광수의 논문에서 서비스업에 대한 특별한 언급은 서비스업이 완충기 기간(즉 '고난의 행군' 기간) 중 크게 확산되고 있음을 간접적으로 확인해 주는 것이다.

북한은 사회주의완전승리, 즉 공산주의사회로 이행하여도 기업소들의 경제거래는 여전히 등가성원칙에 기초하여 진행된다고(즉 시장을 통해 상품교환이 이루어진다고) 강조하고 있어 시장이라는 단어를 직접적으로 사용하고 있지는 않지만 시장이 상품교환에서 필수라는 점을 적극적으로 홍보 · 교육하였다.[41]

경제가 위기로 치닫는 상황에서 물자의 절약은 이제 그냥 미덕이 아니라 국영기업소들을 독립채산제로 운영하는 가장 중요한 이유 중 하나가 되었다. 독립채산제로 운영되는 국영기업소들은 생산수단을 등가성의 원칙에 따라 팔고 사는 형태, 상업적 형태로 주고받는다. 이것은 경제 위기 상황에서 물자의 절약을 추

[41] 등가성법칙에 관한 논문은 정광수 앞의 글 이외에 안윤옥, 「기업관리의 합리화에서 계약관계가 노는 역할」, 『경제연구』 1993년 제2호; 류영철, 「2중독립채산제는 련합기업소의 합리적인 관리운영방법」, 『경제연구』 1993년 제4호; 조명철, 「가치법칙과 등가성의 법칙과의 관계문제에 대한 연구」, 『경제연구』 1994년 제1호 등 '혁명적 경제전략'이 등장한 완충기 기간 중 특히 강조되었다.

구하는 데도 긍정적으로 작용을 하였는데, 각 기업소가 자재를 등가성의 원칙에 따라, 즉 손해 보지 않고 자신의 이익을 극대화하는 방향에서 수·공급 계약을 채결하기 때문에 각 기업소는 반드시 필요한 자재만을 확보하게 되어 물자 절약을 도모할 수 있었다.

물자 절약에 대한 국가의 검열과 통제도 강화되었다. 관계기관들에서 기업소가 만약 필요 없는 자재를 가지고 있는 것이 파악이 되면 기업소는 그 자재를 자신이 산 가격에 다시 관계기관에 팔아야 하며 자재여분에 대한 관계기관의 판단 여하에 따라(기업소가 자재를 불법 또는 비법적인 수단으로 확보하였다는 판단) 강제로 몰수 하고 대상 기업소 책임자에게 벌금을 물리도록 하여 기업소가 반드시 필요한 자재만을 확보하도록 하였다.[42] 이렇듯 북한은 경제위기를 맞아 모든 생산 부문에서 절약을 강조하고 국가적 차원에서 물자 절약의 통제는 연합기업소체제가 활성화되어야만 실현될 수 있었기 때문에 자원배분은 시장을 더욱 의존해서 이루어지게 되었다.

4-2) 국가주도의 시장 활용 및 확산

소비자들의 생필품과 생활용품의 생산을 제일목적으로 두는 '혁명적 경제전략'으로 '8월3일인민소비품' 생산운동은 더욱 탄력을 받고 전국적으로 확산, 심화되었다. 북한 경제 모든 부문 공장,

42) 안윤옥, 「기업관리의 합리화에서 계약관계가 노는 역할」, 『경제연구』 1993년 제2호, 39~40쪽.

기업소들에 '8월3일인민소비품' 분(分)공장, 직장, 작업반들이 더 많이 나오고 가내작업반, 부업반들이 널리 조직되어 '8월3일인민소비품' 생산이 더욱 빨리 늘어나게 하였으며[43] 특히 평양시에서는 1994년 1993년보다 생산을 121% 장성시키고 제품의 수는 1.3배로 늘였다고 한다.

'8월3일인민소비품' 운동은 도시뿐 아니라 지방에서도 활발히 벌어지고 있었는데 황주군 가내생산협동조합에서는 그 지방의 원료를 활용하여 130여 가지의 초물제품, 90여 가지의 돌공예품을 생산하였다고 한다. 1984년 8월 3일 발단된 이 운동은 10년 동안 각지에 4만 6,500여 개의 가내작업반, 부업반이 꾸려졌으며 이 기간 인민소비품생산은 3.5배, 종류는 1만 1,700여 종으로 늘어나고 시, 군 직매점들의 연간 판매액은 4.1배로 증가하였다[44]고 한다.

'8월3일인민소비품' 운동은 생산기업소들이 생활필수품직장, 가내작업반, 부업반 등을 꾸려 부산물이나 폐설물, 그리고 유휴자재를 이용하여 여러 가지 소비품을 생산하고 거기서 생산되는 여러 가지 소비품을 직매점과 같은 유통망을 통하여 근로자들에게 직접 판매하는 것으로 처음부터 계획의 영역이 아니라 시장의 영역에서 시작되었으며 '혁명적 경제전략'으로 인해 더욱 심화된 형태로 전국적으로 확산되어 경공업 제품이 국영상점을 통해 제대로 공급되지 못하는 '고난의 행군' 기간 중 많은 수의 북한 사람들의 생활용품 수·공급 문제에 대한 대안이 되었다.

43) 『조선중앙년감 1994년』(평양: 조선중앙통신사, 1995), 171쪽.
44) 『조선중앙년감 1995년』, 157~158쪽.

경제위기 상황에서 일반 사람들은 생활용품 그리고 나아가서는 생필품 수·공급 문제를 '8월3일인민소비품' 운동 등을 통해 해결하면 할수록 시장은 '고난의 행군' 기간 중 자원배분의 기제(mechanism)뿐 아니라 생활(또는 생존)의 수단으로 자리 잡게 되었다.

그러나 '8월3일인민소비품' 운동이 북한 사회에서 정착되는 과정에서 유의하여야 할 점은 일반적으로 알려진 것과 같이 경제위기 때문에 국가의 통제가 완화되면서 시장이 자생적으로 생겨나서 확산된 것이 아니라, 새로운 경제관리체제인 연합기업소체제와 그것을 현실에서 더욱 심화 가속화시키는 '혁명적 경제전략'의 틀에서 '8월3일인민소비품' 운동이 진행되었다는 점이다. 즉 국가가 경제위기를 맞으면서 통제를 잃고 또는 통제를 하지 못하는 상황에서 운동이 자생적으로 확산, 심화된 것이 아니라, 시장을 제도화시키는 연합기업소체제와 이를 추동하는 '혁명적 경제전략'에서 탄력을 받아 운동이 한층 더 확산, 심화되었던 것이다.

'혁명적 경제전략'은 도시와 공업 부문에서의 연합기업소체제와 지방과 농촌에서의 분권화를 더욱 강화, 가속화시켰으며 도시와 지방 그리고 공업과 농업은 시장을 통해 연결되었다. 원래 북한에서 농산물 수매는 양곡과 중요 농산물과 공예작물에 대하여 국가가 유일 수매가격을 적용하는 계획수매와 계획수매하고 남은 양과 계획수매품종을 제외한 모든 수매품종은 자유 수매를 통해 유통되었으나, 국가에서 농산물 생산에 필요한 화학비료, 농약, 경유 등 생산요소를 제공하지 못하게 되자, 자유수매유통에 더욱 의존하게 되었다. 계획수매유통 원활히 이루어지지 않았다는 것은 도시로의 식량공급이 제대로 이루어지지 않았다는 것으로 도시의 식량 배급제에 심각한 차질이 생긴 것이다.

위에서 살펴보았듯이 완충기 기간 중 북한의 식량생산은 생산이 정상적으로 이루어졌던 1980년대 말에 비해 약 절반으로 줄었다. 도시와 농촌의 인구비율이 약 60 대 40 정도인 것을 고려하면 '고난의 행군' 시기 도시로의 식량공급은 정상적으로 공급되던 것에 비해 대략 60% 이상 감소한 것이었다. 도시의 식량배급체계는 붕괴되었고 농촌에서는 협동농장이 식량생산을 정상적으로 하지 못하는 상황에서 개인경리는 부업이 아닌 주업으로 자리를 잡았으며 자유수매를 통해 농산물을 유통시키게 되었다.

경제위기로 계획수매유통이 실종된 것이다. 원래 자유수매유통에 대해서는 국가에서도 농산물생산과 소비의 특성을 고려하여 지역별, 계절별로, 차별적인 수매가격을 허용하여 주었는데[45] 이미 완충 기간이 설정되기 이전부터 자유수매가 유통의 주를 이루게 되면서 식량수매유통에서도 시장이 확산되고 활성화되었다. 국가는 위기극복의 타결 책으로 지방의 자급자족 체계를 강화시키는 동시에 지역 간의 물자교류(inter-regional trade)을 통한 농산물 유통을 허용하게 되었다.[46] 즉 지역과 지역을 연결시

45) 신동식, 「사회주의사회에서 농산물수매의 본질과 특징」, 『경제연구』 1993년 제2호, 37쪽.

46) 이것은 신동식의 다음의 글에서 확인된다. "사회주의사회에서 수매는 또한 각 지역간의 상품과 농산물의 경제적교류을 강화하여 인민들의 식생활에서 지역간의 균형을 보장하며 외화원천을 늘이고 농산물에 대한 국가적예비를 조성하는데서 중요한 역할을 한다."(신동식, 「사회주의사회에서 수매류통이 있게 되는 조건과 그 발전의 합법칙성」, 『경제연구』 1995년 제2호, 45쪽).

켜주는 지역 간 시장이 허용된 것이다.[47]

농촌에는 원래 농민시장이 존재하고 있었는데 '혁명적 경제전략'이 나오면서 여러 종류와 범위를 가진 시장들이 생겨나기 시작하였다. 그러나 지방과 농촌에서 가장 성행하였던 시장은 국가와 당국의 간섭을 받지 않는 경제위기를 맞아 자구책으로 그리고 자생적으로 생겨나기 시작한 중소 규모의 시장들이었다.

국가의 통제를 벗어나 작동하고 있었던 이러한 시장들은 국가적인 차원에서 거래수입금 징수의 문제, 자유주의 사상의 확산[48] 등 문제점을 안고 있었다. 그러나 식량공급체계가 붕괴된 상황에서 시장을 통해 최소 수준이나마 생계를 유지하고 있었던 대부분의 사람들의 생계수단과 방법을 막을 수는 없었다. 북한은

47) 김응교의 다음의 글에서도 농산물뿐만 아니라 다른 소비재 상품도 지역들 간에 유통되고 있음을 파악할 수 있다. "군들 사이의 경제적련계를 강화하고 협동생산을 조직하며 나가는것도 역시 군내 인민들의 소비생활을 높여나가기 위한 중요방도이다. 그것은 매개 군들은 자연지리적조건에서 차이가 있으며 인민들의 수요에 맞는 다양한 소비품생산에서 유리한것과 불리한것도 있기 때문이다."(김응교, 「사회주의근로자들의 소비생활을 위한 원천과 그 동원리용문제」, 『경제연구』 1997년 제1호, 39쪽).

48) 박경옥은 "원래 돈벌이를 목적으로 하면서 자연발생적으로 재생산을 유지해나가는 것은 자본주의재생산에 특징적인 현상이며 사회주의계획경제에서는 허용될수 없고 사회주의계획경제는 리윤보위제와 량립될수 없다"면서 당시 제도적 측면에서 시장뿐 아니라 사상적 측면에서도 자본주의적 현상이 들불과 같이 확산되는 것에 대해 우려를 표명하였다. 또한 그는 "가치법칙의 의의를 절대화하지 말고 보조적위치에서 보충적수단으로 리용하여야 사회주의의 과도적특성에 맞게 경제관리를 합리화하면서도 리윤본위의 자본주의적기업관리방법을 배격하고 사회주의계획경제의 요구에 맞게 나라의 경제를 옳게 관리운영해나갈수 있다"라고 하였는데 당시 경제관리을 합리화한다면서 이윤 추구를 극대화하는 현상이 적지 않게 있었음을 읽을 수 있은 대목이다(박경옥, 「리윤보위를 배격하고 경제관리에 가치법칙을 옳게 리용하는데서 나서는 중요한 문제」, 『경제연구』 1996년 제2호, 50~52쪽).

이러한 시장들을 통제하기보다는 국가적 수매기관들을 동원하여 통제의 영역에 끌어들이려고 하였다. 사회급양(社會給養)사업이 북한의 그러한 노력 중 하나였다.

사회급양은 여러 가지 음식물을 생산하여 공급하는 사회주의 상업의 한 부분인데 지역마다 망(網)이 형성되어 사회급양망을 이루고 있었다. 사회급양망은 국가에서 운영하는 것으로 시장이 번성하면서 시장과는 경쟁적인 관계에 있었다. 그러나 국가에서 사회급양에 필요한 원자재를 원만히 공급하지 못하자 사람들의 늘어나는 수요를 충족시키지 못하고 있었으며 수요자들을 시장에 빼기고 있었다.

이에 북한은 사회급양에 필요한 원자재를 사회급양망 자체로 생산, 보장하라고 독려하였다. 즉 원료기지조성사업을 벌려 원료기지를 조성하여놓으면 국가에서 원자재를 받지 않고도 식료품을 자체로 생산, 공급할 수 있다는 것이다. 나아가 부업생산물의 원자재원천들이 얼마나 사회급양망들의 원자재로 실현되는가 하는 것은 수매사업을 어떻게 하는가 하는 데 달려있는데, 사회급양망들에서 원자재 수매체계를 세우고 수매 방법을 개선하여 협동농장이나 개인부업생산물을 수매를 통하여 더 많이 끌어들여야 한다[49]는 것이다.

사회급양망에 대한 위의 설명을 보다 알기 쉽게 정리하면 다음과 같다. 사회급양망이란 식료품을 생산하여 수요자에게 공급하는 일종의 식료품 상점망 또는 슈퍼마켓 체인과 같은 것으로

49) 황경직, 「사회급양망들에서 원자재를 자체로 생산보장하는 것은 봉사사업을 개선하기 위한 중요한 요구」, 『경제연구』 1994년 제1호, 44~46쪽.

국가가 운영한다. 그런데 경제위기로 사회급양망에서 원자재 확보에 어려움을 겪고 자생적 시장이 늘어나면서 사회급양망의 운영이 어려워진 것이었다.

정부는 해결책으로 사회급양망 수매 방법을 개선하여 원자재를 생산하고 있는 협동농장과 개인들이 사회급양망에 더 많은 원자재를 공급하도록 하여 사회급양망을 활성화시키자는 것이다. 여기서 수매 방법을 개선한다는 것은 결국 시장에서 거래되는 식료품 원자재보다 많거나 최소한 동일한 수준의 가격을 제공하여 원자재를 확보하라는 것이다.

사회급양사업은 성공적이지 못하였던 것으로 추정된다. 사회급양망을 시장보다 경쟁력 있게 만들려면 운영 비용이 만만치 않게 들어가고 그것을 감당할 만한 여력이 '고난의 행군' 기간 동안 정부에게는 없었던 것으로 분석되기 때문이다. 그러나 북한은 사회급양망을 사업을 포기하지 않았다.[50]

---

50) 사회급양망 사업은 '고난의 행군' 시기 시장의 경쟁에 밀려서 어려움을 겪었으나, '고난의 행군'에서 벗어나자 급양망 사업을 뒷받침하는 지역 식료품 생산 공장들을 활성화시키는 노력 등을 통하여 꾸준히 추진되었다. 그리고 약 10년의 시간이 지난 후 가시적인 성과가 나온 것으로 보인다.
2009년 4월 14일자 『조선신보』에 의하면 김정일 국방위원장은 2009년 4월 5일 '광명성 2호'가 발사된 이틀 후인 4월 7일 대동강 가에 있는 삼일포특산물공장을 찾았다고 한다. 삼일포특산물공장은 경제적 어려움을 겪고 있었던 1998년에 34명의 종업을 갖고 세워졌는데 처음에는 원료를 수입해서 식료품을 만들었다고 한다. 그러다 원료를 국내 원료로 대처하는 등의 자구적인 노력을 거쳐, 2009년 4월 현재 이 공장은 350여명의 종업원들이 전국 도처에 나가서 찾은 1,800여 종에 달하는 식재료를 갖고 강냉이국수와 감자국수, 곰취양념말이, 더덕장아찌, 대추잎차, 백가지열매꿀 등, 350여 가지의 식료품들을 생산하여 평양의 문수거리에 있는 직매점에서 판매되고 있다고 한다. 이날 현지지도에서 김 위원장은 "나는 오늘 '광명성 2호'를 쏜 것보다 더 기쁩니다!"고 하면서 "오늘과 같은 낙을 보자고 그렇게 고생했지. … 애국자들이요,

사회급양망을 시범적으로만 운영하고 자생적으로 생겨난 중소 규모의 시장을 통합하여 정규 시장으로 만들어 시장을 통제가 가능한 영역으로 끌어들이려 하였다.[51] 그러나 '고난의 행군'이 지속되는 동안 이러한 시장의 정규화 사업은 한계를 가질 수밖에 없었으며 자생적으로 생겨나기 시작한 중소 규모의 시장은 들불과 같이 북한 전역으로 퍼져나갔다.

4-3) 경제 분권화의 심화 : 군농업연합기업와 지방예산제

북한은 시장을 직접적으로 통제하지 않았지만 자유시장의

정말 고맙소!"라고하며 종업들에게 감사를 전달했다고 한다(이계환 기자, 「김정일 위원장이 인공위성발사 이틀 후 찾은 곳은?」, 『통일뉴스』, 2009년 7월 14일자, http://www.tongilnews.com/news/articleView.html?idxno=85416.
2009년 이후 평양에 문을 연 삼일포특산물상점을 시작으로 평양에는 대규모 슈퍼마켓과 고기 및 수산물 전문상점이 연이어 들어섰다. 2012년 9월 1일 『조선중앙통신』은 김정은 제1위원장이 부인 리설주와 함께 평양 창전거리에서 개업을 앞둔 해맞이식당을 돌아봤다고 보도하였는데 이 해맞이식당을 통해 사회급양망의 현재 모습을 가늠해 볼 수 있다.
이 식당에는 슈퍼마켓, 대중식사실, 개별식사실, 커피점, 육류 및 수산물상점이 있다. 이날 김 제1위원장은 과일과 남새(야채), 우유 및 고기제품, 주류를 판매하는 슈퍼마켓을 돌아보았는데 특히 흥미로운 점은 "이들 상점의 가격이 시장의 가격보다 눅게(싸게), 다른 국영상점의 가격보다 높게 설정했다"는 것이다. 김정은 제1위원장도 해맞이식당 내 슈퍼마켓을 둘러본 뒤 "슈퍼마켓을 정상적으로 운영하자면 식료품 가격을 바로 정하고 영업전략을 잘 세우는 것이 특별히 중요하다"고 강조했다고 하는데 결국 위에서 살펴본 사회급양망들이 오랜 준비기간을 거쳐 2009년부터 시장과 경쟁할 수 있는 단계로 올라서고 있다는 것으로 해석할 수 있는 대목이다.

[51] 북한이 경제위기에서 벗어나고 여력이 생기자 2003년부터 이렇게 자생적인 생겨난 시장들을 국영시장과 통합하여 '종합시장'이라는 형태로 통제의 틀에 끌어들였다.

창궐을 통제의 틀마저 없애고 좌시하지 않았다. 지방과 농촌에서는 시범적으로 군협동농장경영위원회를 국영농장위원회, 또는 종합농장으로 바꾸어 지역적 거점으로 선정된 군의 모든 사업이 당의 노선과 정책, 방침이 관철되도록 하였다.[52]

이러한 전환은 협동적 소유에서 전 인민적 소유라는 미명 아래 진행되었으나, 지방과 농촌에서 시장이 확산, 확대되면서 시장화에 대한 문제점들이 나타날 것을 우려한[53] 일종의 선제적 조치라고 할 수 있다. 그러나 협동적 소유에서 전 인민적 소유로의 전환은 생산력이 뒷받침되지 않고서는 성취하기 매우 어려운 일이었다.

북한은 선봉군을 비롯한 일부 군들에서 전환을 시범적으로 시도하였으나, 크게 확산시키지 못하고 다른 해결책을 모색하였다. 그것은 군협동농장경영위원회를 군농업연합기업소로 전환시키는 것이었다. 군농업연합기업소는 농업의 종합적 관리 단위로서 규모가 큰 군들에 농장과 농업에 복무하는 기업소들을 묶어서 조직한 대규모의 생산 단위, 집행 단위이며 2중 독립채산제로 운영되었다.[54]

---

52) 서재영, 「소유형태에서의 도시와 농촌의 차이가 성과적으로 극복되고있는 것은 우리 나라 사회주의 농촌건설의 빛나는 승리」, 『경제연구』 1994년 제2호, 31쪽.

53) 서재영은 이런 우려를 다음과 같이 표현하고 있다. "사회주의적소유관계의 공고발전에 응당한 주의를 돌리지 못하고 그것을 끊임없이 공고발전시키는 사업을 잘하지 못하게 되면 그것이 약화되여 자본주의가 되살아나게되며 종당에는 사회주의가 좌절되게 되는 돌이킬수 없는 엄중한 사태에까지 이르게 된다는 것은 사회주의가 좌절된 나라들에서 보게 되는 력사적교훈이다."(서재영, 『경제연구』 1994년 제2호, 31쪽).

54) 주호준, 「농업련합기업소는 협동적소유를 전인민적소유로 전환시키는 합리적인 형태」, 『경제연구』 1994년 제4호, 25쪽.

군농업연합기업소는 농촌에 협동적소유가 존재하고 있는 조건에서 협동농장들과 그에 복무하는 국영기업소들을 망라하여 조직되는데 경영위원회일군들은 계획작성과 계획실행평가, 고정재산관리와 그 이용, 자재 공급과 관리, 노력관리와 노동보수, 재정관리와 수입분배 등 생산과 경영활동이 모든 것을 국영기업소의 관리일군들과 같이 자체적으로 세우고 실행해 나가며 결과에 대해 책임을 지게 하는 것이었다. 군농업연합기업소가 있는 군은 군 단위 독립채산제가 되는데 전룡삼은 군 단위 독립체산제에 대해 다음과 같이 설명하였다.

> 군 단위독립채산제규정에 의하면 경영위원회일군들의 생활비는 매달 가동정액생활비의 일정한 비률도 전불생활비를 지불하고 년말에 군적인 알곡생산계획수행률에 따르는 확정생활비를 지불하게 된다. 그리고 군적인 알곡생산평가계획과 국가예산납부계획을 수행하고 국영농업기업소의 원가를 낮추어 군경영위워회적으로 초과리윤을 냈을 때는 상금기금을 세우고 상금을 적용할수 있게 되어있다… (중략) 협동적소유가 존재하는 조건에서 매 협동농장들을 단위로 생산계획, 원가계획 등이 평가되고 분조를 단위로 로력일을 재평가하여 분배몫이 규정되는 결산분배제를 실시하며 협동농장에서의 분조관리제와 작업반우대제가 적용된다.[55]

군 단위 독립채산제가 실행되는 군안의 협동농장의 분조는 생산단위(production unit)뿐만이 아니라 회계단위(accounting unit)까지 되었는데 2중 독립채산제가 적용되면서 협동농장의 분조는 실질적인(de facto) 독립채산제 단위가 되었다. 이러한 조치는 사

55) 전룡삼, 「군협동농장경영위원회단위 독립채산제를 실시하는 것은 소유전환을 가장 순조롭게 하기 위한 필수적조건」, 『경제연구』 1998년 제1호, 32쪽.

회주의 제도하의 농촌에서 가장 높은 단계의 경제 분권화 조치라고 할 수 있다.[56] 한편 군농업연합기업소는 기존의 연합기업소와 마찬가지로 군농업연합기업소 당위원회의 집체적 지도를 받으며 운영되기 때문에 당과 국가 지도 아래 놓이면서 정치적으로는 보다 중앙집권화되었다고 볼 수 있다.

군농업연합기업소는 기존의 연합기업소와 같이 (일반적으로 생산물 및 완제품에 대해서는 국가가 제정한 수매가격과 도매가격 등을 적용하지만) 연합기업소 안에서 유통, 소비되는 생산물의 가격은 연합기업소가 자체의 실정에 맞게 적용하도록 하였다. 즉 연합기업소 안에 시장[57]이 있고 여기서 유통, 소비되는 생산물에 대해서는 시장가격을 적용한다는 것이다. 또한 농업생산물의 가격을 사회적 필요노동지출에 기초하면서도 농업생산물 상호 간의 가격균형을 원만히 보장하도록 제정하도록 하여 군농업연합기업소에서 가격공간이 적극 활용되도록 하였다.[58]

북한은 군을 군농업연합기업소 중심으로 조직하여 시장의 확산과 확대로 인해 느슨해지고 있던 당의 통제력을 회복하고 당의 통제 안에서 경제 분권화를 더욱 심화시켜 가장 낮은 단위까

56) 이러한 분조관리제가 북한 사회주의 제도하의 농촌에서 왜 가장 높은 단계의 경제 분권화 조치인지는 3장 보론을 참조하라.

57) 군농업연합기업소 안에 시장(intra-market)도 있지만 군농업연합기업소 간의 시장도 있었다. 군농업연합기업는 산하 농장, 기업소상호 간에 필요한 영농설비, 자재를 조절하여 이용할 수 있을 뿐 아니라 필요 없는 것은 자재상사를 통하여 자체로 처분할 수 있으며 필요 없게 된 설비들을 기업소 상호간 규정된 범위에서 유상으로 팔고사거나 무상 이관할 수 있다(강련숙, 「군농업련합기업소 재정의 특성」, 『경제연구』 1995년 제1호, 33쪽).

58) 량세훈, 「2중독립채산제는 농업련합기업소의 합리적인 관리운영방법」, 『경제연구』 1997년 제3호, 28쪽.

지도 경제공간을 활용할 수 있게 하여 생산을 정상화 시켜 경제위기를 극복하려 하였던 것이다. 그런데 군 단위 독립채산제는 그 의미상 군 단위에서 스스로 무역활동을 하는 것을 말한다. 도 단위에서 이미 1992년부터 자체적으로 대외 무역을 하고 있었는데 군농업연합기업소가 1994년부터 조직되면서 군농업연합기업소가 있는 군에서는 자체 무역권이 허용되었던 것으로 보인다.

강영원에 의하면 북한의 지방공업은 1994년 현재 군마다 평균 20여 개의 지방산업 공장들을 이루고 있으며 군은 지방의 소비수요를 자체로 생산, 보장할 수 있는 종합적인 경제단위로 튼튼히 꾸려지게 되었다고 한다. 강영원은 신양군을 모범적 예로 들면서 보다 구체적인 설명을 하였는데 신양군에서는 30여 개의 지방 산업공장들을 튼튼히 갖추어놓고 다종다양한 소비품을 생산하여 군안의 소비수요를 거의나 자체로 충족시키고 있으며 고무나 강재, 원면 같은 것만 대주면 군안의 소비생활에 필요한 모든 것을 다 자체로 생산, 보장할 수 있는 물질적토대가 튼튼히 꾸려져있다[59]고 한다.

그리고 “군에 없는 몇 가지 원자재도 수출생산기지를 꾸리고 그 생산물을 대외시장에 좀 내다 팔기만 하면 얼마든지 해결할 수 있게 된다”며 군 자체에서 무역활동을 할 수 있음(또는 하고 있음)을 암시하였다. 나아가 그에 의하면 “지방경제를 종합적으로 발전시켜 많은 소비상품을 생산하게 됨으로써 지난날에는 국

59) 강영원, 「지방경제를 종합적으로 발전시키는 것은 인민생활을 균형적으로 향상시켜 우리 식 사회주의 우월성을 더욱 높이 발양시키는 중요담보」, 『경제연구』 1994년 제3호, 18쪽.

가로부터 해마다 많은 돈을 받아야만 군살림살이를 할수 있었는데 오늘은 군이 번돈으로 군살림살이를 하고도 많은 돈이 남아 매해 국가에 많은 리득을 주게 되었다"[60]고 하였다. 군이 국가의 예산 수입에 큰 도움을 주고 있다는 것이다.

여기서 군농업연합기업소가 조직된 배경을 '혁명적 경제전략'과 연관 지어 재해석해 볼 필요가 있다. 북한은 1993년부터 1996년까지 3년간을 완충기로 설정하고 경공업, 농업, 그리고 무역 등 3대 제일주의 방침을 '혁명적 경제전략'을 통해 관철시키려 하였다. 아울러 석탄, 전력, 철도운수 등 선행 부문을 앞세우고 금속 공업을 계속 발전시켜 나간다는 목표도 함께 세웠다.

지방과 농촌에서 '혁명적 경제전략'은 군농업연합기업소 조직으로 압축되는데 결국 경제 분권화를 군 단위 독립채산제까지로 세분, 심화시켜 군 단위에서 경공업, 농업, 그리고 무역을 활성화 시켜 지방의 군 단위까지 자급자족적 경제체계를 만들고[61] 나

60) 강영원, 위의 글, 18쪽.

61) 한 가지 유의하여야 할 점은 모든 군이 군농업연합기업소를 가지고 있는 것이 아니다. 군농업연합기업소는 "숙천군과 같이 규모가 큰 군, 다시 말하여 부침땅면적이 넓고 로력자가 많으며 물질기술적수단이 풍부한 군에서 조직하게 된다."(김향란, 「협동적소유를 전인민적소유로 넘기는 형태와 방법」, 『경제연구』 1995년 제2호, 28쪽). 그러므로 중소 규모의 군들에서는 군농업연합기업소를 조직하기 어렵다. 전룡삼에 의하면 군농업연합기업소는 김일성에 의해 1981년부터 숙천군에서 시범적으로 실시되었고 이후 군 단위 독립채산제대렬이 수십개로 늘어났으며 앞으로 해마다 그 대렬이 더욱 급속히 확대될 것이 예견된다고 하여(전룡삼, 『경제연구』 1998년 제1호, 22쪽) 군 단위 독립채산제가 확산되고 있음을 시사하였다.
전룡삼의 논문이 『경제연구』 1998년 제1호에 실렸으니, 그의 앞의 글은 1997년까지의 이야기이다. 수십 개가 정확히 몇 개를 의미하는지는 알 수 없으나, 북한에는 약 200여 개의 군이 있는 것을 감안하면, 1990년대 말 현재 전체 군의 약10%~30% 정도가 군농업연합기업소를 가지고 있는 것으로 추정된다.

아가서 여기서 얻어지는 잉여를(또는 지방 경제에서 국가의 몫을 군 단위로까지 할당 하여 거두어 드리는 재화를) 선행 부문에 투자하겠다는 것으로 해석될 수 있다.

주호준는 군농업연합기업소가 국가의 이익을 우선적으로 보장하면서 연합기업소와 거기에 망라된 농장, 기업소들의 이익을 옳게 결합시켜 다 같이 책임성과 창발성을 높이게 하는 가장 정당한 조치[62]라고 평가하면서 위의 해석을 뒷받침 한다.

그리고 강련숙은 군농업련합기업소가 산하 농장들과 기업소들에서 생산물 판매할 때마다 조성되는 거래수입금, 국가기업리익금, 지방유지금, 고정재산감가상각금을 제때에 종합하여 국가에 납부해야 하는 임무를 가지고 있다는 점을 강조하여 군농업연합기업소 조직의 배경 중 하나가 국가의 예산확보에 도움을 주는 것이라는 점을 명백히 하였다.

그러면 현실은 어떠했을까? 이러한 분권화의 심화, 세분화 조치와 연합기업소체제는 과연 현실에서 효과가 있었을까? 북한에서 매년 발간하고 유일하게 일정 정도의 정량적인 통계 수치가 담긴 『조선중앙년감』을 통해 분석해 보자.

4-4) 조선중앙연감을 통해 본 경제 분권화의 심화, 세분화 조치와 연합기업소체제의 효과

1995년 발간된 『조선중앙년감』에 따르면 1994년 한 해 지방공업을 더욱 발전시키며 인민소비품생산을 군중적운동으로 전개

62) 주호준, 『경제연구』 1994년 제4호, 25쪽.

시키는데 성과가 이룩되었다고 한다. "경공업제품생산에서 큰 몫을 맡고 있는 전국의 수천 개의 지방산업공장들에서 소비품 생산량을 늘였으며 년간계획을 넘쳐 수행하였으며 지방공업부적인 중요소비품생산량은 전해보다 1.2배 늘어났으며 720여 개의 공장, 기업소들이 년간계획을 1~2개월 앞당겨 수행하였다"[63]고 한다.

1994년은 군농업연합기업소가 본격적으로 조직된 해로서 연간계획에 적용을 받는 지방공장은 많은 경우 새롭게 조직된 군농업연합기업소에 소속되어 있다고 볼 수 있다. 그러므로 많은 지방공장들이 새롭게 조직된 군농업연합기업소에서 부여된 경제공간을 활용하여 생산을 정상화시키고 있다고 평가될 수 있는 대목이다.

또한 연감에 의하면 "각 도무역관리국산하 일군들과 근로자들이 60여 개의 수출품생산기지를 새로 조성하고 년간 수출액을 전해에 비해 108.8%로 장성시켰으며 강서구역, 북청군, 신포시, 온천군, 연안군, 세포군을 비롯한 많은 시, 근들에서 상반년기간에 년간계획을 훨씬 초과수행하는 자랑을 떨쳤다"[64]고 한다.

군농업연합기업소가 있는 군은 자체 무역권이 허용되었다는 위의 추정을 증명해 주는 대목이며 새롭게 조직된 군농업연합기업소를 통해 여러 군에서 무역을 활발히 벌이고 있었음을 확인할 수 있다.

『조선중앙년감 1996』에 따르면 "1995년 한 해 도, 시, 군들에서도 '고난의 행군' 정신의 요구에 맞게 난관을 주동적으로 뚫고

63) 『조선중앙년감 1995년』(평양: 조선중앙통신사, 1995), 157쪽.
64) 위의 책, 158쪽.

나가면서 당의 지방예산제 방침을 철저히 관철함으로써 자체의 수입으로 지방예산지출을 보장하고도 거액의 돈을 중앙예산에 들여놓았다"[65]고 한다.

정확한 수치를 밝히고 있지 않지만 군농업연합기업소 조직의 목적이 군의 자급자족적 경제체계를 만드는 한편 국가에게 예산적으로 도움을 주는 것임을 확인시켜 주는 대목이다. 또한 "지방무역 부문의 공장, 기업소들에서 지금까지 500여 개의 수출품 생산기지를 꾸려놓고 50여 개의 나라와 수백 개의 회사들에 300여 종의 수요 높은 제품들을 대대적으로 수출하였다"[66]고 하는데 수출에서 북한의 비교 우위를 고려해 볼 때 주요 수출품은 광물, 농수산물 그리고 간단한 경공업제품이었을 것이다.[67]

농수산물의 재배와 채취 그리고 가공이 하나의 체계로 통합되어 있는 군농업연합기업소는 이 부문에서 그 어디보다 수출에 비교우위를 가지고 있어 농산물은 군농업연합기업소가 소재되어 있는 군에서 주로 수출하였을 것으로 추정된다.

『조선중앙년감 1998』에서는 지방에서의 '외화벌이'가 공식적으로 언급되는데, "지방들에서도 자체의 특성에 맞게 원료원천과 내부예비를 적극 동원리용하고 외화벌이운동을 힘있게 벌려 지방예산수입계획을 기본적으로 수행하였다"[68]고 하였다. 외화벌

65) 『조선중앙년감 1996년』, 158쪽.

66) 위의 책, 159쪽.

67) 리춘원은 "지방무역이 동원리용하게 되는 수출예비는 지방들에 잠재하고있는 자연원료와 재배원료, 지방산업제품, 부업 및 가내 작업반에서 생산한 제품이다"라며 위의 추정을 확인시켜준다(리춘원, 「위대한 수령 김일성동지께서 밝히신 지방무역의 본질적특징」, 『경제연구』 1997년 제3호, 9쪽).

68) 『조선중앙년감 1998년』, 216쪽.

이는 이제 운동이 되었을 정도로 지방에서 그리고 군 단위에서 활발히 자신의 자원을 활용, 가공하여 수출을 통해 외화를 벌어들였다는 것이다.

『조선중앙년감 1999』에서 흥미로운 점은 1995년, 1996년, 그리고 1997년 국가예산수입총액을 발표하지 않다가 1998년 국가예산수입총액을 197억 9,080만 원으로 다시 발표하고 있다는 점이다. 『조선중앙년감 1999』에 따르면 "1998년 예산 수입과 지출 규모는 1990년대 초 수준에는 아직 이르지 못하고 있으나 주체 1997년에 비하여서는 예산수입이 100.4% 증가하였다"[69]고 한다.

이어 연감은 "1998년 국가예산수입의 장성을 이룩하여 재정이 전진의 길에 들어선 것은 국가예산집행과 사회주의강행군을 승리적으로 결속하기 위한 투쟁에서 이룩한 중요한 성과"[70]라고 평가하고 있는데, 이것은 1994년부터 1997년까지 국가예산수입이 연속으로 줄었음을 공식적으로 시인한 것이다.

1994년 국가예산수입총액이 416억 20만 원이었으니까 1998년 국가예산수입은 1994년도에 비해 47.6%, 절반도 되지 않는다.[71]

69) 위의 책, 183쪽.
70) 위의 책, 183쪽.
71) 북한에서 국가예산수입총액과 국민소득총액(National Income)과는 차이가 있다. 모든 재화가 인간의 노동에 의해서 창조된다는 것에 기초한 북한의 국민소득 개념에는 자기를 위한 생산물과 사회를 위한 생산물 모두가 포함되어있기 때문에 사회를 위한 생산물을 바탕으로 계산되는 국가예산수입은 국민소득에 비해 작을 수밖에 없다. 그러나 국가예산수입총액과 국민소득총액 모두 인간의 노동에 기초하고 있기 때문에 국민소득총액의 성장/감소율과 국가예산수입의 성장/감소율은 비례할 수밖에 없다. 그러므로 '고난의 행군' 시기 국민소득총액은 국가예산수입총액과 같은 비율로 감소되었을 것이며, 약 1989년에 비해 약 절반이상으로 줄었을 것으로 추정할 수 있다.

또한 1999년 국가예산수입총액은 198억 103만으로서 계획을 97.2% 수행하였다[72]고 한다. 즉 계획은 203억 7,000만 원 정도였는데 이것은 1998년 실지 국가예산수입총액보다 약 3%밖에 높지 않은 것으로 당시 북한의 상황이 예산 증가 계획을 매우 완만하게 또는 보수적으로 잡을 수밖에 없을 정도로 경제 사정이 여의치 않음을 읽을 수 있는 대목이다.[73]

2000년 국가예산수입총액은 204억 533만 원으로 북한 스스로 '고난의 행군' 기간 중 가장 많이 돈을 번 것으로 평가하였다.[74] 그리고 예산수입 원천에 대해서 이전 연감보다 구체적으로 밝히고 있는데 중앙예산에서는 전자공업성, 륙해운성, 은하지도국을 비롯한 여러 단위의 성, 중앙기관들과 소금련합회사, 비단련합회사를 비롯한 29개의 련합기업소들에서 계획을 수행하였다고 한다.

이렇듯 연합기업소가 국가예산수입의 원천으로 연감에 소개된 것은 2000년부터이다. 1986년부터 본격적으로 조직된 연합기업소들이 14년 만에 국가의 중앙예산의 수입 담당하는 주체로 나서게 된 것이었다. 초기 도입 기간 중 이전 체제의 제도에 길들여져 있어 도입 초기 정착에 많은 어려움을 겪던 연합기업소체제가 2000년에 와서야 북한에서 확실히 자리를 잡은 것으로 해석되는 대목이다.

72) 『조선중앙년감 2000년』, 189쪽.

73) 북한도 이를 다음과 같이 인정한다. "준엄한 시련과 난관이 겹쌓였던 지난 몇해동안의 '고난의 행군' 기간 나라의 재정형편도 매우 긴장하였다. 우리 당은 나라의 현실적조건들을 고려하여 이 기간 경제장성속도를 조절하고 경제 규모를 알맞춤하게 하였으며 국가예산도 이에 맞게 편성하였다."(『조선중앙년감 1999년』, 183쪽).

74) 『조선중앙년감 2001년』, 174쪽.

중앙예산 수입을 담당하는 연합기업소뿐 아니라, “도, 시, 군들에서도 당의 지방예산제 방침[75]을 높이 받들고 지방의 원료원천과 내부예비를 적극 동원리용하여 생산과 건설을 힘있게 다그치고 여러 가지 봉사활동을 벌인 결과 함경남도 함흥시 사포구역, 남포시 룡강군, 함경북도 화대군, 평안남도 은산군을 비롯한 200여 개의 시, 군들에서 계획을 넘쳐 수행하여 지방예산수입계획을 124.1% 넘쳐 수행함으로써 지방자금수요를 원만히 보장하고도 13억 7,200만 원을 국가에 들여 놓았다”[76]고 한다. 이것은 국가예산 총수입액에 약 6.5%를 달하며 2000년 북한의 국방비 총액인 30억 원에 45.8%에 해당하는 금액이다.

2001년도는 국가예산수입은 계획 215억 7,080만 원에 대하여 실적 216억 3,994만 1,000원으로서 100.3% 수행되었으며 전기석탄공업성, 륙해운성, 은하지도국, 비단련합회사를 비롯하여 27개의 성, 중앙기관과 56개의 련합기업소, 련합회사, 관리국이 국가예산수입을 넘쳐 수행하였다고 한다. 그리고 평양시 삼석구역, 평안북도 염주군, 황해북도 토산군, 함경남도 함흥시를 비롯한 196개의 시, 군에서 계획을 넘쳐 수행하여 2001년 지방예산수입계획을

75) 지방예산제는 지방들로 하여금 자체의 수입으로 지출을 메우고 남은 돈의 일부를 국가에 바치도록 하는 제도이다. 지방예산제를 강화 · 발전시키는데서 중요한 것은 군의 역할이라고 한다. 지방에서 군은 지방 살림살이운용 단위이며 군을 단위로 하여 예산편성과 집행을 실현하고 수입과 지출을 맞추기 때문에 군이 지방예산제의 기본단위가 된다는 것이다(서권혁, 「지방예산제와 군의 역할」, 『근로자』 1997년 제6호, 59~61쪽). 지방예산제는 1973년 처음 실시되었으나, 1990년대 초 경제위기가 시작되고 1994년부터 지방으로 경제 분권화가 심화, 세분화되면서 본격화되었다고 볼 수 있다.

76) 『조선중앙년감 2001년』, 174쪽.

110.9%로 수행함으로써 자체의 수입으로 지출을 보장하고도 중앙예산에 7억 7,984만 1,000원을 들여 놓았다[77]고 한다.

예산수입은 약 4.5% 늘어났고 계획을 수행하는 연합기업소도 2000년도에 비해 약 두 배 정도 늘어났지만, 지방에서 중앙으로 올리는 금액은 2000년도 것에 비해 약 58%(7억 7,984만 1,000원/13억 7,200만 원)밖에 되지 않았다. 이와 같은 현상이 일어나는 것은 지방의 중앙예산납부금이 지방 예산제 단위들에서 자체의 수입으로 지출을 보상하고 남은 돈의 일부를 국가의 수중에 동원하는 예산수입체계이기 때문이었다.

즉 지방에서 중앙으로의 기존 납부 방식은 지방에서 먼저 자신의 지출을 자신의 수입에서 보상하고 남은 돈의 일부를 중앙에 납부하는 방식이었다. 그러므로 지방에서 수입이 지출보다 적은 경우에는 중앙으로 납부하지 않아도 되었다. 이러한 형태의 납부 방식은 국가적으로 어려움을 겪고 있는 상황에서 지방자체살림살이를 우선시하는 것으로 비판의 대상이 되었으며, 2002년부터 새로운 지방예산편성 방법이 도입되었다.[78] 새로운 방법에서는 지방별로 국가에 지출할 몫을 규정해 주고 해당 예산집행 단위가 자체로 수입과 지출계획을 세우도록 한 것이었다.

---

77) 『조선중앙년감 2002년』, 164쪽.

78) 1994년 이전의 북한 예산수납체계는 위원회, 부, 연합기업소 등이 산하 기업소로부터 직접 징수하는 체계였던 것이 1994년부터 군 단위 독립채산제가 실시되면서 지방인민위원회가 관할지역의 공장 · 기업소로부터 징수하여 이를 중앙에 바치는 방식으로 바뀌었다. 그러다 2000년부터 내각을 중심으로 경제를 꾸리는 체계가 도입되면서 다시 재정수납의 관리 업무도 부와 관리국으로 이전되었다. 위에서 이전의 지방예산편성 방법이란 바로 부와 관리국에서 재정수납의 관리 업무를 관장하는 것을 가리킨다.

이전에는 지방예산수입 및 지출총액과 그 세부지표만 법화하고 중앙예산납부금은 법화하지 않았다. 지방예산편성 방법이 새롭게 도입되면서 지방은 스스로 계획을 세우는 자율권(경제 분권의 심화, 세분화로)이 주어졌으나 한편으로는 할당된 금액을 중앙에 납부하여야 되는 임무가 생긴 것이다. 즉 모든 지방은 자신의 살림살이를 스스로 책임지면서 창발성을 발휘하여 없거나 모자라는 자재는 대용 원료, 자재를 쓰거나 예비를 찾아내는 방법으로 생산을 진행하고 주어진 예산충원 할당액을 중앙에 납부하여야 하는 것이다.[79]

이것을 창발성이란 미명 아래 중앙에서 지방을 착취하는 방식이라고도 해석할 수 있다. 그러나 북한은 보상이 없는 맹목적인 창발성만을 강조하지 않았다. 연합기업소체제가 도입되고 경제공간의 활용이 제도화되면서 기업소는 생산을 늘리는 것에 대한 물질적 동기를 부여받았다. 그러나 기존의 국가납부체계는 이것을 실현하는 데 걸림돌로 작용하였다.

5. (과도기적) 사회주의경제관리원칙의 공고화 : 선군정치와 실리의 공존(7 · 1조치의 재해석)

원래 북한 예산수입의 가장 큰 원천은 거래수입금과 국가기업이익금이었다. 거래수입금은 원칙적으로 소비재를 생산 · 판매

79) 오선희, 「지방예산편성을 개선하는데서 나서는 몇가지 문제」, 『경제연구』 2002년 제2호, 42~43쪽.

하는 국영기업소나 생산협동조합이 제품의 도매가격의 일정비율에 해당하는 금액을 추가하여 소비자에 판매함으로써 얻어지는 부가수입으로서, 국가에 납입하여야 하는 금액을 말한다.

한편, 국가기업리익금이란 모든 국영기업소가 그 기업경영 활동에서 얻어지는 기업소 순소득 중에서 국가의 결정에 따라 기업소에 남겨놓고 쓰기로 된 금액을 제외한 나머지 부분으로서, 국가에 납부하여야 하는 금액을 말한다. 거래수입금은 간접소비세 그리고 국가기업이익금은 법인소득세로 이해될 수 있다.

그런데 북한의 입장에서 기존의 거래수입금과 국가기업리익금으로 이루어진 국가납부체계는 연합기업소체제가 심화되면서 더욱 강조된 '국가의 중앙집권적, 통일적 지도를 확고히 보장하면서 아래 단위의 창발성을 높이 발양시키다'는 사회주의경제관리 원칙에 비추어 보았을 때 문제가 있었다.

먼저 거래수입금은 생산물의 가격에 일정한 크기로 고정되어있어서 원가의 저하 또는 초과와는 관계없이 생산물이 실현된 양에 따라 국가에 납부됨으로 국가납부 몫과 근로자가 가져가는 생활비가 직접적인 연관관계를 가지지 못하는 제한성이 있었다. 즉 근로자 입장에서는 더 열심히 일한다 하여도 더 많이 가져가는 물질적 동기가 없었다.

한편 국가기업리익금은 기업소자체충당금[80]을 덜고 그 나머지로 납부한다. 국가입장에서 기업소가 생산계획을 100%수행하는 경우에는 문제가 되지 않지만 계획수행을 미달하는 경우에는 판매수입에서 원가를 보상하고 기업소 자체충당 몫 남기면 국가

80) 기업소리익금이라고 기업소 전체 이익에 일정한 비율을 곱하여 계산된다.

납부 몫이 적어지거나 미달되게 되어 있다.

더욱 문제가 되는 것은 국가납부금 몫이 사회순소득의 크기와 연관되어 있기 때문에(즉 사회순소득이 적어지면 국가납부금 몫도 같은 비율로 적어지기 때문에) 국가납부금 몫은 근로자의 생활비 몫과 기업소 자체충당 몫보다 큰 비율로 낮아 질수 있다. 따라서 근로자들은 자신들이 실지로 얼마를 벌어서 국가와 기업소에 이익을 주는 것에 대해서는 직접적으로 이해관계를 가질 수 없게 하는 제한성을 가진다는 것이다.[81]

이러한 문제점들을 보완하고 집단주의 테두리 안에서 개인 자신의 창발성을 높이는 것이 자신뿐만 아니라 전체의 이익과도 부합되는 방향으로 간다는 사회주의경제관리원칙[82] 을 고수하는 입장에서 북한은 2002년 새로운 국가납부체계이며 계획수행평가인 '번수입지표' 체계를 도입한다.

'번수입지표' 체계에서 기업소의 수입분배는 다음과 같이 이루어진다. 기업소판매수입에서 생활비를 던 원가를 제외한다. 그러면(V + M)[83]라는 번수입이 남는다. 이 번수입은 국가의 몫과

81) 장성은, 「공장, 기업소에서 번수입의 본질과 그 분배에서 나서는 원칙적요구」, 『경제연구』 2002년 제2호, 40쪽.

82) 이것은 2장에서 살펴본 '천리마작업반운동'의 기본 취지이며 '천리마운동'에서 '천리마작업반운동'으로 바뀐 이유이기도 하다.

83) 북한에서의 생산물의 가치구성은 다음과 같이 이루어진다. 소비된 생산수단의 가치(C로 표시), 자기를 위한 노동에 의하여 창조된 가치(V로 표시), 사회를 위한 노동에 의하여 창조된 가치(M로 표시)로 이루어진다. 번수입은 기업소의 생산물 가운데서 새로 만들어진 것을 판매하여 얻은 화폐수입으로 정의 되는데 이것은 V+M, 즉 자기를 위한 노동에 의하여 창조된 가치(V)와 사회를 위한 노동에 의하여 창조된 가치(M)의 합이 되는 것이다(장성은, 『경제연구』 2002년 제2호, 40쪽).

기업소 몫으로 구분되는데 국가 몫에는 국가기업리득금[84]과 지방유지금이 포함되며 기업소 몫에는 생활비와 자체충당금이 포함된다. 이때 번수입의 일정한 비율로 국가납부를 먼저 진행한다(그래서 국가의 이익을 먼저 보장한다). 그 나머지로 생활비와 자체충당금을 계산한다.[85]

번 수입을 국가기업리득금과 기업소가 쓸 자금으로 나누는 비율은 당과 국가의 재정정책에 의하여 규정하게 된다고 한다. 그것은 기업소가 쓸 자금의 많은 몫을 차지하는 평균생활비가 생산실적과 로동생산능률, 축적률 및 소비률에 의하여 당과 국가의 정책으로 규정되는 것과 관련되어 있다고 한다. 공장, 기업소들

84) '번수입지표' 체계가 도입되면서 국가 납부도 거래수입금이나 국가기업리익금이라는 두 공간이 아니라 국가기업리득금이라는 하나의 공간을 통하여 진행되도록 하였다. 그런데 거래수입금은 통합되었다기보다는 폐지된 것으로 보인다. 원래 거래수입금은 소비재에만 부가되었다가 1994년 군 단위로까지 독립채산제가 확산되면서 생산재에까지 부가되었다. 생산재까지 거래수입금이 부가되면서 거래수입금은 하나 특별한 기능을 갖고 있었는데 그것은 수익성에 따라 거래수입금을 조절하여 주어 생산재를 생산하는 기업소의 납부에 대한 부담을 더는 것이었다. 사회주의국가들의 경제관리에서 고전적으로 존재하는 일종의 '연성예산제한(soft budget constraints)'이었다. 그러나 번수입지표 체계가 도입되면서 북한에서 연성예산제한은 반(半)강성예산제한(semi-hard budget constraint)로 바뀌었다고 볼 수 있다.

85) 번 수입을 국가기업리득금과 기업소가 쓸 자금으로 나누는 비율은 당과 국가의 재정정책에 의하여 규정하게 된다고 하는데 그것은 기업소가 쓸 자금의 많은 몫을 차지하는 평균생활비가 생산실적과 노동생산능률, 축적률 및 소비률에 의하여 당과 국가의 정책으로 규정되는 것과 많이 관련된다고 한다. 공장, 기업소들에서 노동생산능률의 장성이 평균생활비의 장성을 능가하는 경우에는 단위제품의 가격에서 V몫의 감소와 M의 몫의 증대라는 두 요인이 동시에 작용함으로써 노동생산능률장성보다 더 빠른 속도로 장성한다. 따라서 노동생산능률을 평균생활비보다 앞세우는 것은 사회순소득을 높은 수준으로 장성시키기 위한 중요한 조건이 된다는 것이다(장성은, 『경제연구』 2002년 제2호, 41쪽).

에서 로동생산능률의 장성이 평균생활비의 장성을 능가하는 경우에는 단위제품의 가격에서 V몫을 감소시키고 M의 몫의 증대라는 두 요인이 동시에 작용함으로써 노동생산능률장성보다 더 빠른 속도로 장성한다. 따라서 로동생산능률장성을 평균생활비장성보다 앞세우는 것은 사회순소득을 급속히 장성시키기 위한 중요한 조건이 된다는 것이다.

번수입지표 체계는 두 가지 측면에서 독립채산제기업소의 경영활동에 대한 물질적자극의 공간이 된다고 한다. 먼저 번수입계획수행률을 기준으로 하여 자체충당금 몫을 규정하는데, 이렇게 되면 번수입이 많으면 많을수록 자체충당 몫도 많아지고 번수입이 적으면 그만큼 자체충당 몫도 적어지게 된다.

그리고 생활비 몫은 종업원 한 사람당 번수입 기준에 번수입계획실행률을 곱하여 타산하게 되므로 번수입계획실행률을 높여야 생활비 몫을 늘릴 수 있으며(즉 생산물(작업)의 양과 질에 따라, 노동시간 이용정형에 따라, 지출된 노동의 차이에 따라 개별적 생산자들마다 차이가 있게 분배됨으로), 일한 만큼 가져가는 사회주의 분배 원칙을 올바르게 구현하게 된다는 것이다.[86)]

이렇듯 국가납부에서 '번수입지표' 체계로의 전환은 북한에서 연합기업소체제를 1986년부터 전면적으로 도입하고 본격적으로 추진한 '경제관리의 합리화,' 즉 '계획의 합리화'의 마일스톤(milestone)이었다. 북한은 2002년 7월 1일 '경제개선조치(7 · 1조치)'를 취하는데 일반적으로 알려진 것과 같이 '7 · 1조치' 실시되

86) 리영근, 「기업소경영활동에서 번수입을 늘이기 위한 방도」, 『경제연구』 2003년 제1호, 43쪽.

면서 북한에서 시장으로의 개혁이 시작된 것이 아니라 7·1조치를 분기점으로 자신들이 1986년부터 추구하여온 '경제관리의 합리화'의 완성된 모습을 갖추었다고 보는 것이 북한현실을 반영한 보다 현실적인 분석이다.

7·1조치의 핵심 키워드(keyword)는 '실리'이다. '실리'가 『경제연구』에 처음 등장하는 것은 1999년 제1호, 송경남의 논문, "자립적민족경제는 가장 효률적인 경제"에서였다. 송경남은 자신의 논문에서 다음과 같이 주장하고 있다.

> 경제사업에서 실리를 중시하고 실제적인 리익이 나게 하는 것은 오늘 자립경제의 위력을 높이 발양시키기 위한 중요한 요구이다. 원래 자립적민족경제는 가장 효률적인 경제이지만 그 우월성은 결코 저절로 발양되지 않는다. 오직 실리를 중시하는 사업태도를 가지고 경제사업에서 나서는 모든 문제를 실제적인 리익이 나게 풀어나갈 때 그 생활력이 남김없이 발휘되게 된다…(중략)… 이러한 조건에서 주관과 욕망만 앞세우지 말고 나라의 구체적인 경제형편에 맞게 경제사업을 조직하여야 한다. 계획화사업과 자재보장사업 등 경제사업의 모든 고리들에서 지난날의 기준에 구애됨이 없이 나라의 경제생활이 어려운 오늘의 조건에 맞게 모든 사업을 실제적인 리익을 보장하는 원칙에서 조직하고 전개하여야 한다.[87]

송경호의 주장의 요지는 이제 '경제관리(계획)의 합리화'의 전모(全貌)가 나타나고 곧 실행될 예정이니, 이전의 체제의 기준에 구애받지 말고 모든 경제사업을 실제적인 이익이라는 관점에서 조직하고 실행하여야 한다는 것이다.

87) 송경남, 「자립적민족경제는 가장 효률적인 경제」, 『경제연구』 1999년 제1호, 19쪽.

3장 앞부분에서도 언급되었지만 북한 경제사업에서 연합기업소체제를 관철시키는 데 가장 어려운 점은 쉽게 바뀌지 않는 사람들의 의식과 문화였다. 북한은 연합기업소체제를 1986년에 본격적으로 도입하였으나 사람들의 의식과 경제행위를 지배하는 문화는 신속하게 새로운 체제에 맞게 변하지 않았다.

북한은 상황에 맞게 제도를 바꾸어 가면서 점증적인 이행을 추구하면서 16년이라는 시간이 지난 후 마침내 새로운 체제에 부합하는 제도의 틀을 갖추게 된 것이었다. 송경호의 논문 이후 '실리'는 『경제연구』에 실린 논문에서 가장 많이 등장하는 단어가 되었는데 실리와 비슷한 시기에 등장한 단어가 있었다. 바로 '선군'이었다. 리종서는 자신의 논문에서 다음과 같이 주장하였다.

> 지난해 주체88(1999)년은 강성대국건설에서 위대한 전환이 일어난 력사의 해였다. 최근 몇해동안 우리 인민은 류례없는 시련의 언덕을 넘어왔다. 우리가 벌린 '고난의 행군', 강행군은 우리 식 사회주의를 지키기위한 결사전이였다. 지난해 우리 인민은 불굴의 투쟁을 벌려 여러해째 계속된 어려운 행군을 구보행군으로 전환시켜놓았다. …(중략)… 위대한 장군님의 혁명령도는 선군정치이다…(중략)… 올해 주체89(2000)년은 위대한 당의 령도따라 강성대국건설에서 결정적전진을 이룩해나가는 총진격의 해이다…(중략)… 경제일군들은 사상중시, 총대중시, 과학기술중시로선을 튼튼히 틀어쥐고 사회주의경제강국건설을 다그쳐나가야 한다. 사상과 총대, 과학기술은 강성대국건설의 3대기둥이다…(중략)… 경제사업에서 실리를 철저히 보장하는 것이 중요하다. 경제사업에서 실리를 보장하는 것은 경제적 효과성을 높이기 위한 중요한 요구이다. 경제사업에 대한 지도관리에서 경제적효과성을 타산하여 실리주의적원칙에서 리익이 큰 부

문부터 틀어쥐고 하나씩 추켜세우는 방법으로 인민경제를 활성화하도록 하여야 한다.[88]

리종서는 1999년 '고난의 행군'의 가장 어려운 시기는 끝났다고 주장하는데 이것은 『조선중앙년감 1999』에 나와 있는 것과 같이 국가예산수입총액이 1995년부터 1997년까지 연속으로 마이너스 성장을 하다가 1998년 미약하지만 전년도에 비해 플러스 성장(조선중앙년감에 의하면 1998년 이후 북한은 연속으로 플러스 성장을 하였다)을 한 것과 같은 맥락에서 이해될 수 있다.

리종서는 '선군정치'가 김정일이 북한을 영도할(지도할)방침이라면서 그 영도의 방향은 '강성대국건설'이고 사상과 군대 그리고 과학기술이 강성대국건설의 3대 축이며 경제사업에서는 철저히 실리를 관철시켜야 한다고 하였다. 리종서의 주장을 종합하여 보면 '선군정치,' '강성대국건설' 그리고 '실리'는 각각 다른 개념이 아니라 서로가 서로의 전제조건이며 실현의 수단과 방식이 된다. 즉 '선군정치'를 통해 '실리'를 관철시키며 '강성대국'을 건설하겠다는 것이다.

'선군정치'는 일반적으로 북한이 절체절명(絕體絕命)의 경제위기 상황 속에서 모든 역량을 군에 집중하여 체제수호의 목적으로 나왔다는 것으로 이해되어왔다. '선군정치'가 북한의 공식 문헌에 등장한 것은 1998년부터이다. 그런데 위에서 살펴본 것과 같이 북한의 경제는 1998년부터 마이너스 성장을 멈추고 미미하지만 플

88) 리종서, 「위대한 김정일동지께서 제시하신 혁명적경제정책은 사회주의경제강국건설의 전투적기치」, 『경제연구』 2000년 제1호, 2~3쪽.

러스 성장으로 돌아서고, 북한은 1999년을 마무리 하면서 공식적으로 '고난의 행군'이 '구보의 행군'으로 바뀌었음을 선언하였다.

『조선중앙년감』, 『근로자』, 『경제연구』 등 북한의 공식 문헌들도 이구동성(異口同聲)으로 북한의 경제사정은 1999년을 분기점으로 가장 어려운 시기는 지났음을 시사하고 있다. 북한의 공식 문헌이 모든 거짓이 아니라면 '선군정치'가 나온 배경에 대한 일반적인 이해는 재고(再考)되어야 한다. 그렇다면 '선군정치'를 통해 '실리'를 관철시키며 '강성대국'을 건설하겠다는 것은 어떻게 이해하여야 하나?

1장에서 살펴본 것과 같이 북한은 독특한 과도기론을 가지고 경제건설을 추진하여왔다. 사상적 목표와 경제적 목표 중 하나만을 강조하고 절대화시키며 양극단을 달린 소련과 중국과는 달리 북한은 경제발전 목표와 사상적 목표 중 어느 것도 절대화하지 않았지만, 인간의 의식과 사상적 목표를 우위에 두고 여기에 물질적 조건과 경제 발전 목표를 결합시키며 공산주의로의 이행을 추구하였다.

북한 지도부에게 과도기에서 문제가 되는 것은 사회주의사회 제도와 개인의 의식 사이의 모순, 즉 집단주의적인 사회 제도와 개인주의적인 의식과 그것이 반영된 생활 태도의 모순이었다. 그러므로 북한에서 과도기의 핵심적인 과제는 집단주의적 사회 제도에 부합되게 개인의 의식과 행위를 공산주의적으로(집단주의적으로) 변화시키는 것이 된다.

이러한 북한의 과도기론은 실천적으로 정책화되어 현실에 적용되면서 북한 경제의 내용과 구조를 이루는 이론적 근간이 되었는데 지금까지 분석되었듯이 북한의 과도기에 대한 이러한 해석과 입장은 경제건설에서 비록 실행착오를 겪기는 하였지만 견지되는 방향에서 추진되어왔다.

북한의 경제위기는 사회주의경제권의 붕괴로부터 촉발되어 1994년에 이르러 심화, 악화되는데 북한은 경제공간을 활용한 경제관리의 합리화를 핵심으로 하는 연합기업소체제를 가지고 대처하게 되었다. 연합기업소체제는 이미 1986년부터 전면적으로 도입된 것으로 북한은 경제위기에 대처하기 위해서 경제관리의 합리화, 즉 계획의 합리화를 추진한 것이 아니라, 계획의 합리화 조치인 연합기업소체제가 경제위기를 맞으면서 더욱 심화·발전되었던 것이다.

연합기업소체제 안에서 시장은 북한에서 자원배분의 중요한 기제가 되었으며 경제위기로 더욱 탄력을 받아, 북한 경제 전반으로 확산되었다. 또한 북한의 지방은 이미 오래전부터 지방의 소비재 수요를 그 지방의 유휴자원과 내비를 동원하여 스스로의 생산으로 충당하고 있었다. 이러한 지방의 소비재 생산을 담당하는 공장·기업소들은 그 성격상 계획의 대상이 아니었으며 원래부터 비계획 부문이었다.

연합기업소체제가 도입되고 지방의 자급자족적 생산체계는 더욱 강조되고 요구되었다. 따라서 이들의 시장적 성격과 요소는 더욱 강화되었으며 국가가 경제위기를 맞으면서 한층 더 탄력을 받아 심화 확산되었다. 그리고 한편에서 북한은 국가납부체계를 '번수입지표' 체계로 바꾸면서 마침내 경제관리(계획)의 합리화 체계의 틀을 완성하였다.

종합하여 보면 북한은 경제공간의 활용을 통한 경제관리 합리화, 즉 계획의 합리화를 경제위기가 오기 이미 오래전부터 진행시키고 있었으며 시장은 북한 경제 자원배분에서 중요한 역할을 담당하게 되었다. 경제위기는 이러한 북한의 경제관리 합리화 안에서 추동되었던 경제 분권화를 더욱 가속시켰다.

이것은 공산주의 이행을 위해 확보하고 도달하여야 할 사상적 목표(사상적 요새)와 경제적 목표(물질적 요새) 중 경제적 목표가 우선시 되는 것이었으며 특히 '고난의 행군' 시기 심각한 양상으로 나타났다. '혁명적 경제전략' 아래 연합기업소체제와 경제 분권화가 심화되면서 자원배분에서 시장의 역할이 증대하자 기관본위주의, 즉 이기주의 그리고 자유주의가 확산되었던 것을 홍성남의 다음의 글에서 확인할 수 있다.

> 기관본위주의는 개인주의의 변종으로서 집단주의에 기초한 사회주의사회에서는 절대로 허용될수 없다. 기관본위주의가 허용되고 자라나면 일정한 기관의 리익의 범위를 벗어나 사회적으로 비사회주의요소를 부식 시키는 온상으로, 사회주의경제제도를 좀 먹는 위험한 독소로 되게된다. (중략)··· 특히 일군들은 자기부문, 자기 단위의 특수성을 내세우면서 경제사업에서 제기되는 모든 문제를 정무원에 집중시키고 정무원의 결론과 지시에 따라 집행해나가지 않는 현상을 당을 기만하고 나라의 경제적진지를 약화시키는 현상으로 보고 강한 투쟁을 벌려야 하며 모든 부문, 모든 단위들에서 설비와 자재, 수송, 건설 문제를 비롯하여 경제사업에서 제기되는 모든 문제를 정무원에 집중시키고 정무원의 주관하에 풀어나가야 한다. 그리하여 경제사업에 대한 정무원의 통일적인지휘와 통제를 강화하고 나라의 인적, 물적 자원을 경제전략수행에 최대한 동원할수 있게 하여야 한다.[89]

---

89) 홍성남, 「정무원책임제, 정무원중심제를 강화하여 사회주의경제건설에서 새로운 전환을 일으키자」, 『근로자』 1996년 제7호, 68~69쪽.

이기주의 그리고 자유주의가 확산되었던 것에 대처하기 위해 북한은 위의 홍성남의 글에서도 나타나지만 정무원을 경제사령탑으로 하고 경제사업에서 제기되는 모든 문제를 정무원에 집중시켜 정무원의 주관하에 풀어가게 하였다. 즉 모든 경제사업을 정무원의 통일적인 지휘와 통제 밑에서 진행시켜 경제에서 규율을 잡고 질서를 세우려고 하였던 것이다.

경제를 정무원책임제로 운영한다는 것은 김정일의 제가를 받은 당의 공식정책이었으나 현실에서 잘 수행되지 않았다. 공장·기업소들과 사람들은 경제 분권화가 10년 넘게 지속되면서 시장이라는 제도(institution)에 길들여져 있었으며 당 조직들도 동요하고 있었다. 이러한 현상은 김선의 아래 글에서도 확인할 수 있다.

> 장악과 통제는 당적지도를 실현하는 기본형식이며 당조직의 중요한 기능의 하나이다…(중략)…가르쳐주고 도와주어 옳은 방향으로 이끌어주는 것이 지도인것만큼 장악과 통제가 없이는 도대체 지도가 이루어질수 없다. 당정책을 틀어쥐고 그 집행을 장악지도 되도록 하는 것이 당적지도이며 정책적지도이다. 당조직들은 당정책이 제대로 관철되지 않고있는 것을 보고도 걱정만 하면서 속수무책으로 있어서는 않된다. 당조직들이 하늘이 무너지는 한이 있더라도 당의 경제정책이 무조건 그대로 집행되도록 철저히 장악통제하고 지도하면서 강하게 투쟁하여야 경제문제와 인민생활문제를 성과적으로 풀어나갈수 있다.[90]

북한으로서는 매우 중대하고 심각한 문제에 봉착하게 된 것

[90] 김선, 「경제건설과 인민생활을 추켜세우는 것은 당조직들 앞에 나서는 책임적인 사업」, 『근로자』 1997년 제8호, 27쪽.

이었다. 그리고 경제위기의 가장 어려운 시기를 지나고도 '경제적 목표'의 우위를 지속적으로 허용, 용인 한다며 북한의 과도기론도 바뀌어야 한다. 그러나 그것은 북한의 정체성을 바꾸는 것과 같은 일이며 북한이 자신의 과거를 부정하지 않는 한 불가능하다.

이런 측면에서 분석하여 볼 때 북한이 '선군정치'를 '실리'와 같은 시기에 갖고 나온 배경은 선군정치를 사상적 목표의 내용으로 삼고 선군정치의 지도를 통해 경제적 목표를 달성하겠다는 것으로 해석할 수 있다. 즉 다시 과도기론으로 돌아가서(다시 원칙으로 돌아가서) 사상적 목표와 경제적 목표 중 어느 것도 절대시 하지 않지만 다시 사상적 목표를 우위에 두고 그것을 경제적 목표의 지도 방침으로 삼아 경제건설을 추구하겠다는 것[91]이었다. 북한은 이것을 헌법 개정을 통해 제도화시킨다.

1998년 개정 헌법은 주석제를 폐지시키고 국방위원회를 국가 최고 통치 기관 격(格)으로 강화시키고 내각을 부활시켰다. 국방

[91] 김동남의 다음의 글은 이를 확인시켜준다. "선군정치는 혁명군대를 단순히 무장한 집단으로만이 아니라 혁명의 기둥, 핵심력량으로 보는 주체적관점에 기초하여 우선적으로 군대를 강화하고 그에 의거하여 사회주의를 고수하고 혁명과 건설 전반을 밀고 나가는 특이한 정치방식이다. 그것은 본질에 있어서 혁명군대의 강화를 통하여 인민대중의 자주적지위를 보장하고 인민대중의 창조적역할을 최대한으로 높이는 정치방식이다… (중략) 선군정치는 혁명군대를 사상의 강군, 신념의 강군으로 키우고 그에 기초하여 전민을 사회주의사상으로 무장시키는 정치방식이다… (중략) 경애하는 장군님의 선군령도과정에 혁명적군인정신이 창조되고 그것이 전체 인민들속에 일반화됨으로써 사회주의경제건설에서는 일대 비약의 나래를 달아 주는 강계정신이 나오고 성강의 봉화, 락원의 봉화가 온 나라에 타오르게 되었다. 이것은 '고난의행군'을 승리적으로 결속하고 강성대국건설을 위한 사회주의붉은기진군을 힘차게 벌려 나갈수 있는 중요한 추동력으로 되었다(김동남, 「위대한 령도자 김정일동지의 선군정치는 사회주의경제강국건설의 결정적담보」, 『경제연구』 2001년 제3호, 2~3쪽).

위원회가 최고 통치 기관이 아니라 최고 통치 기관 격이 되는 것은 국방위원회가 주석에게 부여된 모든 권한을 가지는 것이 아니기 때문이다.

『노동신문』은 북한의 국가체제를 "국방위원회가 나라의 모든 정치, 군사, 경제적 역량을 통솔, 지휘하는 가장 혁명적인 정치체계"[92]라고 설명하였는데 국방위원회의가 북한의 모든 부문을 통솔, 지휘하는 방식은 모든 정책과 행정에 직접 관여하여 집행하는 행정적 방식이 아니라 1998년 개정헌법 제60조[93]에 명시되어있는 것과 같이 군대와 인민을 정치사상적으로 무장시키는 정치적 방식이었다.

개정헌법 제32조는 "국가는 사회주의경제에 대한 지도와 관리에서 정치적지도와 경제적지도, 국가의 통일지도와 매개 단위의 창발성, 유일적지휘와 민주주의, 정치도덕적자극과 물질적자극을 옳게 결합시키는 원칙을 확고히 견지하다"라고 명시되어 있어 경제운영을 내각책임제로 한다는 것을 분명히 하고 있으며 지금까지 만연되었던 '경제적 목표'의 우위에 둔 정책과 그에 따라 형성되어온 현실에 대한 시정이 있을 것임을 예고하였다.

1998년 개정헌법이 던지고 있는 핵심적인 메시지를 정리하여 보면 다음과 같다. 국가체제를 국방위원회를 중심으로 개편하였는데 국방위원회의 가장 중요한 권한과 임무는 국가의 모든 역량

92) 『로동신문』 1999년 9월 5일자 사설.
93) "군대와 인민을 정치사상적으로 무장시키는 기초우에서 전군간부화, 전군현대화, 전민무장화, 전국요새화를 기본내용으로 하는 자위적군사로선을 관철한다."(편집부, 「조선민주주의인민공화국 사회주의헌법」, 『근로자』 1998년 제10호, 26쪽.

을 사상을 우위에 두고(또는 사상적으로) 통솔, 지휘하는 것이며 경제는 내각책임제로 운영하여 경제에서(북한 과도기론에 기초한) 규율을 잡고 질서를 다시 세우겠다는 것이었다.

내각은 국방위원회의 정치사상적 지도를 받기 때문에 경제를 내각책임제로 운영한다는 것이 정치와 경제가 각자 자신의 고유한 영역을 갖고 운영되는 체제를 의미하는 것은 아니었다. 오히려 이것은 마치 국가운영체제에 '대안의 사업체계'를 도입한 것과 흡사하다.

즉 당위원회의 집체적 지도하에서 당 비서는 당 사업을 담당하고 지배인은 행정 기술 사업을 담당하는 것과 마찬가지로 국방위원회의 (정치사상적) 지도하에 내각이 국가의 모든 경제사업을 담당하고 책임지는 것과 매우 유사한 형태이다. 다시 사상에 우위를 두고 경제를 꾸려가겠다는 것이 '선군정치'와 '실리'가 동시에 등장하게 된 배경이었다.

제3장 보론

3장 3절에서 분조관리제가 사회주의 제도하의 농촌에서 가장 높은 단계의 경제 분권화 조치라고 할 수 있는 것은 이보다 더 높은 단계의 분권화, 즉 중국의 개혁 초기 시행되었던 가족영농제(household responsibility system)와 같은 분권화는 사회주의 농업체제 자체를 해체하는 결과를 갖고 오기 때문이다. 박재성은 중국이 개혁 초기 시행되면서 중국식 사회주의체제를 지탱하였던 인민공사(people's commune)를 해체시키는 데 주동적인 역할을 한 가족영농제를 다음과 같이 비판하고 있다.

> '가족단위도급제'나 '개인포전도급제'는 협업과 분업의 우월성을 효과적으로 리용하는데서 제한성을 가지는 불합리한 방법으로 된다. 그것은 여기에서 아무리 여러 새부공정작업이라 하여도 한가족안에 로력자들이나 개별적사람들의 분업을 조직하고 협업을 조직하지 않으면 안되기 때문이다. 따라서 여기에서는 모든 영농작업을 제철에 질적으로 할수 없으며 로동지출의 효과성을 높일수 없다. 또한 그것으로 하여 농민들은 집단주의사상으로 무장시킬수 없게 한다.[94]

박재성은 분조관리제가 생산과 노동에서 분조단위책임제이며 로동보수에서는 집단적인 도급지불제임을 강조한다. 즉 10~25명으로 구성되어 있는 분조가 생산 단위이자 회계 단위가 된다는 것이다. 그런데 흥미로운 점은 그가 농민들로부터 생산의 동기(incentive)를 제고하기 위하여 각 분조의 실정에 맞게 (각 분조마다 토지와 생산 조건이 같지 않으므로) "(협동)농장이 국가표준노동정량에 기초하여 분조의 실정에 맞는 종합로동정량과 세부로동정량을 시기별, 계절별에 따라 능동적으로 정해야"한다[95]고 강조하고 있는 것이다.

북한이 분조관리제를 고집하고 강조하는 것은 박재성이 지적하였지만 분조관리제가 농민들의 집단주의사상을 제도 안에서 유지, 도모할 수 있기 때문이다. 그런데 고정된 어느 한 형태의

94) 박재성, 「분조가 기본분배단위로 기능하는 것은 현 시기 농업생산을 빨리 발전시키기 위한 중요한 방도」, 『경제연구』 2004년 제2호, 18쪽.
95) 박재성, 위의 글, 18쪽.

분조관리제가 일률적으로 모든 분조에게 똑같이 적용된다면 농민들의 생산의욕을 저해할 수 있기 때문에 집단주의사상이 크게 훼손되지 않는 한도 내에서 분조관리제도 각 분조가 처해있는 환경과 가지고 있는 조건에 따라 유연하게 운영될 수 있다는 것이다.

2004년 12월 당시 무역상이었던 김용술은 『조선신보』와 가진 인터뷰에서 "2002년 이후 토지사용료와 비료, 디젤유, 농약, 종자 등 농업경영에 들었던 비용을 내놓고 나머지는 분조 단위에서 마음대로 쓸 수 있게 됐다"고 밝히면서 "협동농장 분조를 더 작은 단위로 하는 포전담당제가 시범적으로 도입됐다"[96]고 하였다. 김용술의 인터뷰 내용은 박재성이 『경제연구』에서 강조하였듯이 (시범적이어서 그 수가 제한적이긴 하지만) 실재로 현실에서 분조관리제가 각 분조가 처해있는 환경과 가지고 있는 조건에 따라 유연하게 운영되고 있음을 뒷받침해준다.

그렇다면 북한은 왜 분조관리제의 기본적인 틀(집단주의의 틀)을 유지하면서 상황과 환경에 따라 분조 구성인원의 수를 조정하여야 했을까? 박재성이 강조하였듯이 각 분조의 실정과 처한 환경이 다른 것도 중요한 이유이겠지만 현실적으로 더욱 중요한 이유가 있었다. 그것은 바로 경제위기로 인하여 농업을 기존의 방식으로 운영할 수 없었기 때문이었다. 북한은 농촌을 협동농장으로 재조직하면서 조각조각 흩어져 있었던 농경지를 통합 정리

96) 정창현, 「농업 분조장대회와 포전담당제 〈연재〉 정창현의 '김정은시대 북한 읽기'(40)」, 『통일뉴스』, 2014년 2월 3일자, http://www.tongilnews.com/news/articleView.html?idxno=105884.

하고 농민들의 노동과 집에서 손쉽게 얻을 수 있는 퇴비보다는 경운기와 같은 기계와 화학비료에 의존하여 농사를 지었다.

그러나 경제위기로 인하여 경운기를 제대로 돌릴 수 없었고 화학비료도 충분히 확보되지 않게 되자 통합 정리된 대규모의 농경지에서 예전 방식으로 농사를 지을 수가 없었다. 따라서 다시 농경지를 소수의 인원으로 농사를 지울 수 있는 규모로 나누고 소수의 인원이 생산을 책임지는 '포전담당제'를 일단 실험적으로 실시할 수밖에 없었을 것이다. 그러나 포전담당제가 분조관리제로 대치하는 것이 아니라 철저히 분조관리제 안에서 실시되게 하여(즉 생산 단위는 분조보다 작은 단위로 조정하였으나, 회계 단위는 분조 단위에서 이루어지게 하여) 집단주의의 끈을 놓지 않으려고 하였던 것으로 추정된다.

이렇게 시범적으로 실시되었던 포전담당제는 재일본조선인총연합회(조선총련) 기관지 『조선신보』가 2014년 12월 29일자 평양발 기사에서 북한이 올해 극심한 가뭄에도 농업 증산을 달성했다며 이는 "포전담당책임제와 같은 김정은 시대 농업시책이 온나라 협동벌의 현실에 착실히 뿌리내려 거대한 생활력을 발휘하고 있다는 증명자료"라고 보도하면서 다시 주목받기 시작하였다.

위에서 살펴보았듯이 포전담당제는 이미 '고난의 행군'시기부터 시범적으로 실시되고 있었는데 오랜 시범단계를 거쳐 2012년부터 공식 정책으로 채택되어 전국적으로 시행된 것으로 보인다. 그러나 '고난의 행군'시기 시범적으로 실시되었던 포전책임담당제와 2012년 공식 정책으로 채택되어 시행되고 있는 포전책임담당제와는 차이가 있는 것 같다. 『조선신보』는 2015년 1월 26일

평양지국 발로 북한 사회과학원 경제연구소 리기성 교수를 인용해 다음과 같은 보도를 하였다.[97)]

> 지난 2013년 3월 전원회의 이후 북한이 경제건설과 핵무력건설을 병진시키는 전략적 노선을 채택한 이후 북한의 국내총생산은 최근 연간 꾸준히 상승하고 있다. 또한 병진노선에 따라 국가의 자금이 늘어난 것만큼 그것을 인민생활과 직결되는 농업, 경공업 부문에 돌리도록 하였으며 경제발전에서 선도적 역할을 하는 과학기술 부문과 건설 부문에 대한 투자액도 늘렸다.

리기성 교수는 식량생산에 관하여 보다 구체적으로 언급하였는데 병진노선이 채택된 2013년 알곡생산은 전년에 비해 32만 6천 톤이 늘었으며, 지난해(2014년)에는 '100년만의 보는 심각한 가뭄'에도 불구하고 증산을 이루었다고 한다.

이 교수는 이러한 악조건에서도 증산이 이루게 된 요인으로 먼저 화학비료 생산량이 전년 대비 40% 이상 늘어나 국내 수요를 충분히 충족시킨 것에서 찾았고 다음으로 "협동농장 분조관리제 안에서 시행되는 포전담당책임제가 농민들의 생산열의와 결부되어 알곡증산의 또 다른 요인이 되고 있다"고 하였다.

나아가 그는 포전담당책임제가 식량증산에 실효성을 가질 수 있었던 것은 두 가지 객관적 조건이 충족되었기 때문에 가능하였다고 한다. 그에 따르면 두 가지 객관적 조건이란 먼저 김정

97) 이승현 기자, 「北, 병진노선에 힘입어 최근 착실히 경제성장」『조선신보』; 「병진노선과 우리식 경제관리방법, 두축으로 경제부흥 다그쳐」, 『통일뉴스』, 2015년 1월 26일자, http://www.tongilnews.com/news/articleView.html?idxno=110691.

일 국방위원장의 영도에 의해 2000년대 들어 실현된 전국 규모의 토지정리와 자연흐름식 물질의 정비, 즉 농업생산의 물질적 토대 구축이라는 조건과 김정은시대 병진노선에 따르는 농업에 대한 국가투자의 증대가 또 다른 객관적 조건이라고 한다.

리기성의 말을 종합하여 보면 다음과 같다. 북한은 2000년 전까지 경제위기로 인하여 당시 식량생산에 필수적인 석유가 농업부문으로 공급되지 못하자 불가피하게 (상황과 조건에 따라서는 분조 구성 인원수보다 적은) 소수의 인원으로 농사를 짓을 수 있도록 농지를 분할하여 식량생산을 하였다. 그러나 '고난의 행군'이 '구보의 행군'으로, 즉 경제위기 최악의 상황에서 벗어나는[98] 2000년부터 분할된 농지를 다시 통합, 재정리하고 농업생산에 필수적인 농기계생산 공장과 특히 화학비료 공장을 정상화하는 사업에 들어갔다.

최고 지도자가 된 김정은은 2013년 경제건설과 핵무력건설 병진노선을 채택하였는데, 이것은 북한의 국가 투자 정책이 '선군정치' 시기 국방에 대한 투자를 최우선시하는 편파적인 것에서 경제에 대한 투자도 국방에 대한 투자만큼 하는 균형적 것으로 선회되었음을 의미한다. 김정은시대에 추진되고 있는 이러한 균형적 투자정책은 2014년에 가시적인 성과들로 나타나는데 이것들이 바로 리기성이 위에서 열거한 것들이다.

결국 농업에 대한 투자가 예전처럼 이루어지고 농업생산기반이 정상화되면서 식량생산이 안정적으로 늘어났다는 이야기이

98) 제3장에서 살펴보았듯이 『경제연구』와 같은 북한의 공식문헌은 '고난의 행군'에서 '구보의 행군'으로 바뀐 시기를 1999년으로 보고 있다.

다. 그렇다면 리기성이 강조하고 있는 포전담당책임제가 농민들의 생산열의, 즉 생산에 대한 동기를 높여 식량생산을 늘이는 데 기여하였다는 것은 어떻게 이해될 수 있을까?

리기성은 화학비료의 충분한 공급과 더불어 협동농장 분조관리제 안에서 시행되는 포전담당책임제가 식량생산을 늘리는 또 다른 요인이 되고 있다고 하였다. 리기성의 위의 주장을 3장에서 살펴본 '실리'의 맥락에서 분석하여 본다.

화학비료를 충분히 하는 것과 같은 농업생산기반의 정상화는 식량생산을 높이는 데 필요조건(necessary condition)과 같은 것이다. 그러나 이것만으로 식량생산을 안정적으로 높일 수 없다. 농민들이 식량생산을 높이는 데 대한 물질적 보상을 충분히 받지 못한다면, 즉 식량생산을 높이는 데 대한 농민들의 물질적 동기(material incentive)가 없으면, 농민들의 생산에 대한 의욕을 높일 수 없어 생산을 자원이 가지고 있는 가능성의 한계만큼 최대한 늘일 수 없으며 3장에서 살펴보았듯이 자원의 낭비가 초래될 수 있다.

또한 농작물은 공장에서 기계로 생산되는 물건과는 달리 농민들의 관심과 돌봄(care)에 지대한 영향을 받아 생산된다. 그러므로 생산기반이 충분히 마련되었다고 하여도 생산을 최대한 늘리기 위해서는 생산을 직접 담당하는 농민들이 농작물에게 대한 보다 많은 관심을 갖고, 보다 섬세한 돌봄을 줄 수 있도록 그들의 이러한 행위가 물질적 동기와 연동되어야 한다.

즉 농민들에게 농작물 생산에 대한 물질적 동기를 부여하는 것은 식량생산을 안정적으로 높이는 충분조건(sufficient condition)

이 된다고 할 수 있다. 따라서 농지가 다시 통합, 재정리되고 생산기반이 정상화되어 협동농장 분조 단위에서 생산이 다시 이루어지게 되었으나, 분조원들의 생산에 대한 평가를 더욱 정밀히 그리고 보다 정확하게 하기 위해(농민들에게 생산증산에 대한 물질적 동기를 주기 위해) 3~5명의 분조원이 하나의 포전[99]을 담당하게 하여 생산을 책임지게 하도록 한 것이다.

일각에서는 포전책임담당제가 사실상 개인영농제로 이행하는 전 단계인 가족영농제와 유사하다는 평가[100]도 하고 있으나, 북한에서 현재 실시되고 있는 포전담당책임제와 중국 개혁 초기 실시되었던 가족 단위 생산책임제는 본질적으로 다르다.

포전담당책임제는 분조관리제 안에서 실시되는 것으로 포전담당책임제가 분조관리제를 대처하는 것이 아니다. 식량생산은 여전히 협동농장의 기본단위인 분조에서 담당하지만(즉 10~20명으로 이루어진 분조가 다시 통합, 정리된 농지에서 농작물 생산에 필요한 화학비료와 같은 생산요소를 공급받아 식량생산을 하지만), 분조원들에게 생산에 대한 동기를 부여하고 이를 정확히 평가하기 위해 농작물 생산의 특성상 분조원을 다시 3~5명으로 나누어 한 포전씩 담당하게 하여 생산에 대한 평가를 하고 이것을 분배에 반영하겠다는 것[101]이 포전책임담당제이다.

99) 협동농장에서 분조가 담당하고 있는 농지는 여러 개의 포전으로 이루어 졌다고 할 수 있다.

100) 이영재 기자, 「북한, 포전담당제로 식량난 해결 발판 마련」, 『연합뉴스, 2014년 12월 29일자, http://www.yonhapnews.co.kr/bulletin/2014/12/29/0200000000AKR20141229011800014.HTML?input=1195m.

101) 3~5명의 분조원이 한 포전을 담당함으로써 누가 얼마나 열심히 일하였는지에 대한 평가가 용의하여지고 이에 따라 일한 만큼 가져가는 사회주의

이런 측면에서 볼 때, 포전책임담당제는 농업에서 "사회주의원칙을 확고히 지키면서 가장 큰 실리를 얻을 수 있는 경제적 관리방법"의 일환, 즉 농업에서 집단주의(협동농장체제)를 고수하는 틀에서 계획의 합리화를 통한 생산의 극대화 정책이라고 할 수 있다. 따라서 북한의 포전책임담당제는 생산과 회계단위를 가족 단위로 내리고 결국에는 집단영농체제의 붕괴를 가지고 왔던 중국 개혁 초기의 가족영농제와는 본질적으로 다른 것이다.

3장에서 분석되었듯이 북한은 집단주의사상이 근본적으로 훼손되지 않는 틀에서 많은 실험들을 하였고 이 실험들은 포전담당책임제와 같이 현재도 진행 중이다. 식량생산에서의 이와 같은 실험은 중요한 의의를 갖는다. 북한에서 가장 심각한 문제 중 하나가 바로 식량문제이기 때문이다. FAO 자료를 중심으로 북한이 이와 같은 실험들을 통해 식량문제를 해결하였는지 알아보도록 하자.

아래의 표 3과 그림 1은 유엔 산하의 식량농업기구인 FAO가 추계한 1990년부터 2013년까지 북한의 식량생산량이다. 북한에서는 1980년대 중반부터 식량생산량을 공식적으로 발표하고 있지 않고 있고 FAO와 WFP만이 북한에 매년 전문가들을 파견하여 표

분배원칙도 고수될 수 있어, 포전책임담당제는 '고난의 행군'시기 이후 북한에서 강조되고 있는 '실리'의 원칙에도 부합되는 것이다. 이것은 리기성의 발언에서도 확인되는데 『조선신보』와 가진 인터뷰에서 리기성은 "김정은시대 병진노선에 따르는 농업에 대한 국가투자의 증대라는 객관적 조건이 있었기 때문에 포전담당책임제가 실효성을 발휘하고 있다"면서 "협동농장들에서도 농민들이 일한 것만큼 종전보다 더 많은 농산물의 분배를 받았다"고 하였다.

본조사(또는 현지조사)와 총 경작 면적 또는 당년도 기후 등과 같은 북한 정부에서 받은 자료를 바탕으로 북한의 식량생산량을 추계(推計)하고 있다.

|표 3| 북한의 식량 생산량(1990~2013)

단위 : 톤(1,000kg)

연도	옥수수	(도정 전) 입쌀	감자	합계
1990	4,000,000	1,938,462	810,000	6,748,462
1991	4,200,000	4,436,923	780,000	9,416,923
1992	3,718,000	4,846,154	867,000	9,431,154
1993	3,937,000	5,155,231	402,000	9,494,231
1994	3,547,000	3,421,384	573,000	7,541,384
1995	1,366,000	2,171,076	436,000	3,973,076
1996	825,000	1,535,692	510,000	2,870,692
1997	1,014,000	1,644,462	430,766	3,089,228
1998	1,765,000	2,484,462	1,269,000	5,518,462
1999	1,235,000	2,523,231	1,473,000	5,231,231
2000	1,041,000	1,820,000	1,867,000	4,728,000
2001	1,483,000	2,218,677	2,268,000	5,969,677
2002	1,651,000	2,354,154	1,884,000	5,889,154
2003	1,725,000	2,354,154	2,023,000	6,102,154
2004	1,727,000	2,552,307	2,052,000	6,331,307
2005	1,630,000	2,782,123	2,070,000	6,482,123
2006	1,750,000	2,669,154	2,000,000	6,419,154
2007	1,587,000	2,012,231	1,900,000	5,499,231
2008	1,411,390	3,082,153	1,520,278	6,013,821
2009	1,705,000	2,515,692	1,560,000	5,780,692
2010	1,683,000	2,612,615	1,708,000	6,003,615
2011	1,857,000	2,479,000	1,756,000	6,092,000
2012	2,000,000	2,681,000	1,800,000	6,481,000
2013	2,002,000	2,901,000	1,800,000	6,703,000

※ source : FAOSTAT(http://faostat.fao.org/site/567/DesktopDefault.aspx?PageID=567#ancor).

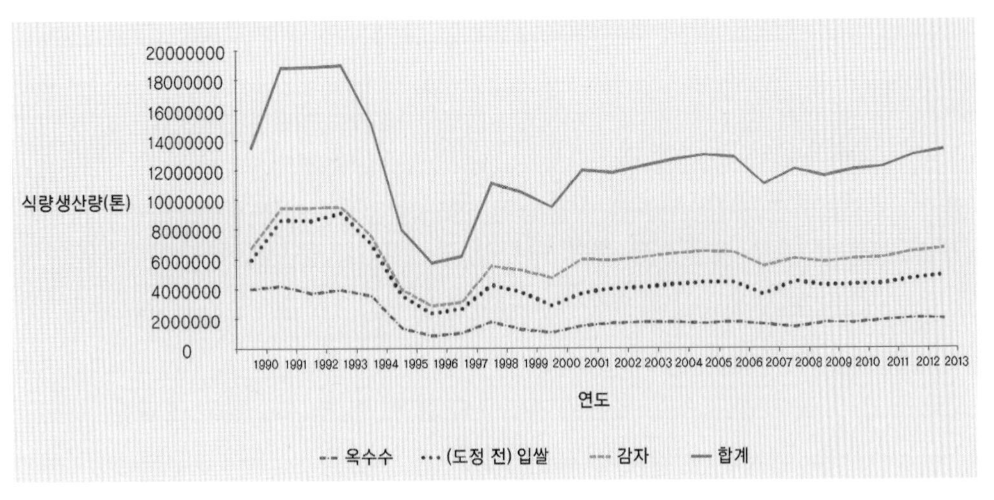

|그림 1| 북한의 식량생산(1990~2013)

그러나 표본조사 또는 현지조사가 매우 제한적으로(FAO/WFP 파견단은 보통 30~50개 정도의 협동농장들을 방문한다) 이루어지고 이러한 현지조사 또한 무작위로 이루어지는 것이 아니고 북한 정부에서 정해주는 곳만을 방문하기 때문에 FAO가 측정한 북한 식량생산량이 과연 얼마만큼의 신빙성을 가질 수 있는지에 대해서는 의문의 여지가 남는다.

FAO/WFP 조사단의 고유의 명칭은 FAO/WFP FOOD AND CROP SECURITY ASSESSMENT MISSION, 한국어로 번역하면 FAO/WFP 식량과 작황 안보 평가 조사단이라고 할 수 있다. 그런데 이 FAO/WFP 조사단이 북한을 방문하여 본격적으로 북한 식량생산량을 측정하게 된 것은 1995년 이후부터이다.

1995년 이전까지는 방문이 허용되었으나, 청산리협동농장과 같은 모범 우수 협동농장 등만을 방문할 수 있었다. 그러나 1995년 홍수와 같은 커다란 자연재해가 일어나면서 식량생산량이 급격히 줄자, 북한은 국제사회에게 식량 원조를 요청하기 위해 유엔에 자신들의 어려운 상황을 평가해줄 파견단을 요청하고, 그때부터 FAO/WFO 식량과 작황 안보 평가 조사단이 북한을 방문하고 모범 우수 협동농장 뿐만 아니라 평균적인 또는 평균보다 훨씬 열악한 협동농장도 방문이 허락되어 현지조사를 할 수 있게 되었던 것이다.

1995년 전까지 북한은 자신들의 협동농장의 우수성을 대외적으로 선전하기 위해서 유엔 조사단을 받았다면, 1995년부터는 생존을 위해 즉, 자신들의 식량위기를 알리고 도움을 받기 위해 조사단을 받았다고 할 수 있다. 이런 측면에서 볼 때, 북한이 FAO/WFP 조사단이 비록 현지조사가 제한적으로 그리고 북한 정부에서 정하여준 곳만을 방문하여 이루어 졌지만 북한의 현실을 있는 그대로 보았다고 하여도 무리가 아니다. 오히려 북한이 원조를 더 많이 받기 위해 가장 열악한 곳만을 선정하여 보여주었을 가능성이 있지만, 자존심을 매우 중요시 여기는 북한임을 고려하여 보았을 때, 이 가능성도 크다고는 할 수 없다.

FAO/WFP 조사단은 북한 식량생산량에 대한 자신들의 추계가 확정적(conclusive)이기보다는 암시적(indicative)이라고 하면서 자신들의 자료에 대해 조심스러운 자세를 취하고 있지만, 위의 사정을 고려하여 보았을 때 이들이 추계한 북한 식량생산은 북한 현실에 근접한 것이라고 볼 수 있다. 즉 북한 식량생산에 관한 FAO의 자료는 무시할 수 없는 신빙성을 가지고 있으며 이를 통해 북한 식량생산에 대한 유의미한 분석과 평가 또한 가능하다고 할 수 있다.

표 3과 그림 1에서 볼 수 있듯이 북한은 1993년 식량생산의

최고점을 찍는다. 그러나 1994년 식량생산은 9백 5십만 톤에서 7백 5십만 톤으로 약 2백만 톤이 줄었다. 제3장 3절에서 살펴보았듯이 소련 붕괴 이후 들어선 러시아는 1994년부터 북한으로의 석유공급을 중단하였고 이것은 북한 식량생산에 엄청난 차질을 주었다. 당시 북한은 농업에서 높은 수준의 기계화 그리고 화학화를 이루어(이러한 농업생산의 기계화와 화학화는 식량생산에서 석유를 주원료 또는 주연료로 요구하였기에) 석유의 공급 없이 농사를 짓는다는 것은 북한이 만들어 놓은 농업구조상 매우 어려운 것이었기 때문이다.

1995년도 북한 식량생산량은 1994년도에 비해 대략 반(7백 5십만 톤에서 3백 9십만 톤)으로 줄게 되고, 1996년도 식량생산량은 2백 8십만 톤으로 이것은 1990년에서 2013년 기간 중 가장 낮은 생산량이었다. 1997년도 식량생산량은 약 3백만 톤으로 전년도와 큰 차이가 없으나, 1998년도 생산량은 5백 5십만 톤으로 식량생산 최악의 년도인 1996년에 비해 약 두 배 가깝게 늘어났다. 이후 2000년을 제외하고 식량생산량은 5백만 톤 중반에서 6백만 톤 중반 사이를 오고 가는 양태를 보이고 있다.

표 3을 중심으로 북한의 식량생산량의 추이를 보다 구체적으로 분석하여 보자. 최악의 식량난을 기록하였던 1995년부터 '고난의 강행군'이 '구보의 행군'으로 바뀌었다는 1999년까지 식량생산량은 연평균 13.3%를 기록하였다. 이기간은 '고난의 행군'의 시기와 겹치는데 3장 2절에서 살펴보았듯이 이 기간 동안 북한은 경공업, 농업, 그리고 무역 등 3대 제일주의 방침으로 하는 '혁명적 경제전략'으로 위기를 돌파하려 하였다.

농업에서 '혁명적 경제전략'은 시장적 기제(market mechanism)를 활용하여 자원배분의 효율성을 극대화하는 방식(즉 지방의 자급자족 체계를 강화시키는 동시에 지역 간 물자교류를 통한 농산물 유통을 허용하는 것)과 협동농장의 생산과 회계 단위를 농장의 가장 기본단위인 분조까지 내리는 분권화 조치를 취해 석유공급의 중단으로 인한 경유(diesel)와 화학비료와 같은 생산요소 투입을 농장원들의 노동으로 대처하려 한 것으로 정리될 수 있다.

이 기간 동안 연평균 13.3%[102]의 성장을 보인 것은 농업에 적용되었던 '혁명적 경제전략'이 어느 정도 효과를 보였던 것으로 해석할 수 있다. 그러나 식량자급에 충분한 것은 결코 아니었다. 당시 북한의 인구를 약 2천 2백만 명 정도[103]로 보았을 때 식량자급을 위해서는 약 428만 9천 톤(= 0.000488[104] × 365 × 2천 2백만 + 33만 톤[105]) 정도가 필요하다.

표 3에 나와 있는 쌀은 도정 전이므로 쌀을 식량으로 쓸 수 있게 도정하면 원래 무게의 66%밖에 되지 않으며 감자의 1킬로당 열량이 곡물 1킬로 당 열량에 28.6%밖에 되지 않는 것을 감안하고 여러 가지 이유로 인하여 수확 후 총 곡물의 약 15%가 손실된다고 가정하였을 때 북한이 1999년 생산한 식량 총량은 약 2,823,010톤[1,235,000톤(옥수수) + 1,665,332톤(도정 후 입쌀) + 420,857톤(감자) × 0.85]이다. 여기에 보리와 같은 다른 곡물이 약 17만 1천 톤 그리고 콩 19만 6천 톤[106]을 합치면 식량 총 생

102) 1999년부터 2013년까지 4년 단위로 나누어서 본 성장률 추계는 다음과 같다. 4.3%(2000~2003), -1%(2004~2007), 2.7%(2008~2011), 4.6%(2012~2013).

103) 통계청에 따르면 1990년부터 2013년까지 북한인구 추계는 다음과 같다.

산량은 319만 톤 정도가 된다. 위 계산을 바탕으로 북한은 1999년 당시 약 106만 톤 정도의 식량이 부족하였던 것으로 추정된다.

위와 동일한 방식으로 2013년도의 식량 총 생산량을 계산하

연도	인구
1995	21,715,484
1996	21,911,233
1997	22,208,300
1998	22,355,471
1999	22,506,638
2000	22,702,184
2001	22,902,249
2002	23,087,788
2003	23,254,303
2004	28,410,982
2005	23,561,192
2006	23,706,535
2007	23,848,615
2008	23,934,132
2009	24,062,306
2010	24,186,621
2011	24,308,004
2012	24,427,381
2013	24,545,342

※ 자료 : 통계청 보고자료『1993~2055 북한 인구추계』 43쪽.

104) WHO가 추천하는 한 사람이 음식물에서 취해야 할 하루 총열량은 2,100칼로리이며 이것을 곡물(곡물로 환산된 감자와 콩도 포함)로 환산하면 610g 정도이다. WHO가 추천하는 하루 2,100 열량 중 곡물에서 섭취하는 열량을 80% 그리고 보고 나머지 20%는 김치와 국과 같은 반찬에서 얻는 것으로 추정하면 하루 필요한 곡물은 488g 정도가 된다.

105) FAO/WFP 조사단에 따르면 2013년도 북한은 12만 톤의 옥수수와 감자가 사료용으로 쓰고 20만 9천 톤의 곡물을 종자용으로 사용한다고 한다. 1999년도 북한이 사료와 종자용으로 사용한 곡물의 양이 2013년도와 비교하여 크게 다르지 않다고 가정하였다.

106) 콩은 일반 곡물에 비해 1킬로 당 1.2배의 칼로리를 가지고 있어 원래 콩 수확량인 16만 3천 톤에 1.2을 곱하였다.

면 약 409만 6천 톤[107] 정도가 된다. 여기에 경사지에서 생산된 식량 22만 톤[108] 그리고 텃밭에서 생산된 식량 7.5만 톤[109]을 더하면 2013년도 식량 총 생산량은 439만 1천 톤이 된다. 12만 톤이 가축사료로 그리고 20만 9천 톤이 종자로 사용된다고 가정하면 식량으로 사용될 수 있는 총량은 406만 2천 톤 정도이다. 2013년도 북한의 인구가 2천 4백 5십만 명 정도이니 북한은 총 436만 3천 톤(.000488 × 365 × 24,500,000) 정도의 식량이 필요하다. 따라서 2013년 북한은 약 30만 2천 톤 정도의 식량이 부족하게 되는 것이다.

이것은 FAO/WFP 조사단 2013년 9월 27일부터 10월 11일까

107) (옥수수 : 200만 2천만 톤 × 0.85= 170만 2천 톤) + (도정 후 입쌀 : 191만 5천 톤 × 0.85 = 162만 3천 톤) + (감자 : 51만 4천 톤 × 0.85 = 43만 7천 톤) + (보리 등 다른 곡물 : 17만 1천 톤 × 0.9 = 15만 4천 톤) + (콩 : 19만 톤 × 0.95 = 18만 톤) = 409만 6천 톤.

108) 북한은 식량위기가 터지자 산을 깎아 경사지(sloping land)를 만들어 식량생산을 하였다. FAO/WFP 조사단은 2012년 EU의 합동 조사 센터(Joint Research Center)에서 구글 어스(Google Earth)에 나와 있는 인공위성에서 촬영한 사진을 근거로 경사지(sloping land)가 약 550,000헥타르로 보고 여기서 생산되는 총 식량생산을 22만 톤 정도일 것으로 추정하였다.

109) 북한 협동농장의 각 가정에게는 평균적으로 약 30평(100m^2)의 텃밭이 허용된다. 북한에는 약 1백 7십만 농가가 있으므로 약 51백만 평 또는 1만 7천 헥타르(1헥타르 = 10,000m^2)가 된다. 도시 가정은 약 4백 3만 정도가 되는데 이들 중 다수가 5~10평 정도의 텃밭을 경작한다고 하며 기업소와 공장도 후방사업의 일환으로 다양한 크기의 텃밭을 가지고 경작한다고 한다. 북한에서 경작되는 텃밭의 전체 크기는 알 수 없으나, FAO/WFP 조사단은 대략 2만 5천 헥타르에 이를 것으로 추정하고 있으며 텃밭에서 주로 경작되는 작물은 감자와 옥수수 그리고 배추, 고추, 마늘과 같은 야채와 채소 등 이라고 한다. FAO/WFP 조사단에 따르면 텃밭에서 경작되는 작물은 사는 집에서 근접해 있기 때문에 협동농장에서 보다 더 많은 노력을 들일 수 있어 생산성이 협동농장의 것(4톤/헥타르)보다 높을 것(6톤/헥타르)으로 보고 곡물로 환산된 텃밭에서 생산된 식량총량을 약 7만 5천 톤으로 추계하였다.

지 북한을 방문하고 2013년 11월 28일 발간한 「북한의 작황 및 식량안보평가 특별보고서(Special Report: Crop and Food Security Assessment Mission to the DPRK)」 2013년도 보고서에서 지적한 34만 톤 그리고 미국 농무부(USDA)가 「2014 식량안보평가」[110]에서 2013년도 북한의 식량부족분을 44만 톤으로 추산한 것과 비슷한 수치(數値)이다.

흥미로운 점은 FAO/WFP 보고서나 미국 농무부 평가서 모두 북한의 식량생산량이 완만하지만 점진적으로 증가하고 있다는 평가를 하고 있고, 특히 미국 농무부 평가서는 한걸음 더 나아가 2023년 이후 북한에서 식량부족분이 생기지 않을 것으로 전망하고 있다는 것이다. FAO 자료를 바탕으로 추산한 북한 식량생산 성장률도 미국 농무부 평가서의 전망과 맥을 같이 하고 있다. 북한 식량생산은 2010년부터 2013년까지 4년간 마이너스 성장 없이 매년 약 3.8% 성장하고 있는데, 이것은 특이할 만한 점이라고 할 수 있다.

그림 1에서 보는 것과 같이 북한 식량생산이 대략 3년을 주기로 마이너스와 플러스를 반복하는데 이러한 성장률의 부침(浮沈)은 홍수 또는 가뭄과 같은 자연재해가 주된 원인이었다고 한다. 2010년부터 2013년까지의 기간 동안에도 2010년 냉해, 2011년 집중호우, 그리고 2013년 가뭄 등의 자연재해가 있었으나, 4년 연속 플러스 성장을 한 것은 북한의 식량생산 체계가 안정화 단계

110) 미국 농무부(USDA)는 「2014 식량안보평가」에서 2014년 북한의 식량부족분을 7만 톤으로 추산하였다. 아울러 평가서는 북한의 식량부족분이 2010년 100만 톤에서 2011년 81만 톤, 2012년 84만 톤, 2013년 44만 톤으로 확실한 감소세로 들어섰다고 분석했다.

에 이르고 있음을 시사한다.

이것이 가능한 것은 무엇보다도 식량생산의 주체라 할 수 있는 협동농장이 정상적으로 운영되고 있다는 것이며 협동농장이 정상적으로 운영된다는 것은 경운기 그리고 화학비료와 같은 식량생산 기재(器材)와 요소들이 제대로 작동되고 공급된다는 의미로 해석 할 수 있다. 과연 그럴까? 여기에 대한 해답은 북한 문헌에서 찾아 볼 수 있다.

『근로자』와 『경제연구』 등과 같은 북한 문헌에서는 '고난의 행군' 이후 농업 또는 식량 생산에 관하여 "주체농법의 요구대로 적지적작, 적기적작의 원칙을 지키면서 종자혁명을 기본고리로 틀어쥐고 감자농사혁명을 일으키며 두벌농사와 콩농사를 대대적으로 발전시켜나가는 여기에 농업생산을 획기적으로 늘여 식량문제, 먹는 문제를 원만히 해결하는 올바른 길이 있다."[111] 라는 주장만을 일관적으로 되풀이 하여 강조하였다. 여기에 대한 성과에 대해 아무런 언급이 없다가 약 10년이 지난 2010년 그동안의 노력을 다음과 같이 평가하였다.

> 우리 인민의 요구와 우리 나라의 실정에 맞게 자체의 힘으로 식량문제, 먹는 문제를 원만히 해결하기 위하여서는 농업생산의 튼튼한 물질기술적 토대가 있어야 한다. 우리 나라에서 당의 현명한 령도밑에 그처럼 간고한 조건에서도 온 나라의 토지를 사회주의땅답게 규모있게 정리하고 우리 식의 자연흐름식물길공사를 완공하였으며 농촌경리의 종합적기계화를 실현하고 비료와 농약생산을 획기적으로 늘일수 있는 물질기술적토대를 마련

111) 『경제연구』에서 식량생산에 대한 이런 강조가 처음 나온 것은 1999년 제1호, 장명호의 논문 「농업생산은 강성대국건설의 천하지대본」부터였다.

> 한 것은 식량문제, 먹는 문제를 해결하려는 우리 당의 확고한 결심과 의지를 그대로 보여주고 있다… (중략)…토지정리사업으로 논밭들이 큰 규모의 기계화포전으로 전환되고 간석지개간이 힘있게 추진되고있는 오늘의 새로운환경에 맞게 뜨락또르공장들을 현대화하고 주체적인 비료생산체계를 세우며 자체의 농약생산토대를 강화하기 위한 투쟁을 현명하게 이끌어주시였다. 력사적인 150일전투, 100일전투가 힘있게 벌어진 지난해에 금성뜨락또르공장의 현대화가 적극 실현되며 마력수가 높은 새형의 뜨락또르가 농촌에 더 많이 들어가게 되었으며 남흥가스화대상공사가 완공되고 흥남비료련합기업소의 기술개건이 적극 다그쳐져 화학비료공업의 주체성을 더욱 강화할수 있게 된 것은 우리 당의 정력적인 령도의 결과이다.[112]

위의 글은 식량생산의 증진을 위한 북한의 10년이 넘는 시간 동안의 노력을 평가함에 있어서 비록 짧은 글이지만, 많은 내용들이 함축되어 있으므로 보다 심층적인 분석이 요구된다.

경운기 그리고 화학비료와 같은 식량생산에 필수적인 생산기재와 요소가 제대로 공급되지 못하자 협동농장은 와해 상태에 놓이게 되었다. 북한은 '울며 겨자 먹기 식으로' (분조 구성원 수보다 작은) 소수의 농장원들로 경작을 할 수 있도록 농지를 쪼개어 경작하는 협동농장 내에서의 분권화도 필요한 곳은 할 수 있도록 허용하고 시장을 통해 자유수매로 농산물을 분배하는 것도 단속하지 않고 눈가마줌으로써 극한의 위기를 넘길 수 있었다.

그러나 유의하여야 할 점은 위에서도 살펴보았지만, 생산에서의 분권의 심화와 시장을 통한 농산물 분배로 식량자급을 할 수 없었다는 것이다. 북한은 '고난의 행군'이 시작되기 전인 1990

112) 한례교, 「농업에 박차를 가하여 식량문제, 먹는문제를 결정적으로 해결하려는 것은 우리 당이 확고한 의지」, 『근로자』 2010년 제3호, 17~18쪽.

년대 초까지 식량자급을 하고 있었으며 이것이 가능했던 것은 협동농장이라는 규모 있고 정리된 농장에서 경운기와 같은 생산 기재와 화학 비료와 같은 생산 요소를 활용하여 조직화된 노동을 갖고 농사를 지었기 때문이었다.

그렇기 때문에 북한은 가장 어려운 고비를 넘기자마자 협동농장의 정상화를 위하여 쪼개져 있던 토지를 다시 통합, 정리하고 농기계 공장과 화학비료 공장을 재건, 재정비 하는 작업을 시작하였다. 이러한 재건, 재정비 사업은 10년이 넘게 걸렸으며 마침내 2010년 협동농장을 정상적으로 운영하기 위한 준비가 어느 정도 갖추게 되었던 것이다.

북한은 여전히 식량위기를 겪고 있어 외부의 원조 없이는 생존할 수 없으며 협동농장은 와해되어 대부분의 식량은 중국으로부터 수입되거나 개인 텃밭에서 생산되고 장마당을 통해 수·공급이 이루어지고 있다는 것이 일반적으로 알려져 있는 북한의 식량생산 체계 또는 북한 농업의 현실이다. 그러나 위에서 살펴본 것과 같이 북한의 식량생산 체계와 농업은 일반적으로 알려져 있는 것과는 다른 모습을 하고 있다.

제4장

경제건설에서 북한의 선택과 집중

국방공업우선노선과 과학기술중시노선 그리고 그 성과

(2003년~2010년)

라진 종합시장 ▸

▴ 북한의 CNC 련하기계

제4장

경제건설에서 북한의 선택과 집중

: 국방공업우선노선과 과학기술중시노선 그리고 그 성과 (2003년~2010년)

1. 과학기술중시노선과 사회주의강성국가건설

선군정치는 북한이 완충기 기간 중 '혁명적 경제전략' 아래서 추진되었던 소비재생산과 확보에 우선순위를 둔 경공업, 농업, 그리고 무역 제일주의 정책을 다시 중공업우선 노선인 "국방공업을 우선적으로 발전시키고 경공업과 농업을 동시에 발전시킨다."로 바꾸어 놓았다. 그러나 이것이 다시 '계획의 일원화와 세부화' 체계로 회귀하는 것은 아니었다. 연합기업소체제에 당적 지도를 선군정치로 회복 강화시키고 이를 바탕으로 계획의 합리화를 '실리'를 기준으로 더욱 심화·발전시키겠다는 것이었다.

'국방공업 우선노선'은 내각책임제에서 보다 효과적으로 진행시킬 수 있는 것임을 감안할 때 매우 전략적이라고 할 수 있다.

경제를 내각책임제로 운영하는 가장 중요한 목적 중 하나는 내각을 통해 당이 제시한 경제정책방침을 관철시키는 것이었으며 국방공업을 우선적으로 발전시킨다는 것은 중공업을 우선적으로 발전시킬 때와 마찬가지로 국가투자의 우선순위를 국방공업에 두겠다는 것이었다. 항시적 자원 부족 현상을 겪고 있고 경제위기상황에서 심화, 확산된 경제 분권화는 당이 결정하는 국가의 전략적 투자를 어렵게 하였다. 그러므로 당의 지도를 받는 내각이 모든 경제 사업을 책임지고 통일적으로 지휘하였을 때만 국가 전략을 실현할 수 있게 되는 것이다.

김재서의 논문은 이를 잘 설명해 주고 있다. 김재서는 '국방공업우선노선'을 관철시키기 위해서는 개별적 부문, 단위들의 본위주의(이기주의)를 허용하지 말고 강한 경제사업 규율과 질서를 세워야 나라의 전반적인 경제가 국가의 통일적 지도 밑에 계획적으로 발전할 수 있다면서 경제사령부로서의 내각책임제가 필요하다고 역설하였다.

연합기업소체제 안에서 분권화되었던 경제 사업을 내각으로 중앙집권화 시켜야 계획적인 발전, 즉 발전의 극대화를 이룰 수 있다는 것이다. 또한 그는 "경제사업에서 실리를 보장하는 것은 경제적효과성을 높이기 위한 중요한 요구라면서 경제사업에 대한 지도관리에서 경제적효과성을 타산하여 실리주의원칙에서 이익이 큰 부문부터 틀어쥐고 하나, 하나 추켜세우는 방법으로 인민경제를 활성화하도록 하여야 한다며 자신의 주장을 이어갔다.[1]

1) 김재서, 「경제건설은 강성대국건설의 가장 중요한 과업」, 『경제연구』 1999년 제2호, 7쪽.

김재서의 주장을 풀어서 정리하여 보면 다음과 같다. 각 경제사업 주체들은 모두 제한된 정보를 가지고 있기 때문에 제각기 이익을 추구하며 경제사업을 한다면 자원이 낭비될 수 있다(그리고 '고난의 행군' 시절 경제 분권화가 강화되고 중앙의 통제 및 조정이 느슨해지면서 자원의 낭비가 생길 수밖에 없었다).

따라서 내각을 중심으로 경제사업 실행 주체들이 일치단결하였을 때, 국가입장에서 가장 큰 이익(또는 효율성이 가장 높은)이 나는 부문을 따져 찾아낼 수 있고 전략적으로 그것에 힘을 모아 추진하였을 때 자원의 낭비를 막고 국가적 이익(또는 전체적 효율성)을 극대화시킬 수 있으며 그것이 실리주의원칙에도 부합하다는 것이 김재서 주장의 요지이다. 그리고 이렇게 이익(또는 효율)을 극대화시켜 투자에 필요한 축적이 이루어지면 그것을 당의 노선과 정책에 따라 전략적 부문(국방공업)에 투자할 수 있게 된다는 것이다.

김재서의 논문을 시작으로 경제사령부로서의 내각책임제는『경제연구』에 단골메뉴처럼 등장하는데 국가의 통일적 지도에 대한 논의는 생산의 전문화,[2] 나아가서는 과학기술과 생산의

---

2) 정영룡은 "공장 · 기업소들을 합리적으로 조직하고 관리운영하기 위해서는 우선 공장, 기업소들이 자력갱생한다고 하면서 자기 공장, 기업소에 필요한 모든 것을 자체로 꾸려 생산보장하려는 편향을 없애고 생산을 전문화하는 원칙에서 조직하고 발전시켜야 하며 련합기업소들도 생산을 전문화하는 원칙에서 꾸려야 한다."라며 자원의 낭비를 줄이는 생산의 전문화(specialization)도 내각의 통일적인 지도하에서 이루어질 수밖에 없음을 역설하였다(정영룡,「국가의 통일적지도와 아랫단위의 창발성을 옳게 결합시키는 것은 사회주의경제관리의 기본원칙」,『경제연구』 2003년 제2호, 18쪽).

일체화[3] 그리고 과학기술에 대한 국가역량의 선택과 집중으로 전개되었다.[4]

김정일도 "우리 당은 시대와 혁명의 요구로부터 과학기술중시로선을 사회주의강성대국건설의 전략적로선으로 제시하였으며 사상중시, 총대중시와 함께 과학기술중시를 강성대국건설의 3대 기둥의 하나로 내세우고 있습니다."[5]라고 지적하면서 북한의 선군정치의 틀에서 추진되는 국방공업 우선 노선이 과학기술에 국가역량을 집중하는 것임을 분명히 하였다.

『경제연구』에서 과학기술의 향상이 경제 발전의 결정적인 영향을 미친다는 주장은 이미 오래전부터 시작되었다. 『경제연구』 1995년 제1호에서 김혜선은 "현시기 생산장성의 70~80%는 로동생산능률제고에 의하여 보장되고있으며 로동생산능률장성

3) 여기에 대해 김응호는 다음과 같이 주장하였다. 경제과학전선에서 일대 비약을 일으키기 위해서는 또한 내각을 비롯한 경제지도기관들과 경제지도일군들의 역할을 높이고 경제관리를 개선해야 한다 …(중략)… 경제지도일군들은 사회주의원칙을 철저히 지키면서 실리가 날수 있게 모든 사업을 작전하고 결패있게 내밀어야 한다. 경제와 과학기술이 일체화되여 발전하는 새세기의 요구에 맞게 경제와 과학기술을 통일적으로 지도관리하는 사업체계를 바로 세우고 과학기술과 생산을 밀착시켜야 한다."(김응호, 「경제과학전선은 나라와 민족의 흥망성쇠를 결정짓는 주요전선」, 『경제연구』 2004년 제1호, 12쪽).

4) 홍명호는 과학기술 발전의 세계적 추세에 맞게 핵심기초기술인 정보기술, 나노기술, 생물공학을 비롯한 첨단과학기술의 발전을 주공방향으로 선택하고 역량을 집중하여야 한다면서 그렇게 하기 위해서는 우선 내각의 역할을 높이고 과학기술과 생산을 통일적으로 지도할 수 있도록 정영한 기구체계를 세워 놓아야한다고 주장하였다(홍명호, 「인민경제의 현대화, 정보화는 경제강국건설의 중요요구」, 『경제연구』 2007년 제3호, 8쪽).

5) 곽태철, 「과학기술발전전망계획화사업을 바로하는것은 사회주의강성대국건설의 중요담보」, 『경제연구』 2005년 제3호, 11쪽.

이 80% 이상은 과학기술의 발전에 의하여 이루어지고 있다"면서 "과학기술을 발전시키고 생산의 효과성을 더욱 높여 보다 많은 국민소득, 사회순소득을 창조한다면 소비에 영향을 주지 않으면서도 축적의 규모를 늘릴 수 있으며 필요한 축적을 유지하면서도 인민소비 몫의 끊임없는 장성을 가져오게 된다고 주장하였다."[6]

김재서는 "현시대는 과학과 기술의 시대이며 오늘 생산은 과학기술과 밀착 되어있으며 과학기술을 발전시키지 않고서는 경제를 발전시킬 수 없다. 과학기술의 발전을 선행시키면서 생산을 높은 과학기술적토대우에 올려세우는 것이 현시기 경제를 발전시키기 위한 중요한 고리"[7]라며 경제를 발전시키기 위해서는 과학기술의 발전의 먼저 이루어져야 됨을 강조하였다.

진명찬은 "오늘 우리 나라의 전자자동화공업은 생산기술공정의 컴퓨터화, 자동화와 로봇조종장치, 각종 전자제품에 들어가는 여러 가지 직접회로들과 세계적인 지표에 도달한 태양빛전지를 비롯한 그 어떤 전자요소들과 전자부분품들도 자체로 얼마든지 생산보장할수 있는 높은 경지에 이르렀다"고 주장하면서 북한 과학기술이 이미 높은 수준에 이르렀음을 자부하였다.

또한 그는 "현시기 과학기술발전의 중요한 방향은 우선 원료와 연료, 동력문제를 원만히 해결하며 다른 하나는 생산설비들을 정비보강하고 생산공정, 생산방법을 개선완성하는 것"[8]이라 하였

6) 김혜선, 「과학기술발전이 사회총생산물과 국민소득장성에 미치는 영향」, 『경제연구』 1994년 제1호, 26쪽.
7) 김재서, 『경제연구』 1999년 제2호, 7쪽.
8) 진명찬, 「우리의 경제토대, 경제구조의 효과적리용에서 과학기술의 역할」, 『경제연구』 2000년 제3호, 20~21쪽.

는데 김덕호도 “과학기술은 전기문제, 식량문제를 풀어 사회주의 경제강국건설의 돌파구를 열어 나가게 하는 힘 있는 추동력이 된다며”[9] 당면한 경제문제도 과학기술의 발전으로 해결할 수 있음을 강조하여 당시(2000년대 초) 북한 과학기술의 발전 주공 방향이 동력문제와 식량문제 해결에 있었다는 것을 시사해 준다.

리창근은 “과학기술중시로선을 틀어쥐고나가야 나라의 풍부한 자연부원과 거대한 생산잠재력을 최대한 효과적으로 동원리용하여 인민경제의 원료, 연료, 동력 문제를 원만히 해결할수 있다”면서 농업과 경공업 부문에서도 “과학기술중시로선을 틀어쥐고나가야 종자혁명과 감자농사혁명, 두벌농사를 밀고나가며 집짐승기르기를 잘하여 인민들의 먹는 문제해결에서 나서는 문제들을 성과적으로 해결할수 있으며 경공업혁명의 불길을 높여 인민소비품생산에서 경공업혁명의 불길을 높여 인민소비품생산에서 결정적 전환을 일으킬수 있다”[10]며 농업과 경공업의 활성화도 과학기술의 발전을 바탕으로 이루어져야 한다는 주장을 하였다.

이렇듯 경제학자들 간에는 과학기술의 발전이 경제발전의 핵심적 역할을 하는 것이므로 과학기술에 국가의 역량을 집중하여야 한다는 것으로 논의의 초점이 맞추어 지고 있었다. 강응철은 “실지 리익이 나게 경제를 발전시키는 것은 경제강국건설에서 항구적으로 틀어쥐고 나가야 할 중요한 원칙의 하나이며 과

9) 김덕호, 「과학기술은 강성대국건설의 힘 있는 추동력」, 『경제연구』 2000년 제4호, 13쪽.
10) 리창근, 「과학기술중시로선을 틀어쥐고나가는 것은 강성대국건설의 중요한 담보」, 『경제연구』 2001년 제1호, 10쪽.

학기술의 발전은 실리가 보장되도록 경제를 발전시키는 강력한 추동력이며 바로 여기에 과학기술중시가 강성대국건설을 위한 우리 당의 전략적 로선으로 되는 또 하나의 리론적근거가 있다"[11]라고 주장하였는데, 당시 당의 노선도 과학기술의 발전을 담보로 실리를 보장하여 경제를 발전시키는 것임을 확인시켜주는 대목이다.

국가적 차원에서 과학기술 발전을 추구한다는 것은 경제발전 방향을 외연적 성장(extensive source of growth) 방식에서 내연적 성장(intensive source of growth) 방식으로 바꾼다는 것이다. 과거 북한은 외연적 성장 방식의 대표적인 대중동원(mass mobilization)을 통하여 경제발전을 추구하였다. 그러나 2장에서 분석되었듯이 외연적 성장 방식은 '수확체감의 법칙'에 제한을 받기 때문에 이러한 방식을 통한 지속적 성장은 불가능하다. 과거 북한은 천리마운동식 동원 방식으로 경제성장을 이루었으며 이것이 한계에 부닥치자 긴 시간에 걸쳐 시행착오를 겪으면서 계획의 합리화를 추구하였다.

과학기술중시노선이 전면에 나오는 2000년 초·중반 당시 북한은 다시 천리마운동식 동원 방식으로 경제성장을 추구할 수 없는 상황이었다. 연합기업소체제가 전면적으로 도입된 지 이제 20년 가까이 되었고 시장은 통제를 받고 있었지만 준만큼 받아가는 '등가성 원칙'에서 운영되고 있었다. 또한 일한 만큼 받아가는 '사회주의 배분 원칙'은 '번돈지표체계'로 제도화되면서 이제 사람들

11) 강응철, 「과학기술중시는 강성대국건설을 위한 우리 당의 전략적로선」, 『경제연구』 2001년 제1호, 10쪽.

에게 내제되어 있을 정도로 생활화되어가고 있었다.

국가적 차원에서 과학기술의 발전을 위한 투자를 실현하기 위해서 국가는 투자에 필요한 자원을 예산수입에서 얻을 수밖에 없었다. 국가예산지출 항목에서 과학기술 부문은 인민경제비에 포함됨으로 국가의 과학기술에 대한 투자는 인민경제비를 통해 나타날 수 있다. 그러나 『조선중앙년감』에서 인민경제비는 세분화되지 않아 북한이 연간 과학기술 부문에 얼마만큼 투자하고 있는지 확실하게 파악할 수는 없지만 북한이 어려운 상황 속에서도 과학기술 부문에 대한 투자는 지속적으로 하고 있다는 것은 『조선중앙년감 2003년』을 통해 파악할 수 있다.

국가예산수입 그리고 지출 관점에서 2002년도 매우 특이한 해였다. 2000년 그리고 2001년도 북한의 국가예산지출에서 과학기술 부문이 포함되어 있는 인민경제비의 비중은 각각 40.1%와 42.3%로 예산지출 항목 중 가장 높은 비중을 차지하였다. 그러나 국가예산지출총액에서 인민경제비 비중은 2002년 갑자기 22.7%로 급감하였다. 북한은 인민경제비를 대폭 줄여 '경제개선조치'에 의해 늘어난 통화로 꿈틀거리고 있는 인플레이션에 대한 우려를 조금이라도 불식시키려 하였던 것으로 추정된다.[12] 그럼에도 불구하고 과학기술 부문에 대한 투자는 중시되었다.

여기에 대해 『조선중앙년감 2003년』에는 다음과 같은 설명이 있다. "공화국정부는 경제강국건설에서 새로운 비약을 일으키기

12) 인민경제비는 북한이 전략적으로 중공업, 경공업, 또는 농업에 투자하는 것으로 일단 투자가 이루어지면 거기에 대한 급료가 발생되기 때문에 인플레이션을 부추길 수 있다.

위하여 국가예산지출총액의 22.7%에 해당하는 자금을 인민경제 여러 부문에 지출하였으며 과학기술 부문에 적지 않은 많은 자금을 지출하여 과학기술 발전에서 적지 않은 성과를 이룩하였다."[13] 국가예산지출총액의 22.7% 중 많은 부분이 과학기술 발전을 위해 투자되었다는 것을 암시하며, 인민경제비는 총예산지출 비중에서도 그리고 절대 액수에서도 줄었지만, 과학기술 부문에 대한 투자는 감소하지 않고 오히려 늘어났던 것으로 해석할 수 있는 대목이다.[14]

일반적으로 과학기술 부문에 대한 투자에서 성과는 시간을 요하는 것으로 북한에서도 곧바로 성과가 나오지 않았던 것으로 보인다. 북한에서 과학기술 부문에 대한 투자는 핵물리학과 같은 순수 과학 분야에서도 이루어 졌지만, 공업을 최신설비와 기술로 장비시켜 전반적 생산의 기술 수준을 한 단계 끌어올리는 기술개건(技術改建) 분야에서 보다 활발하게 이루어 졌다.

이러한 기술개건도 시간을 요하는 것이었지만 천리마운동식 돌격전에 길들어져 있던 북한 사람들, 특히 지방의 정치, 행정 그

13) 『조선중앙년감 2003년』, 183쪽.

14) 북한은 "사회적으로 과학기술을 중시하는 기풍을 세우고, 새로운 과학기술의 성과가 인민경제 여러 분야에 빨리 도입되어 실제로 은을 나도록 하기 위해 새로운 과학기술로 나라의 경제발전에 이바지한 경우에는 그 가치에 따라 3년간 번 리익금 중에서 련구자와 련구집단, 도입단위에 대부분의 자금을 현금으로 지급하도록 하였다"고한다[조선로동당출판사, 「가격과 생활비를 전반적으로 개정한 국가적 조치를 잘 알고, 강성대국 건설을 힘있게 앞당기자」(2002.7), 『KDI 북한경제리뷰』 제5권 제1(2003.1)] 이러한 조치는 당연히 현금을 요구하는 것으로 인플레션에 악영향을 줄 수 있음에도 불구하고 이러한 조치로 과학기술의 발전이 도모된다면 경제적 위험성마저 감안하겠다는 것이 북한 지도부의 의지임을 보여주고 있다.

리고 경제를 담당하였던 지방당 간부들과 중간관료들에게는 현행생산을 중지하고 한꺼번에 다 갈아 끼우는 돌격식으로 기술개건을 하려는 조급성이 곳곳에서 나타나 기술개건에 차질을 빚었다.

또한 이들은 현실을 고려하지 않고 모든 것을 자체의 힘으로 하려는 자력갱생의 원칙에 경도되는 교조주의적인 태도를 고수함으로써 기술개건 자체가 지연되기도 하였다.[15] '고난의 행군'시기 강조, 추구되어 사람들에게 제도 · 내재화(institutionalization · internalization)되었던 '자력갱생'은 특히 기술개건을 추구하는 데 있어 문제가 되었다. 사람들은 자력갱생 그 자체를 선(善)으로 여기고 있었으며 과학과 기술의 혁신도 스스로의 힘으로 하지 않으면 옳은 것이 아니라고 생각하였다. 여기에 대해 지태화는 다음과 같이 지적하면서 생산의 전문화를 촉구하였다.

> 국가경제기관들은 제국주의자들이 고립압살책동으로 '고난의 행군', 강행군을 하던 시기에 기관, 기업소들이 꾸렸던 생산물의 질이 낮고 전력과 중요물자들의 제품단위당소비량이 큰 소규모자체생산기지들을 기초하고 있는 과학기술수준과 경제적효과성을 따져서 국가가 실리를 더 얻을수 있게 하는 방향에서 정리하는 사업을 힘 있게 밀고 나가야 한다. 특히 세멘트, 카바이드, 유리, 철강재와 주물품, 용접봉, 피대, 베아링, 종이와 같은 생산물은 다 대규모전문생산기지들에서 생산보장 할 수 있게 짜고 들어야 한다.[16]

15) 양호남, 「경제강국건설에서 기술개건의 절박성」, 『경제연구』 2002년 제1호, 21쪽.

16) 지태화, 「전문화된 대규모 공장, 기업소들의 생산능력을 최대한으로 리용하는 것은 강성대국건설의 중요방도」, 『경제연구』 2002년 제2호, 24쪽.

지태화의 위의 글에서 흥미로운 점은 지방의 중소 규모의 공장·기업소들에서도 시멘트, 카바이드, 유리, 철강재 등과 같은 중공업 제품들을 생산하고 있었다는 점이다. 자력갱생은 '고난의 행군'시기 생존을 위한 '울며 겨자 먹기 식'의 자구책으로 진행되었으나, 그것은 효율성 측면에서 심각한 문제가 있는 것일 뿐만이 아니라 지속되면 될수록 자원을 낭비시키고 북한의 제한된 자원을 더욱 고갈시켜 국가 경제 전체를 위험에 빠뜨릴 수 있어 지속가능한 방안이 아니었다.[17]

북한은 '고난의 행군'의 가장 어려운 시기를 넘기자 내각을 중심으로 경제체제를 다시 꾸리고 경제에 대한 규율을 잡고 질서를 세우려 하였다. 그러나 내각 중심제에서의 경제에 대한 질서와 규율의 기준은 '자력갱생'이 아니고 '실리'였다.

김경일은 김정일이 "사회주의경제관리를 개선하고 완성하는

---

17) 그러나 생산의 전문화는 신속하게 이루어지지 않았던 것 같다. 『경제연구』 2004년 제2호에서 정영섭은 생산의 전문화를 다음과 같이 단호하게 촉구하고 있다.
"만일 공장, 기업소들에서 운영과정에 일정한 난관이 조성된다고하여 개별적단위들에서 전문화의 원칙을 어기고 제멋대로 이것저것 다 생산하는 식으로 관리운영한다면 경제사업에서 실리를 보장할수 없게 되고 나아가서 나라의 전반적인 경제사업에 지장을 주게된다 …(중략)… 오늘 공장, 기업소들에서 이러한 현상을 철저히 극복하자면 기관본위주의를 없애고 국가가 미리 정해준 생산지표만을 생산하는 규률을 엄격히 세워야 한다. 특히 전문화된 공장, 기업소들에서는 국가적견지에서 실리를 구체적으로 따져보고 나라의 경제발전에 도움을 주지 못하는 직장, 작업반들을 망탕 꾸리거나 생산을 진행하는 현상을 없애고 전문화에 도움을 주지 못하는 부문들은 정리하여 없앨 것을 대담하게 없애야 한다. 이와 함께 국가 경제지도 기관들에서는 개별적단위들에서 생산지표를 변동시켜 내려보내는 무책임한 현상에 대하여 엄격히 통제하여야 한다."(정영섭, 「생산의 전문화는 공장, 기업소조직의 중요한 원칙」, 18쪽)

데서 틀어쥐고 나아가야 할 종자는 사회주의원칙을 확고히 지키면서 가장 큰 실리를 얻을 수 있는 경제적 관리방법을 해결하는 것"이라고 지적한 것을 상기시키면서, 지금까지의 경제관리 방법이, 즉 경제 분권화의 틀에서 이루어졌던 자력갱생이 지난날에는 옳았다 하더라도 그것이 오늘의 시대적 요구와 경제발전 추세에 맞지 않을 때에는 혁신적으로 개선하여야 한다며 내각중심제의 틀에서 실리를 원칙으로 하는 경제 질서를 세울 것을 강조하였다.[18]

나아가 리창근은 경제와 과학기술을 밀착, 결합, 즉 과학기술의 발전의 목적을 그 자체에 두는 것이 아니라 처음부터 '생산설비 개건'이라는 현실에 두고 추진하여[19] 과학기술의 발전이 생산의 효율성과 직접 연결시키는 방향에서 경제발전을 도모하여야 한다고 주장하였다.

김응호는 생산과 과학기술의 일체화와 아울러 과학기술과 생산을 통일적으로 지도 관리하는 정연한 사업체계를 세워야 나라의 과학기술력량을 국가적 이익에 맞게 조직, 동원할 수 있고 국가경제의 현대화와 사회주의경제관리 방법 개선에서 제기되는 과학기술적 문제들을 기동적으로 원만히 해결해 나갈 수 있다[20]며 경제에 운영에 대한 내각책임제를 강조하였다. 즉 생산과 과

18) 김경일, 「위대한 령도자 김정일동지는 새 세기 경제강국건설의 휘황한 앞길을 밝혀주신 사상리론의 영재」, 『경제연구』 2003년 제1호, 6쪽.

19) 리창근, 「올해 공동사설에서 경제과학전선앞에 제시된 과업은 강성대국건설의 보다 높은 목표를 점령하기 위한 결정적담보」, 『경제연구』 2004년 제1호, 8쪽.

20) 김응호, 「경제과학전선은 나라와 민족의 흥망성쇠를 결정짓는 주요전선」, 『경제연구』 2004년 제1호, 12쪽.

학의 일체화는 내각책임제에서 추진 운영되어야 최적의 성과를 낼 수 있다는 것이다.

북한의 과학기술 발전을 통한 생산현장에서의 기술개건은 신속하게 실현되지는 못했지만, 북한의 문헌들은 2005년부터 가시적인 성과를 낸 것으로 보고하고 있다. 『조선중앙년감 2006년』은 락원기계련합기업소 신포향주철직장과 단천제련소, 황해제철련합기업소를 비롯한 많은 공장, 기업소들의 개건현대화대상들이 완공된 것과 현대적 기계설비들이 개발되고 공작기계들을 갱신현대화하기 위한 사업이 적극 추진되어 기간공업의 자립적토대가 튼튼히 다져진 것을 2005년 중요한 경제성과로 평가하였다.[21)]

리창혁은 “지난 시기 일부 사람들은 자력갱생한다고 하면서 공장, 기업소들에 카바이드로나 주강로 같은 것을 제가끔 꾸려놓아 전가와 원료, 자재와 로력을 랑비하고 제품의 질을 떨구고 있었고 다른 나라의 앞선 기술을 받아들이는 것이 자력갱생의 원칙과 어긋나는것처럼 생각하면서 낡고 뒤떨어진 것을 계속 끌어안고 있는 것으로 하여 나라의 경제발전을 더디게 하는 결함들도 부분적으로 나타났지만 현재(2005년)는 전국적으로 수많은 자력갱생기지들이 실리주의적원칙과 최신과학기술의 견지에서 통합정리되고 특히 북한 중공업의 얼굴이라고 할 수 있는 구성과 희천, 락원과 북중의 기계공장들이 정보산업시대의 요구에 맞게 변모되어 전반적경제의 현대화는 더욱 확고한 것으로 되고 있다[22)]

21) 『조선중앙년감 2006년』, 210쪽.

22) 리창혁, 「경애하는 김정일동지께서 최신과학기술에 기초한 경제강국건설의 진로를 밝히신 불멸의 업적」, 『경제연구』 2006년 제1호, 9쪽.

며 기술개건이 이제 현실에서 자리를 잡아 가고 있었음을 시사해 주었다.

『조선중앙년감』은 2007년 호부터 기술개건에 대한 성과를 비중 있게 다루기 시작하였다. 『조선중앙년감 2007년』에 따르면 "로동당의 과학기술중시로선을 관철하기 위하여 이 부문에 많은 자금을 지출한 결과 가치있는 과학연구성과들과 국방과학기술발전에서 역사에 빛날 공정이 이룩되게 되었다"[23]고 기록하고 있으며 『조선중앙년감 2008년』은 새로운 현대적인 생산기지건설과 기존 생산 공정에서의 기술개건을 일관적으로 추진함으로써 자립적민족경제토대가 보다 확대·강화되었으며 "경제강국건설의 추동력인 과학기술 부문에 대한 투자가 늘어남으로써 국가과학기술발전 5개년계획과제들이 수행되고 인민경제 여러 부문에 최신과학기술 성과들이 적극 도입되었다[24]"고 전하고 있다.

『조선중앙년감 2009년』에서는 "경제강국건설의 추동력인 과학기술발전 5개년계획의 첫해 과업이 성과적으로 수행되였으며 인민경제 여러 부문에 새로운 첨단과학기술성과들이 적극 도입되여 생산의 활성화와 기술개건에 이바지하였다"라며 생산체계에서 컴퓨터수자조종 방식인 CNC(Computer Numerical Control) 도입을 간접적으로 언급하였다.

그리고 『조선중앙년감 2010년』부터 CNC에 대한 성과가 구체적으로 언급되었다. 『조선중앙년감 2010년』에 따르면 기술혁명의

23) 『조선중앙년감 2008년』, 167쪽.
24) 『조선중앙년감 2009년』, 168쪽.

기초인 기계공업의 현대화가 강력히 추진되어 중요 기계공장들에 유연생산체계와 유연생산세표, 정밀가공공장들이 꾸려지고 CNC 공작기계의 비중이 생산시설에서 높아짐에 따라 첨단기계, 설비들이 수많이 개발되었으며 경제 모든 부문[25]에서 CNC기술을 도입하기 위한 열풍이 일어나는 등 최첨단 기술이 경제 전반에 급속히 파급되었다[26]고 한다.

『조선중앙년감 2011년』는 이것을 보다 구체적으로 전하고 있는데 "회천련하기계종합공장 등이 CNC 표준공장으로 꾸려진 것을 비롯하여 전국적으로 수많은 공장, 기업소의 생산공정들과 기계설비들이 CNC화되었으며 과학기술 부문에 대한 자금지출을 2009년보다 108.1% 늘여 정보기술, 핵기술, 생물공학을 비롯한 여

25) 경공업 부문에서도 CNC를 도입을 통한 생산체계의 upgrade가 이루어지고 있었는데 먼저 국가가 운영하는 대규모 경공업공장들에 시범적으로 CNC를 도입한 다음 지방 중소규모 경공업공장들로 파급하는 방식으로 진행하고 있는 것으로 보인다.
"경공업공장들을 현대화하는데서 우리 당은 우리 식으로 CNC화된 최신설비들로 장비된 현대적인 경공업공장들을 새로 건설하는것과 함께 이미 있는 경공업공장들의 기술개건을 높은 수준에서 실현하도록 하였다. 우리 당은 국방공업의 발전에 선차적인 힘을 넣어야 하는 우리 나라의 현실적조건으로부터 경공업공장들의 기술개건을 선후차와 중심고리를 바로 정하고 절실하고 빨리 은을 낼수 있는 대상부터 하나하나 착실하게 해나가도록 하였다. 이것은 경공업 부문에서 투자의 경제적효과성을 높이면서 현대화의 높은 목표를 짧은 시일안에 성과적으로 실현할수 있게 하는 정당한 조치였다… (중략) 이미 있는 공장들의 실태를 면멸히 료해장악한 기초우에서 완전히 들어낼 것은 들어내고 새롭게 현대적으로 건설하며 부분적으로 개조할 것은 부분적으로 개조하고 전면적으로 개조할 것은 전면적으로 기술재조하여 경공업전반을 개건현대화하기 위한 일대선풍을 일으켰다."(전성웅, 「우리의 경공업을 본격적인 상승단계에 올려세우기 위한 현명한 령도」, 『근로자』 2010년 제4호, 4쪽)

26) 『조선중앙년감 2010년』, 267쪽.

러 과학기술 분야에서 최첨단을 돌파하고 인민경제의 현대화, CNC화를 실현하고 북한을 과학기술강국의 지위에 올려 세우기 위한 투쟁을 재정적으로 담보하였다"[27]고 한다.

2001년 원관공이 "현대적공작기계공업의 세계적발전추세는 수자조종화에로 지향하고 있고 현대적인 공작기계생산의 기술수준을 높여 수자조종공작기계를 비롯한 최첨단공작기계를 많이 생산하는 것은 기계공업을 보다 높은 단계에로 발전시키며 인민경제의 현대화를 실현하는 데서 선차적인 문제로 제기된다"[28]며 컴퓨터수자조종 방식인 CNC를 『경제연구』에서 처음으로 언급한 이후 『경제연구』에서 CNC에 대한 본격적인 논의도 2010년부터 활발하게 전개되었다.

리재현은 "우리 나라에서는 사회주의공업화시기에 자립적인 공업토대를 축성하면서 뒤떨어진 수공업기술을 현대적기술로 갱신하는 전면적기술개건을 동시에 진행하였으며 강성대국을 건설하는 오늘에는 인민경제전반을 새로운 첨단기술 특히 정보기술로 현대화하는 사업을 중요한 경제건설과업으로 내세우고 있다"[29]며 북한이 당면과제로 낡은 시설과 설비를 첨단기술 특히 정보기술로 현대화(upgrade)하는 것에 역점을 두고 있음을 암시하였다.

안명훈은 "나라의 국방공업을 최첨단기술로 장비된 21세기의

27) 『조선중앙년감 2011년』, 289~290쪽.
28) 원관옥, 「전자공학발전을 앞세우는 것은 높은 단계의 기술혁명수행을 위한 기본담보」, 『경제연구』 2001년 제1호, 16쪽.
29) 리재현, 「인민경제기술개건의 항시적 성격과 그 실현방도」, 『경제연구』 2010년 제1호, 16~17쪽.

강력한 국방공업으로 발전시키고 기계공업, 금속공업, 화학공업을 비롯한 인민경제 모든 부문에서 CNC화의 열풍을 더욱 세차게 일으키며 고도기술산업을 발전시켜 인민경제를 최첨단기술로 장비할수 있는 물질적토대를 튼튼히 마련하여야 한다."[30]고 주장하였는데 국방공업우선노선이 과학기술의 발전전략을 바탕으로 진행되고 있음을 암시하는 대목이다.

한성기는 북한의 CNC 기술이 세계의 최첨단을 확고히 돌파하였다면서 올해(2010년) 공동사설에서 제시된 기계공업 부문에서 정보화산업시대에 요구에 맞게 CNC화를 계속 높은 수준에서 실현하며 공구혁명을 일으켜 성능 높은 최첨단 기계설비들을 더 많이 생산할 데 대한 과업을 반듯이 수행하여야 한다고 주장하였다.[31] 아울러 그는 기계공업 부문에서는 모든 공장, 기업소들이 높은 수준에서 CNC화를 실현하도록 하며 성능 높은 최첨단기계들을 만들어 인민경제 모든 부문에 보내주어야 한다고 독려하고 있어, 국가적 차원에서 설비와 시설이 최첨단으로의 '업그레이드'가 진행되고 있는 것을 확인시켜주었다.

이와 같이 『경제연구』에 실린 논문들에서 주장하는 바는 같은 시기 『조선중앙년감』을 통해 나타난 북한의 경제현실과 일맥상통하고 있으며 '고난의 행군' 이후 북한의 경제건설노선과 정책은 다음과 같이 압축적으로 정리될 수 있다. 북한은 선군정치의 틀에서 내각책임제를 통해 경제에서 실리를 추구하여 여기서 얻

30) 안명훈,「최첨단을 돌파하기 위한 투쟁을 힘있게 벌리는 것은 희천속도의 기본요구」, 『경제연구』 2010년 제3호, 7쪽.

31) 한성기, 「정보산업시대의 요구에 맞게 CNC화를 실현하며 공구혁명을 일으키는 것은 기계공업부문의 중요과업」, 『경제연구』 2010년 제3호, 21~22쪽.

어진 '축적'으로 과학기술의 발전에 집중적으로 투자[32)]하여 외연적 성장전략에서 내연적 성장전략으로의 전환을 도모하며 자신들의 전략적으로 추구하는 '국방공업우선노선'을 관철시키려 하고 있다.

그러나 객관적인 현실은 과연 어떠했을까? 이것을 파악하기란 매우 어려운 일이다. 북한은 정량적인 자료는 매우 제한적으로 발표하고 발표한다하더라도 자신들에게 유리한 점들만 부각시키고 불리한 것들은 누락시켜 발표하기 때문이다. 그러나 위에서 살펴보았듯이 『경제연구』와 『근로자』는 정성(qualitative) 측면에서 자신들의 문제점들을 그리고 현실을 지면을 통해 완곡하고 우회적인지만 다루어 왔기 때문에 이런 점들을 고려하고 제한적이지만 『조선중앙년감』을 통해 발표하고 있는 정량적인 자료들을 취합하고 정성적 자료들과 비교, 분석하여 통계자료를 구한다면 북한 현실에 보다 근접하게 그리고 보다 객관적으로 접근할 수 있다.

---

32) 김철남의 다음의 글은 북한이 '고난의 행군'의 가장 어려운 고비를 넘기고 경제개발전략에서 선택과 집중이 CNC를 비롯한 첨단기술에 대한 투자이었음을 확인해 주고 있다.
"위대한 장군님께서는 우리 식의 CNC기술로 경제의 현대화를 실현해나갈 최첨단돌파의 구상을 안으시고 나라가 가장 어려운 시련의 고비를 겪던 고난의 행군, 강행군시기에 투자를 집중하여 그 본보기를 창조하시였다. 그리하여 우리 나라는 다른 나라들이 30여년동안 거쳐온 단계들을 뛰여넘어 10여년동안에 CNC기술의 명맥을 확고히 틀어쥐고 나라의 기계제작과업을 발전된 나라들과 당당히 겨룰수 있는 높은 경제에 올려세우게 되었다(김철남, 「우리 당의 최첨단돌파사상의 본질과 합법칙성」, 『경제연구』 2012년 제4호, 8쪽).

2. 북한예산수입지출 추정치(2000~2012)

아래 표 4는『조선중앙년감』에 부분적으로 제한적으로 그리고 자의적이지만 발표되었던 정량적 자료와 북한 경제에 대해『근로자』와『경제연구』를 통해 지금까지 논의 되고 분석되었던 것들(이것들은 주로 정성적인 것들이다)을 비교, 분석, 종합하여 작성한 2000년도부터 2012년까지의 '북한예산수입지출 추정치'이다.

이것은 마치 퍼즐 맞추기와 유사한 작업이지만 실종된 부분(piece)들이 많아 대단히 어려운 퍼즐 맞추기이다. 그러나 어느 퍼즐이든 그 퍼즐이 최종적으로 구현하는(그것이 동물의 모습이든, 어느 유명 화가의 그림이든) 상(像)이 있기 때문에 그 상을 미리 인지하고 있다면 퍼즐 맞추기는 실종된 부분이 많을지라도 불가능하지 않다.

'북한예산수입지출'이라는 퍼즐 맞추기도 마찬가지이다. 북한은 자신들이 정의하고 설정하여놓은 '과도기론'에 의하여 (비록 무수히 많은 시행착오를 겪었지만) 자신들의 경제건설을 일관적으로 진행시켜왔기 때문에 북한의 과도기론에 대한 이해를 바탕으로 북한이 지향하고 최종적으로 만들어 놓은 상을 가늠할 수 있다. 그리고 바로 여기에 대한 (정성적인) 논의가『근로자』와『경제연구』 등에서 시기마다 이루어 졌기 때문에 이들의 분석을 통해 실종된 부분을 맞출 수 있는 것이다.

| 표 4 | 북한예산수입지출 추정치[33] (2000년~2012년)

연도	예산수입 총액	예산지출 총액[34]	인민 경제비	인민 적시책비	국방비	일반 행정 · 관리비[35]	전략 실행비[36]
2000	209억 343만 원	209억 5,503만 원[37]	84억 296만 원 (40.1%)[38]	80억 482만 원 (38.2%)[39]	29억 9,657만 원 (14.3%)[40]	6억 2,865만 원 (3%)	9억 2,202만 원 (4.4%)
2001	216억 3,994만 원[41]	216억 7,865만 원[42]	91억 7,001만 원 (42.3%)[43]	82억 5,957만 원 (38.1%)[44]	31억 2,173만 원 (14.4%)[45]	6억 5,035만 원 (3%)	4억 7,693만 원 (2.2%)
2002	226억 1,806만 원[46]	225억 7,282만 원[47]	51억 2,403만 원 (22.7%)[48]	85억 7,767만 원 (38%)[49]	33억 6,335만 원 (14.9%)[50]	6억 7,718만 원 (3%)	48억 3,058만 원 (21.4%)[51]
2003	239억 6,270만 원[52]	235억 3,137만 원[53]	54억 8,281만 원 (23.3%)	95억 3,020만 원 (40.5%)	36억 9,443만 원 (15.7%)[54]	7억 594만 원 (3%)	41억 1,798만 원 (17.5)[55]
2004	227억 6,456만 원[56]	226억 530만 원[57]	93억 3,599만 원 (41.3%)[58]	92억 4,242만 원 (40.8%)	35억 5,127만 원 (15.6%)[59]	5억 2,101만 원 (2.3%)[60]	-
2005	264억 2,965만 원[61]	275억 9,255만 원[62]	113억 9,523만 원 (41.3%)[63]	112억 5,776만 원 (40.8%)[64]	43억 8,721만 원 (15.9%)[65]	5억 5,185만 원 (2%)	-
2006	277억 9,255만 원[66]	277억 9,255만 원	113억 3936만 원 (40.8%)	112억 39만 원 (40.3%)[67]	44억 4,681만 원 (16%)[68]	1억 3,896만 원 (0.5%)	6억 1,143만 원 (2.2%)[69]
2007	294억 8,790만 원[70]	299억 8,919만 원[71]	120억 8,564만 원 (40.3%)[72]	122억 56만 원 (40.7%)[73]	47억 830만 원 (15.7%)[74]	4억 7,982만 원 (1.6%)[75]	5억 981만 원 (1.7%)[76]
2008	311억 6,871만 원[77]	311억 6,871만 원	125억 6,099만 원 (40.3%)[78]	126억 8,566만 원 (40.7%)[79]	49억 2,465만 원 (15.8%)[80]	1억 5,584만 원 (0.5%)[81]	8억 4,155만 원 (2.7%)
2009	333억 5,091만 원[82]	332억 8,381만 원[83]	133억 1,352만 원 (40%)[84]	133억 8001만 원 (40.2%)	52억 5,884만 원 (15.8%)[85]	1억 6,675만 원 (0.5%)	16억 6,728만 원 (3.5%)[86]
2010	359억 1,850만 원[87]	359억 1,850만 원[88]	150억 8,577만 원 (42%)[89]	145억 4,699만 원 (40.5%)[90]	56억 7,512만 원 (15.8%)[91]	1억 7,959만 원 (0.5%)[92]	4억 3,102만 원 (1.2%)
2011	389억 7,1579만 원[93]	388억 9,362만 원[94]	163억 3,532만 원 (42%)[95]	157억 5,191만 원 (40.5%)	61억 4,519만 원 (15.8%)	1억 9,446만 원 (0.5%)	4억 6,672만 원 (1.2%)
2012	431억 8,050만 원[96]	430억 778만 원	192억 6,748만 원 (44.8%)[97]	167억 3,002만 원 (38.9%)[98]	68억 3,823만 원 (15.9%)[99]	1억 7,203만 원 (0.4%)[100]	-

33) 북한은 위에서도 분석되었듯이 2002년 7월 1일 경제개선조치를 취하면서 생활비와 물가를 15배에서 20배 이상 올렸다. 그러므로 예산수입도 생활비와 물가에 비례하여 올라갔을 것이다. 그러나 북한은 2002년부터 정확한 국가예산수입의 정확한 수치를 밝히지 않고 있다. 다만 올해 국가예산수입계획은 몇% 수행되었다는 식으로 보고하고 있다. 이와 같이 국가예산수입을 기재하는 이유는 2002년 7·1조치 이후 임금과 물가 상승으로 명목(nominal) 국가예산수입도 임금과 물가에 비례하여 올라가기 때문에 만약 명목 값을 그대로 기재하였을 때 야기될 수 있는 혼란(2003년 명목 국가예산수입은 2002년 명목 국가예산수입보다 10배 이상 올라가게 됨)을 피하기 위해서인 것으로 분석된다. 따라서 표 3에서 추정된 '북한예산수입지출'은 모두 명목이 아닌 실지(real) 값이다.

34) 『조선중앙년감 2000년』에 명시되어있는 북한의 국가예산수입 계획과 국가예산지출 계획은 204억 532만 원으로 같다. 일반적으로 수입과 지출의 균형을 맞추는 것이 예산계획의 원칙이며, 북한에서도 이 원칙을 가능한 한 지키려고 하는 것으로 보인다. 그리고 만약 그 원칙이 지켜지지 않았을 경우, 초과/감소되었음을 발표하기 때문에 여기에 대한 특별한 언급이 없는 것에 대해서는 수입과 지출이 균형을 이룬 것으로 간주하고 계산하였다.

35) 일반 행정·관리비는 『조선중앙년감』에 명시되지는 않았지만, 국가운영에 반드시 필요한 비용이며 전체예산지출에 약 3% 정도 비중을 차지하는 것으로 추정하였다. 일반 행정·관리비는 각 나라별로 차이는 있으나, 일반적으로 전체예산에 0.5%~3%정도를 사용하는데 북한은 통제에 대한 비용이 많이 들어가는 사회주의국가임을 고려하여 3%로 추정하였다.

36) 북한 예산지출총액에서 인민경제비, 인민적시책비, 국방비, 그리고 일반 행정·관리비를 차감하고 남는 것을 전략실행비로 명명하였다. 전략실행비역시 『조선중앙년감』에 명시되어 있지 않다. 그러나 예산지출총액과 그것을 구성하고 있는 인민경제비, 인민적시책비, 국방비 그리고 일반 행정·관리비를 모두 합한 것과는 늘 차이가 있다. 그 차(差)는 누적되어 국가적 저축으로 남는 것이 아니라 지출총액에 포함되어 있어 어딘가에 쓰이고 있다. 북한은 아마도 자신들이 전략적으로 필요한 부문[가령 핵개발과 미사일 개발을 위해 또는 계획에는 들어 있지 않으나 예상치 못한 일로 인해 당년(當年)에 긴급하게 구입하여야 하는 품목을 위해, 그리고 홍수피해와 같은 자연재해의 피해를 복구하기 위해 필요한 자금 등]에 이것을 사용하였을 것으로 추정되어 전략실행비로 명명하였다.

37) 102.7% 초과 집행됨(『조선중앙년감 2001년』, 174쪽).

38) "공화국정부에서는 사회주의경제건설에서 결정적전진을 이룩하기 위하여 예산지출총액의 40.1%에 해당한 자금을 인민경제부문에 돌렸다."(『조선중앙년감 2001년』, 174쪽).

39) "국가예산지출총액의 38.2%를 인민생활향상을 위한 추가적시책비와 무료교육과 무상치료, 사회보험과 사회보장제의 실시 등 여러 가지 인민적시책에 돌림으로써 우리 나라 사회주의국가예산제도의 인민적성격과 우월성을 뚜렷이 과시하였다."(『조선중앙년감 2001년』, 174쪽).

40) "국가예산지출총액의 14.3%를 국방비로 돌려 나라의 방위력을 다지는데 기여 하였다."(조선중앙년감 2001년』, 174쪽).

41) "이해 국가예산수입은 계획 215억 7,080만 원에 대하여 실적 216억 3,994만 1,000원으로서 100.3%로 수행하였다."(『조선중앙년감 2002년』, 164쪽).

42) 100.5% 초과 집행됨(『조선중앙년감 2002년』, 164쪽).

43) "이해 국가예산지출총액의 42.3%의 자금을 경제건설부문에 돌림으로써 인민경제 중요부문의 생산을 추켜 세우고 인민생활에 필요한 공장, 기업소들의 건설과 개건현대화가 적극 추진되였다."(『조선중앙년감 2002년』, 164쪽).

44) "이해 국가예산지출총액의 38.1%를 추가적시책비와 무료교육, 무상치료, 사회보험 및 사회보장제실시 등 여러 가지 인민적시책에 돌렸다."(『조선중앙년감 2002년』, 164쪽).

45) "이해에 당의 선군정치를 높이 받들고 국가예산지출총액의 14.4%를 국방비로 돌림으로써 인민군데의 전투력을 강화하고 우리 혁명의 군사적보루를 더욱 굳건히 다지는데 기여하였다."(『조선중앙년감 2002년』, 164쪽).

46) 『조선중앙년감』에 의하면 2000년도와 2001년도 실지 국가예산수입총액은 각각 209억 344만 원과 216억 3,994만 원이다. 이것은 2000년도에 비해 2001년도 실지 국가예산수입총액이 3.5% 늘어난 것이며 전년도의 3%보다 0.5% 늘어난 것이다. 북한에서 생산의 정상화가 점증적으로 이루어지고 있음을 감안하고 2002년 7월 1일부터 '번수입체계'가 제도화되었음을 고려할 때 2002년도 국가예산수입 계획은 2001년도보다 많은 4%이었을 것으로 가정하였다. 『조선중앙년감 2003년』은 2002년도 국가예산수입계획은 100.5% 수행되었다고 하였으므로 2002년 실지 국가예산총액의 추정치는 다음과 같이 계산할 수 있다[(216억 ,996만 원 × 1.04) × (1.005) = 239억 6,270만 원].

47) 지출계획에 99.8% 집행됨(『조선중앙년감 2003년』, 182쪽).

48) "공화국정부는 경제강국건설에서 새로운 비약을 일으키기 위하여 국가예산지출총액의 22.7%에 해당하는 자금을 인민경제 여러 부문에 투자하였으며 과학기술부문에 많은 자금을 지출하여 과학기술발전에서 적지 않은 성과를 이룩하였다."(『조선중앙년감 2003년』, 183쪽).

49) 인민적시책비는 명시되어 있지 않으나, 연감에는 다음과 같은 설명이 있다. "공화국정부는 아직 나라의 경제형편이 펴이지 못한 조건에서도 제반 인민적시책들을 실시하는데 많은 자금을 돌림으로써 전체 인민이 당과 국가의 보살핌속에서 무료교육, 무상치료와 같은 국가적혜택을 받으며 보람찬 생활을 누릴수 있게 되었다."(『조선중앙년감 2003년』, 182쪽). 즉 경제적으로

어려운 상황 속에서도 인민적시책비는 전년도에 비해 큰 변화가 없다는 것이다. 따라서 2002년도 인민적시행비는 2001년도의 38.1%와 같은 수준인 38%로 추정하였다.

50) "공화국정부는 우리를 고립압살하려는 제국주의자들의 책동이 전례없이 악랄하게 감행되는 첨예한 정세속에서 나라의 방위력을 강화하기 위하여 국가예산지출총액의 14.9%를 국방비로 돌렸다."(『조선중앙년감 2003년』, 182쪽).

51) 2002년 7월 1일부터 경제개선조치가 취해지는데 경제개선조치는 (모든 정보가 공개되어 있지 않아 정확한 수치를 파악하기는 어렵지만) 국가적으로도 많은 자금이 소요되었을 것이다. 그러나 일반 근로자들의 월급인상은 국가예산지출과는 크게 상관이 없다. 북한에 있는 대부분의 공장·기업소들은 독립채산제로 운영되기 때문에 오른 월급은 국가의 부담이 아니고 공장·기업소의 몫이었기 때문이다.

일반 근로자들의 평균 급여는 18배 정도 인상되었는데 독립채산제로 운영되는 공장·기업소들이 수중에 갖고 있는 자금이 갑자기 18배 이상 높아지는 것이 아니기 때문에 결국 국가가 통화를 증가시키는 방법으로, 즉 은행에 마련되어 있는 공장·기업소들의 돈자리(구좌)에 돈을 근로자들의 급료와 물가의 상승률만큼 올려 공급해주는 방식으로 해결하였을 것이므로 국가에게 직접적인 부담으로 작용하지 않는다.

그러나 국가는 높아진 물가와 생활비에 맞게 교사, 의사, 군인 그리고 국영농장 직원과 전략적 중요성 때문에 국가가 직접 운영하는 탄광, 광산의 굴진공, 채탄공, 채광공 그리고 군수물자를 생산하는 근로자들의 급료도 올려주어야 하기 때문에 많은 자금이 소요되었을 것이며 이것이 전략실행비에 반영되었기 때문에 전략실행비는 2001년도 4억 7,693만 원에서 2002년 48억 3,058만 원으로 폭발적으로 늘어났을 것으로 추정된다.

전략실행비는 다음과 같이 계산하였다. 주석 48과 같이 인민경제비는 지출총액의 22.7%, 주석 49에서 추정되었듯이 인민적시책비 지출총액의 38%, 국방비는 주석 51에 나와 있듯이 지출총액의 14.9% 그리고 일반 행정·관리비는 명시되어있지 않아 2001년도 것과 같이 지출총액의 3%로 추정하고 이들이 국가예산지출총액에서 차지하는 비중을 다 합치면(22.7% + 38% + 14.9% + 3% =) 78.6%이 된다. 그러므로 전략실행비는(100% - 78.6 =) 21.4%로 추정할 수 있으며 전략실행비는 48억 3,058만 원(225억 7,282만 원 × 0.214)이 된다.

52) 북한은 2003년도 '번수입체계'가 공장·기업소들에게 보다 광범위하게 적용되어 국가기업리득금이 2002년보다 높아 졌을 것을 감안하여 계획을 세웠을 것이다. 그러므로 국가예산수입계획은 전년보다 5% 정도 많게 세웠을 것으로 가정하였다. 『조선중앙년감 2004년』에는 2002년도 국가예산수입

계획이 100.9% 수행되었다고 기록되어 있음으로 2003년 실지 국가예산총액의 추정치는 다음과 같이 계산할 수 있다[(226억1,806만 원 × 1.05) × (1.009) = 239억 6,270만 원].

53) 98.2%만 집행됨(『조선중앙년감 2004년』 187쪽).

54) "우리 당의 선군혁명로선을 높이 받들고 국가예산지출총액의 15.7%를 국방비로 돌려 미제를 비롯한 제국주의자들의 반공화국 고립압살책동에 대처하여 인민군대의 전투력을 강화하고 국방공업의 물질적토대를 더욱 튼튼히 다질수 있게 하였다."(『조선중앙년감 2004년』, 187쪽).

55) '경제개선조치'는 2002년 7월 1일, 즉 2002년 중반부터 실시되었기 때문에 2003년까지 그 여파가 전달되었을 것이다. 그러므로 2003년도 전략실행비도 2002년도 전략실행비보다 크지 않지만 비슷한 수준으로 간주하고 2002년도 전략실행비의 약 80% 정도였을 것으로 추정하였다.

56) 『조선중앙년감 2005년』는 2004년 국가예산수입총액에 대해서 아무런 발표를 하지 않았다. 결국 2004년도 실지 국가예산수입총액이 2003년도 것에 비해 줄어들었기 때문에 발표를 하지 않았을 것이다. 그런데 『조선중앙년감 2007년』은 2006년 국가예산수입은 계획에 대하여 97.5%로 수행되었다고 발표하고 있다. 이것은 2006년도 국가예산수입총액이 계획보다 더디게 성장하였지만 2005년도 국가예산수입 절대(absolute) 총액보다는 많기 때문에 발표한 것으로 보인다.

앞의 추정이 맞는다면 2004년도 국가예산수입 절대총액은 2003년도 국가예산수입 절대총액보다 적기 때문에 발표하지 않았을 것이다. 2004년도 국가예산수입 절대총액이 2003년도 국가예산수입 절대총액보다 5% 적었을 것으로 가정하면 2004년 국가예산총액은(239억 6,270만 원 × 0.95 =) 227억 6,456만 원이 된다.

57) 99.3%로 집행되었음(『조선중앙년감 2005년』, 185쪽).

58) "이해 국가예산지출총액가운데서 인민경제에 대한 지출에 41.3%, 사회문화에 대한 지출에 40.8%를 돌림으로써 나라의 경제를 발전시키고 사회주의문화를 건설하기 위한 사업을 성과적으로 보장하였다."(『조선중앙년감 2005년』, 185쪽).

59) "미제를 비롯한 제국주의자들의 반공화국 고립압살책동에 대처하여 국가예산지출총액의 15.6%를 국방비로 지출하여 자립적이며 현대적인 국방공업과 인민군대의 전투력을 백방으로 강화하고 나라의 존엄과 자주권을 굳건히 수호하였다."(『조선중앙년감 2005년』, 185쪽).

60) 일반 행정 · 관리비가 감소한 것으로 추정하였다. 여기에 대한 합당한 설명을 북한문헌에서 찾기는 어렵지만 조심스럽게 추정할 수 있는 상황은 독립채산제가 원활히 그리고 원만히 작동하여 공장 · 기업소들 스스로 관리할 수 있는 수준에 도달하여 국가의 감독과 통제가 이전만큼 필요 없어졌을 경우이다.

흥미로운 점은 2003년을 기준으로 『근로자』나 『경제연구』에서 독립채산제 관련 논문의 수는 현격히 줄어들고 실리원칙을 강조하는 글의 수가 폭발적으로 늘어났으며 2008년을 정점으로 줄어들고 있다는 사실이다. 학술전문지에 실린 논문의 수를 갖고 현실을 정확히 가늠할 수는 없지만, 『경제연구』에 실린 논문이 현실을 일정하게 반영한다면 위의 추정은 어느 정도의 타당성을 갖는다.

61) 『조선중앙년감 2006년』은 2005년 국가예산수입이 계획보다 100.8%로 넘쳐 수행되었으며 2004년도에 비하여 116.1%로 장성되었다고 한다. 2004년도 국가수입총액 추정치 227억 6,456만 원에 1.161을 곱하면 264억 2,965만 원이 된다. 그렇다면 2005년 국가예산수입 계획의 성장률은 어떠했을까?
2003년도 국가예산수입총액의 성장률은 전년도에 비해 5% 늘어난 것으로 추정하였다. 만약 동일한 성장률이 2004년도 국가예산수입총액에 적용되고 계획대로 수행되었다면 2004년도 국가예산수입총액은 251억 6,083만 원이 된다. 그리고 2005년도 국가예산수입총액 계획도 같은 성장률 5%를 적용하고 수행되었다면 2005년도 국가예산수입총액은 264억 1,888만 원이 된다. 이것은 2005년 추정치 264억 2,965만 원과 거의 같은 수치이다. 따라서 북한은 2003년부터 국가예산수입이 매년 약 5%정도씩 늘어나는 것으로 가정하고 계획을 세운 것이 된다.
『조선중앙년감』은 2005년 이후 북한 국가예산수입총액이 2006년도는 2005년도에 비해 4.4%, 2007년도는 2006년도에 비해 6.1%, 그리고 2008년도는 2007년도에 5.7%, 늘어나는 것으로 보고하고 있어 위의 추정 (매년 약 5% 성장)을 뒷받침 해준다.
또한 『조선중앙년감 2006년』은 2005년 국가예산수입에서 2004년에 비하여 국가기업리득금이 114.2%, 협동단체리득금 수입은 124.3%, 사회보험료수입은 105.7%, 기타수입은 100.3%로 장성되었다고 보고하고 있는데 국가기업리득금은 이전 체계에서 거래수입금과 국가기업리익금을 합친 것으로 국가예산수입에서 압도적인 비중(약 85% 이상)을 차지하고 있다.
2005년도 국가예산수입이 전년에 비해 116.1% 늘어났는데 이것은 국가기업리득금의 성장률 114.2%와 거의 같은 수치이다. 그러므로 국가예산수입의 성장률과 국가기업리득금의 성장률은 비례하며 결국 2004년도 국가예산수입의 부진의 원인은 국가기업리득금의 부진으로 결론 내릴 수 있다.

62) 2005년 국가예산지출은 계획보다 104.4%로 초과 집행되었다(『조선중앙년감 2006년』, 211쪽).

63) "국가예산에서는 지출총액의 41.3%에 해당한 자금을 인민경제부문에 지출하여 사회주의경제건설을 적극 추동하였다."(『조선중앙년감 2006년』, 211쪽).

64) 『조선중앙년감 2006년』에 명시되어 있지 않지만, 인민경제비가 전년도와 같은 비중으로 지출되었기 때문에 인민적시행비도 전년도와 같은 40.8%로 추정하였다.

65) "당의 선군정치의 요구에 맞게 나라의 방위력강화에 국가예산지출총액의 15.9%를 돌렸다."(『조선중앙년감 2006년』, 211쪽).

66) 『조선중앙년감 2007년』에 따르면 2006년 국가예산수입이 계획에 대하여 97.5%로 수행되었으며 2005년에 비하여 104.4%로 장성되었다고 한다. 그러므로 2006년 국가예산수입총액은(264억 2,965만 원 × 1.044 =) 277억 9,255만 원이 된다.

67) 『조선중앙년감 2007년』에는 인민적시책비가 명시되어있지 않다. 그러나 인민경제비로 전년보다 0.5% 낮은 40.8%를 지출하였음으로 인민적시행비도 전년보다 0.5% 낮은 40.3%로 추정하였다.

68) "당의 선군혁명로선을 받들어 국방비로 국가예산지출총액의 16%를 돌렸다."(『조선중앙년감 2007년』, 184쪽).

69) 전략실행비는 다음과 같이 추정하였다. 북한은 2006년 10월 9일 핵 실험을 진행하였기 때문에 실험에 따른 비용과 실험 후 분석과 정리에 소요되는 경비, 즉 전략실행비가 필요하였을 것이다. 그러나 인민경제비, 인민적시책비, 그리고 국방비가 총지출에서 차지하는 비중은 전년도와 비교해 큰 변화가 없으며 국가예산지출총액은 계획에 대해 99.9%로 지출하여 예산균형을 이루었기 때문에 핵 실험에 필요한 경비는 일반 행정·관리비에서 충당하였을 것이다. 일반 행정과 관리가 수행되기 위해서는 총지출의 최소한 0.5%가 필요하기 때문에 핵 실험으로 들어간 전략실행비는 총지출의 2.2%가 된다.

70) 『조선중앙년감 2008년』는 2007년 국가예산수입은 계획에 대하여 100.2%로 수행되었으며 그 전해에 비하여 106.1%로 장성하였다고 한다. 그러므로 2007년 국가예산수입총액은(277억 9,255만 원 × 1.061 =) 294억 8,790만 원이 된다.

71) 2007년 국가예산지출은 집행과정에 큰물피해복구자금을 비롯하여 예상치 않았던 막대한 자금이 추가된 결과 계획에 대하여 101.7%로 초과 집행되었다고 한다(『조선중앙년감 2008년』, 168쪽).

72) 『조선중앙년감 2008년』에는 예산지출에서 인민경제비의 비중을 명시하고 있지 않고 다만 농업부문에 대한 지출을 108.5%, 그리고 경공업부문에 대한 지출을 크게 늘렸다고 한다(『조선중앙년감 2008년』, 168쪽). 그러나 북한에서는 일반적으로 늘어난 것에 대해서만 명시하기 때문에 이것은 경농업과 경공업에 대한 절대 지출이 전년도에 비해 늘어났다는 것이지 전년도에 비해 총지출에서의 비중이 늘어난 것이 아닐 것이다. 따라서 2008년도

총지출에서 인민경제비 비중은 전년보다 동일하거나 소폭 감소하였을 것으로 보고 40.3%로 추정하였다.

73) 예산지출에서 인민적시책비역시 명시되어있지 않지만, "아직 나라의 경제가 전반적으로 활성화되지 못한 조건에서도 인민적시책을 실시하는데 계획보다 많은 자금을 더 지출하여 인민들의 무상치료, 무료교육, 사회보험, 사회보장과 같은 국가적혜택을 원만히 보장받을 수 있게 하였다"고 설명하고 있어 총지출에서 인민적시책비 비중이 전년보다 늘어났을 것으로 추정할 수 있다. 그러나 명시가 안 된 것은 그 늘어난 폭이 매우 미미하기 때문일 것이다. 따라서 인민적시책비는 전년보다 0.2% 늘어난 40.7%로 추정하였다.

74) "이해에도 우리는 당의 선군혁명로선을 받들어 국방비로 국가예산지출총액의 15.7%를 지출하였다."(『조선중앙년감 2008년』, 168쪽).

75) 2008년도 일반 행정·관리비는 2004년부터 2007년도까지 일반 행정·관리비의 평균인 1.6%로 추정하였다.

76) 국가예산지출은 계획에 대하여 101.7% 초과 지출 따라서 101.7% - (40.3 + 40.7 + 15.7 + 1.6)% = 1.7%

77) 『조선중앙년감 2009년』는 2008년 국가예산수입은 101.6%로 수행되었으며 그 전해에 비하여 105.7%로 장성하였다고 한다. 그러므로 2008년 국가예산수입총액은(294억 8,790만 원 × 1.057 =) 311억 6,871만 원이 된다.

78) 2008년도 인민경제비는 『조선중앙년감 2009년』 기재되어있지 않고 농업부문에 전년도에 비해 105.4%에 달하는 자금을 투자하였다고만 명시되어 있다(『조선중앙년감 2009년』 193쪽). 2008년도예산 수입과 지출은 균형을 이루었기 때문에 총지출에서 인민경제비는 2008년도와 같은 비중인 40.3%로 추정하였다.

79) 총지출에서 인민적시책비의 비중의 추정의 근거는 주석 73과 같다.

80) "이해에 국가예산지출총액의 15.8%를 국방비로 돌림으로써 인민군대를 강화하고 국방공업을 발전시키며 온 나라를 난공불락의 요새로 만드는데 적극 이바지하였다."(『조선중앙년감 2009년』, 192쪽).

81) 북한은 2009년 4월 5일 오전 11시 30분 15초에 함경북도 화대군 무수단리(동해위성 발사장)에서 인공위성이 탑재된 은하 2호 로켓을 발사하였다. 일반적으로 인공위성을 로켓에 탑재하여 발사하는 것은 핵 실험보다 비용과 시간이 더 많이 소요되기 때문에 2008년부터 준비를 하였을 것이다. 예산이 균형을 이루었기 때문에 일반 행정·관리비를 최소한으로 잡으면, 즉 총지출의 0.5%로 잡으면 인공위성 발사에 들어가는 전략실행비는 총지출의 2.7%가 된다.

82) 『조선중앙년감 2010년』는 2009년 국가예산수입은 101.6%로 초과 수행 되었으며 2008년에 비하여 107%로 장성하였다고 한다. 그러므로 2009년 국가예산수입총액은(311억 6,871만 원 × 1.07 =) 333억 5,052만 원이 된다.

83) 2009년 국가예산지출은 99.8%로 진행됨(『조선중앙년감 2010년』, 266쪽).

84) 『조선중앙년감 2010년』에서 인민경제비에 대해서는 기본건설부문에 대한 자금지출이 전해에 비해 108.6% 증가하였다는 언급이 있고 인민생활을 높이기 위하여 2009년 국가예산에서 전해에 농업, 경공업부문에 대한 지출을 늘였다(『조선중앙년감 2010년』, 266쪽)고 하지만, 총지출에서 인민경제비가 차지하는 비중은 명시되어있지 않다. 그러나 북한은 2009년 4월 5일 은하2호 로켓을 발사하였기 때문에 여기에 따른 비용이 들어갔을 것이고 이것은 인민경제비와 인민적시책비에서 차출하여 충담하였을 것이다. 따라서 인민경제비와 인민적시책비가 총지출에서 차지하는 비중을 각각 40%와 40.2%로 2008년도보다 약간 낮게 잡았다. 북한이 이미 2008년도에 로켓 발사 준비를 위해 비용을 썼기 때문에 2009년도는 발사에 관련된 비용만 필요하였을 것인데 이것은 준비비용보다는 많았을 것이다. 따라서 2009년도 전략실행비는 전년도 전략실행비보다 많은 총지출의 2%로 추정하였다.

85) "이해에 국가예산지출총액의 15.8%를 국방비로 지출하여 선군혁명의 요구에 맞게 군력을 강화하는 사업을 재정적으로 믿음직하게 담보함으로써 나라와 민족의 존엄과 자주권, 사회주의제도를 굳건히 수호할수 있게 하였다."(『조선중앙년감 2010년』, 266쪽).

86) 2009년은 '150일(4월 20일~9월 16일) 전투'와 '100일(9월 23일~12월 31일) 전투'가 있었던 해이다. 북한은 '150일 전투'에 대하여 "이해를 강성대국건설에서 분수령을 이루는 위대한 변혁의 해로 빛내이기 위한 전당적인 총공격전, 전국가적인 총동원전, 전인민적인 총결사전이였다"고 평가하고 '100일 전투'에 대해서는 "이해를 조국청사에 특기할 위대한 전변의 해로 빛내이기 위한 최후돌격전이였으며 당창건 65돐이 되는 2010년에 보다 큰 승리를 이룩하고 2012년에 강성대국의 대문에 들어설수 있는 도약대를 마련하기 위한 공격전이였다"고 총평하였다.

'150일 전투'로 북한은 강성대국건설의 마지막요새인 경제강국의 목표를 점령하기 위한 투쟁에서 "최근년간 일찍이 있어본적이 없는 대혁신, 대비약이 이룩되고 나라의 경제전반이 확고한 상승궤도에 올라서게 되었으며 공업부문에서 150일 전투계획을 112%로 넘쳐 수행하였으며 전국적으로 수많은 공장, 기업소들이 이해 인민경제계획을 기한전에 초과 완수하였다"고 한다. 또한 '100일 전투로' "전국적인 공업생산이 2008년 같은 시기에 비해 1.3배로 장성하였다고 한다."(『조선중앙년감 2010년』, 263쪽).

'150일 전투'와 '100일 전투' 모두 사전에 계획된 것들이었으며 두 전투에 들어가는 비용은 2009년 인민경제비 예산에 포함되었을 것이다. 그러나 이들 모두 대중을 동원하는 천리마운동식 대중운동의 성격을 갖고 있는 돌격전으로 불확실성(uncertainty)을 포함하고 있다. 이러한 불확실성으로 인해 두 전투를 실행하는 동안 추가적인 비용이 불가피하게 발생하였을 것이다.

그러나 그동안 많은 천리마운동식의 대중동원을 통한 증산운동을 벌려온 북한에게 이러한 불확실성에 의한 추가 비용은 생소한 것이 아니었을 것이다. 따라서 북한은 '150일 전투' 그리고 '100일 전투'를 계획하면서 이에 따른 추가 비용을 전략실행비에 포함시켰을 것이다. 그리고 은하 2호는 2008년부터 준비를 하였을 것이지만 추가적인 비용이 들어갈 것으로 가정하고 2009년 전략실행비는 기존년도 것보다 많은 총지출의 3.7%로 추정하였다.

87) 『조선중앙년감 2011년』는 2010년 국가예산수입은 101.3%로 넘쳐 수행되어 2009년에 비하여 107.7%로 장성하였다고 한다. 그러므로 2010년 국가예산 수입총액은(333억 5,052만 원 × 1.077 =) 359억 1,850만 원이 된다.

88) 2010년도 국가예산지출은 99.9%로 집행되었으며 전해에 비하여 108.2%로 늘어났다고 한다(『조선중앙년감 2011년』 290쪽).

89) 북한은 2010년 국가예산지출에서 "2009년에 비하여 경공업부문에 대한 지출을 110.9%, 농업부문에 대한 지출을 109.4%, 인민경제 선행부문, 기초공업부문에 대한 지출을 108%로 늘임으로써 인민소비품생산과 농업생산의 튼튼한 물질기술적토대가 마련되었고 기본건설자금지출을 전해에 비하여 112.9%로 증가하여 전반적인민경제의 물질기술적토대를 더욱 튼튼히 다져나갈수 있게 하였다고 한다."(『조선중앙년감 2011년』 290쪽).
북한의 인민경제비에서 경공업, 농업 그리고 중공업이 차지하는 비중이 일반적으로 20%, 20%, 그리고 60%임을 감안하였을 때 전년도에 비해 인민경제에 대한 투자는 인민경제 거의 모든 부문에서 약 109%[= (110.9% × 0.2) + (109.4% × 0.2) + (108% × 0.6)] 증가하였다. 이것은 2010년 국가예산수입 성장률인 7.7%보다 약간 높은 수준이다. 따라서 인민경제비가 총지출에서 차지하는 비중은 전년도보다 약간 높은 42%로 추정하였다.

90) 2010년 국가예산에서 인민적시책 자금지출은 전해에 비해 106%로 늘었다고 한다(『조선중앙년감 2011년』, 290쪽). 그러나 2010년 국가예산수입이 전년도에 비해 107.7%로 장성하였기 때문에 인민적시책비의 절대총액은 전해에 비해 106% 증가하였지만 인민적시책비가 총지출에서 차지하는 비중은 거의 변화가 없었을 것이며 증가하였다면 매우 소폭으로 증가하였을 것이다. 따라서 2010년도 인민적시책비가 총지출에서 차지하는 비중은 전년도보다 조금 증가한 40.5%로 추정하였다.

91) "이해에 국가예산지출총액의 15.8%를 국방비로 돌려 인민군대의 전투력강화와 국방공업의 발전을 최우선적으로 보장하였다."(『조선중앙년감 2011년』, 290쪽).

92) 북한은 2009년 '150일 전투'와 '100일 전투'를 성공적으로 마무리하여 국가경제를 정상궤도에 올려놓았다고 주장하였다. 북한의 주장에서 주목하여야 할 점은 '150일 전투'와 '100일 전투'의 성공 여부보다 '국가경제가 정상궤도에 올라왔다'고 한 점이다. 즉 북한이 확실히 예전과는 다른 체제로 경제를

운영한다는 것인데 지금까지의 논의 맥락에서 볼 때 이것은 3장에서 살펴보았듯이 계획의 합리화를 의미한다.
북한에서 계획의 합리화란 계획의 일원화와 세부화 체계와 같은 철저한 중앙집권적 명령계획경제체제에서 벗어나 연합기업소체제를 바탕으로 한 지표지시형계획(indicative planning)경제와 유사한 경제체제를 의미한다. 또한 북한은 지방의 경제는 지방 스스로 책임지는 경제 분권화를 지속적으로 추구하여 군 단위까지 경제 분권화의 지평을 넓혀놓았다. 결국 국가경제를 정상궤도에 올려놓았다는 것은 (북한이 추구하는) 계획의 합리화와 분권화를 완성단계까지 올려놓았다는 것을 의미한다. 그리고 이러한 계획의 합리화와 분권화 안에서의 국가경제는 최소의 비용으로 운영될 수 있기 때문에 2010년 일반 행정 · 관리비를 최소 수준인 총지출의 0.5%로 추정한 것이다.

93) 국가예산집행의 결산에 대해 『조선중앙년감 2012년』은 2010년에 비해 얼마나 성장하였다는 것을 생략하고 단지 "2011년에 위대한 김정일동지의 정력적인 령도밑에 인민생활향상과 경제강국의 확고한 토대를 마련하기 위한 대고조진군이 힘있게 벌어져 강성국가건설의 모든 전선에서 결정적인 전환이 이룩됨으로써 국가예산이 성과적으로 집행되었다"고 언급하고 있다. 그리고 2011년 국가예산수입은 목표보다 101.1% 많이 수행되었다고 한다. 『조선중앙년감 2009년~2011년』를 살펴보면, 2008년 국가예산수입은 101.6%로 수행되었으며 그 전해에 비하여 105.7%로 장성하였으며, 2009년 국가예산수입은 101.6%로 초과 수행 되었으며 2008년에 비하여 107%로 장성하였고 2010년 국가예산수입은 101.3%로 넘쳐 수행되어 2009년에 비하여 107.7%로 장성하였다고 하였다. 다시 이야기하여, 2008년도 국가예산수입은 2007년도 것보다 4.1%(105.7%-101.6%) 더 성장하는 것을 목표로 하고, 2009년도는 2008년도보다 5.4%(107%-101.6%) 그리고 2010년도는 2009년도보다 6.4%(107.7%-101.3%) 더 성장하는 것을 목표하였다고 할 수 있다. 결국 북한은 2009년부터 매년 전년도 성장률보다 최소 1% 이상 더 성장하는 것을 목표로 설정하고 있다고 볼 수 있다. 북한이 성장률을 이렇게 매년 점진적으로 늘어나는(progressive) 것으로 잡은 이유는 2003년부터 본격적으로 추진하여온 생산 시설과 설비의 현대화가 2009년을 기점으로 성과를 내고 있기 때문일 것이다.
여기에 대해 『조선중앙년감 2010년~2112년』은 다음과 같은 보고들을 하고 있어 위의 추정을 뒷받침해준다. "2009년에 중공업의 핵심인 기계공업부문에서 CNC 기술의 최첨단을 돌파하여 세계의 패권을 틀어쥠으로써 선군시대 주체공업의 위력이 힘있게 과시되였다 … (중략)… 최첨단을 돌파한 주체식강철생산방법이 완전성공함으로써 세계강철공업의 명줄로 되고있는 콕스(코크스)에 의한 재래식제강법에 종지부를 찍고 우리 나라에 무진장한 원료와 연료에 100% 의거하는 강철공업의 주체화가 빛나게 실현되여 철강 재생산을 안전하게, 체계적으로 빨리 늘일수 있는 확고한 전망이 열리게 되었다."(『조선중앙년감 2010년』, 266~277쪽).

"경제강국건설과 인민생활향상에서 중요한 의의를 가지는 2.8비날론련합기업소가 현대적인 대화학기지로 전변되여 주체섬유가 쏟아져나오게 됨으로써… 경공업과 농업을 비롯한 인민경제를 더욱 발전시켜 인민생활을 획기적으로 높일수 있는 확고한 전망이 열리게 되었다… (중략)… 기업소기술자들과 로동계급의 헌신적인 투쟁에 의하여 비날론생산공정들의 CNC화가 실현되여 온도, 압력, 류량, 준위, 농도 등의 측정 감시와 운전조작이 컴퓨터화되고 능률을 훨씬 높일수 있게 되었다."(『조선중앙년감 2011년』, 290~291쪽).

2009년부터 매년 전년도 성장률보다 최소 1% 이상 더 성장하는 것을 목표로 설정하고 있다는 위의 가정이 2011년도에도 적용된다면, 2011년도 국가예산수입 목표 성장률은 7.4%이 되고, 2011년도 실질 성장률은 이보다 1.1% 더 많은 8.5%이다. 그러므로 2011년도 국가예산수입은(359억 1,850만 원 × 1.085 =) 389억 7,157만 원이 된다.

94) 국가예산지출은 99.8%로 집행되었다(『조선중앙년감 2012년』, 273쪽).

95) 2011년도 예산집행은 항목별로 따로 구분하지 않고 단지 국방비에 대해서만 "당의 선군혁명로선에 따라 국가예산지출총액의 15.8% (2010년도와 같은 비율임)를 국방비로 돌려 인민군대의 전투력과 국방공업의 토대를 백방으로 강화하고 나라의 자주적존엄과 사회주의제도를 굳건히 수호하는데 적극 이바지할수 있게 되었다"고 언급하고 있다. 따라서 2011년도 인민경제비, 인민적시책비, 일반 행정 · 관리비 그리고 전략실행비는 2010년도와 같이 국가예산지출총액의 42%, 40.5%, 0.5% 그리고 1.2%로 추정하였다.

96) 2012년 국가예산수입도 2011년도와 마찬가지로 전년에 비해 얼마나 성장했는지는 생략하고 "2012년에 당의 현명한 령도아래 위대한 장군님의 구상과 유훈을 실현하기 위한 총공격전이 힘있게 벌어져 사회주의강성국가건설과 인민생활향상에서 커다란 전진이 이룩됨으로써 국가예산이 정확히 집행되였다. 2012년 국가예산수입은 101.3%로, 그 가운데 지방예산수입은 113.8%로 수행되였으며 국가예산지출은 99.6%로 집행되였다"고 기록되어있다(『조선중앙년감 2013년』, 366쪽).

연감은 "흥만비료련합기업소 가스화1계렬공정이 11월 17일 조업하였다. 우리의 무진장한 원료와 적은 전력으로 비료를 생산하는 주체적이며 현대적인 생산공정이 완공됨으로써 나라의 농업발전과 인민생활향상에 크게 이바지할수 있게 되었다."(366쪽)라며 2012년도역시 생산시설과 설비의 현대화가 진행되고 있으며 그 성과가 현실에서 나타나고 있음을 시사하고 있다. 그러므로 위의 주석 93에서와 같이 북한이 예산수입총액이 전년도에 비해 약 1% 매년 더 성장하는 것을 목표로 설정한다는 가정이 2012년도에도 적용된다고 보면 2012년도 실질 성장률은[(8.5%+1%=9.5%) + 1.3% =] 10.8%가 된다. 그리고 2012년도 국가예산수입총액은(389억 7,157만 원 × 1.108 =) 431억 8,050만 원이 된다.

97) "국가예산에서 경공업과 농업, 인민경제4대선행부문을 비롯한 경제발전과 인민생활향상에 지출총액의 44.8%의 자금을 돌려 위대한 수령님의 탄생 100돐에 드리는 기념비적창조물들을 훌륭히 일떠세우고 주체화, 현대화된 자립경제의 물질기술적토대를 튼튼히 다지며 조국의 면모를 일신시키기 위한 사업을 자금적으로 보장하였다."(『조선중앙년감 2012년』, 366쪽).

98) "국가예산에서는 세계문명을 따라앞설데대한 당의 의도에 맞게 우리 나라 사회주의제도의 우월성을 집중적으로 보여주는 인민적시책과 사회문화시책부문에 지출총액의 38.9%의 자금을 돌려 전반적무료의무교육제와 무상치료제, 사회보험 및 사회보장제, 정휴양제를 비롯한 사회주의적시책들의 실시와 문학예술발전, 체육강국건설을 보장하였다."(『조선중앙년감 2012년』, 366쪽).

99) "이해에 국가예산에서는 우리 당의 선군혁명로선과 조성된 정세의 요구에 맞게 지출총액의 15.9%를 국방비로 돌려 나라의 군력을 백방으로 강화하기 위한 사업을 자금적으로 담보함으로써 나라의 자주권과 인민의 안전을 굳건히 수호하는데 이바지하였다."(『조선중앙년감 2012년』, 366쪽).

100) 『조선중앙년감 2012년』에 기재되어 있는 인민경제비와 인민적시책비 그리고 국방비가 국가예산지출에서 차지하는 비중은(44.8% + 38.9% + 15.9% =) 99.6%이다. 최소 일반행정 · 관리비가 총지출의 0.5%이니, 일반행정 · 관리비를 총지출에서 빼면 전략실행비는 책정되어 있지 않은 것이 된다. 그러나 북한은 2012년 두 차례에 걸쳐 인공위성을 발사하였다.

첫 번째는 2012년 4월 13일 7시 38분쯤 장거리 로켓인 은하 3호를 발사했으나 2분 15여 초(135초)만에 추락하였다. 그리고 김정일 전 국방위원장 사망 1주년을 전후한 2012년 12월 12일 2호기를 발사하였으며 위성은 궤도진입에 성공하였다. 한 해 그것도 두 차례에나 걸쳐 인공위성을 발사하기 위해서는 많은 비용이 필요하다. 그러나 북한은 앞에서 추정, 분석하였지만 2012년도에 전략실행비를 책정하지 않았다.

그렇다면 은하3호 1기와 2기에 필요한 비용은 어디에서 조달되었을까? 표 4에 나타나 있듯이 2010년 그리고 2011년 전략실행비는 각각 4억 3,102만 원과 4억 6,672만 원으로 책정되었던 것으로 추정, 분석하였다. 하지만 2010년 그리고 2011년 모두 전략실행비가 사용될 만한 상황이 발생하지 않았다. 따라서 2010년과 2011년 책정되었던 전략실행비 8억 9,774만 원(= 4억 3,102 + 4억 6,672만 원)는 2010년과 2011년에 사용되지 않고 누적되어 2012년 두 차례에 걸친 은하3호 발사에 사용된 것으로 추정할 수 있다.

또한 북한은 자기완결적 생산구조를 자신들이 갖고 있는 자원만으로 지속적으로 운영하기 어려운 초기적 조건을 갖고 있고 북한 밖의 외부적인 상황은 객관적으로 존재한다. 북한의 경제건설은 바로 북한이 지향하는 자신들의 최종적인 상과 자신들이 어찌할 수 없는 객관적 조건들의 차이를 메우는 작업의 과정이라고 할 수 있으며 분기점별로 그 모습을 드러낸다. 위의 '북한예산수입지출 추정치'는 그 모습 중 하나이다. 이것을 통해 '고난의 행군' 이후 북한의 경제건설노선과 정책이 과연 성과가 있었는지 분석하여 보자.

4-3) 경제건설에서 북한의 선택과 집중 (2003년~2012년)에 대한 평가

북한은 2000년 초,중반부터 과학기술중시노선을 표방하였다. 구체적으로 이것은 선군정치의 틀에서 내각책임제를 통해 경제에서 실리를 추구하여 여기서 얻어진 '축적'으로 과학기술의 발전에 집중적으로 투자하여 외연적 성장전략에서 내연적 성장전략으로 전환하며 자신들의 전략적인 추구하는 '국방공업우선노선'을 관철시키는 것이다.

앞에서도 분석되었듯이 과학기술에 대한 투자의 성과는 투자 즉시 얻어지는 것이 아니며 성과가 나오기 위해서는 일정한 시간이 요한다. 설비와 시설에 대한 기술개건은 최소한 5년 이상이 걸리고 북한문헌에서도 2005년에 가시적인 그리고 2006년부터 본격적인 성과가 있었다고 주장하므로 시기를 2000년부터 2006년까지와 2006년부터 2012년까지 나누어 분석하였다.

먼저 예산수입총액부터 살펴보자. 예산수입총액은 당년의 국가수입총액을 나타냄으로 시기별로 예산수입총액의 연평균 성장률(Compound Annual Growth Rate, CAGR)을 구하여 비교하여 보면 과학기술중시노선에 대한 성과 여부를 어느 정도 파악할 수 있다.

CAGR를 구하는 공식은 다음과 같다. CAGR = (FV/PV)1/n - 1; FV는 Future Value로 끝나는 연도의 값이 되겠고, PV는 Present Value로 시작하는 연도의 값이며, n은 연도수이다. 이것을 다른식으로 표현하면, CAGR = (FV/PV)^(1/#of years) - 1 되는데 이 식을 사용하여 2000년~2006년 예산수입총액 연평균 성장률을 구하면 다음과 같다.

CAGR = (FV/PV)^(1/n) -1 = ((277억 9,255만 원)/(216억 3,994만 원))^(1/6) - 1 = 0.042586404으로 약 4.3%

한편 같은 식을 사용하여 2006년~2012년 예산수입총액 연평균 성장률을 구하면 다음과 같다.

CAGR = (FV/PV)^(1/n) -1 = ((431억 8,050만 원)/(277억 9,255만 원))^(1/6) - 1 = 0.076200555으로 약 7.6%

앞에서 계산한 것과 같이 2000년~2006년과 2006년~2012년 시기 예산수입총액 연평균 성장률은 각각 4.3%와 7.6%이다. 즉 2006년~2012년 예산수입총액의 연평균 성장률이 2000년~2006년 예산수입총액의 연평균 성장률에 비해 3.3%가 높은 것이다.

과학기술 부문에 대한 투자는 인민경제비에 포함되어있다. 그러므로 만약 인민경제비의 구성이 세분화되어 과학기술 부문에 대한 연도별 투자액도 조선중앙년감에 정확히 나와 있다면 과학기술 부문에 대한 투자의 연평균 성장률을 계산하여 예산수입총액의 연평균 성장률과 비교하여 보면(단, 과학기술 부문에 대한 투자가 그 다음해의 예산수입총액에 영향을 미쳤을 것이기 때문에 과학기술 부문에 대한 투자 연평균 성장률은 예산수입총액의 연평균 성장률보다 한 해 전 또는 그 이전부터 계산하여야 한다) 과학기술 부문에 대한 투자의 성과 여부를 정확히 파악할 수 있다.

과학기술에 대한 투자는 (그것이 성공적이었다면) 생산성(productivity)에 직접적인 영향을 끼치기 때문에 연평균 성장률은 예산수입총액의 연평균 성장률보다 커야 과학기술에 대한 투자가 성과를 거두었다고 할 수 있다. 그러나 인민경제비가 정량적으로 세분화되어 있지 않기 때문에 위의 것을 정확히 구할 수는 없으나, 앞에서 살펴본 것과 같이 『경제연구』와 『조선중앙년감』 등 북한의 공식 문헌들은 정성적인 측면에서 이구동성으로 과학기술에 대한 투자는 경제 사정이 어려워도 지속되었으며 그 투자액도 늘어났음을 강조하였기 때문에 그것이 사실이라고 가정하고(즉 인민경제비의 연평균 성장률과 과학기술 부문에 대한 투자의 연평균 성장률이 비례하며 과학기술 부문에 대한 투자의 연평균 성장률이 인민경제비의 연평균 성장률을 추동하는 것으로 가정하고) 2005~2011년의 인민경제비 연평균 성장률을 다음과 같이 계산하였다.

2005년~2011년 인민경제비 연평균 성장률 : ((155억 7,179만 원)/(113억 9,523만 원))^(1/6) - 1 = 0.05342246, 약 5.3%

2005년부터 2011년까지 인민경제비 연평균 성장률은 5.3%이며 위의 가정대로 본다면 같은 시기 과학기술 분야에 대한 투자의 연평균 성장률도 5.3% 또는 5.3%에 근접한 것이 된다. 2006년~2012년 기간 중 예산수입총액 연평균 성장률은 7.6%로 과학기술 분야에 대한 투자의 연평균 성장률보다 약 43% 정도 더 높다. 그러므로 (앞의 가정이 맞는다면) 과학기술 부문에 대한 투자는 북한이 주장하는 대로 성과가 있었다고 결론 내릴 수 있다.

제4장 보론

북한은 최고인민회의 상임위원회 정령과 그 집행을 위한 내각 결정에 의해 2009년 11월 30일부터 12월 6일까지 제5차 화폐개혁을 실시하였다. 화폐교환은 구권 100원과 신권 1원을 단순히 맞바꾸는 액면절하(액면표시 방법은 그대로 유지하면서 화폐가치만 절하하는 것, redenomination) 방식으로 이뤄졌으며, 은행에 저금한 몫의 경우 10 : 1 비율로 교환하여주었다. 교환 한도는 최초 1가구당 10만 원으로 알려졌으나 이후 1인당 5만 원, 1가구당 20만 원으로 한도가 완화된 것으로 한국 언론에서는 보도하였다. 화폐교환 후 전반적인 가격 수준은 2002년 7월 1일 수준으로 조정되였으며 공장·기업소에서 받는 임금도 종전의 금액 수준을 새 화폐로 보장하였다고 한다. 이렇게 북한에서 이루어진 제5차 화폐개혁의 배경, 목적, 그리고 평가에 대해 한국 정부 그리고 한국의 대부분의 언론들은 다음과 같이 이야기하고 있다.

> 화폐개혁 조치는 7·1조치 이후 화폐가치가 크게 하락하면서 발생한 인플레이션을 해소하고 암거래 시장에서 유통되는 지하자금을 끌어내는 한편, 시장과 시장세력을 통제하고 계획경제를 강화하기 위한 것이었다. 화폐개혁은 시행되자마자 북한 경제를 심각한 혼란에 빠뜨리고 북한당국이 추진해오던 경제정책들에 많은 차질과 타격을 주게 되었다. 화폐개혁 이후 북한의 시장 물가는 2010년 이후 현재에 이르기까지 마치 주가변동 곡선처럼 심하게 변동하고 급속한 물가상승이 야기되었다. 북한 시장 물가는 화폐개혁 1년이 되는 2010년 11월 말에 이미 화폐개혁 이전 수준으로 복원되었고, 그 이후 계속 상승세를 보이고 있다. 따라서 화폐개혁은 단기적으로 북한당국의 재정능력을 확충시켜 주었을지 모르지만 결국 장마당경제의 침체와 그럭저럭 작동되고 있었던 국영기업소와 계획경제 부문마저 경제활동의 위기를 초래함으로써 재정에도 부정적 영향을 주게 되었다.[101]

여기에 언론들은 한걸음 더 나아가, 북한 주민들 중 일부 특

101) 통일부, 「2009년 제5차 화폐개혁」, 『지식사전』, http://nkinfo.unikorea. go.kr/nkp/term/viewNkKnwldgDicary.do?pageIndex=23&koreanChrctr=&dicaryId=221.

권층들은 이미 오래전부터 북한 화폐를 믿지 못해 금, 미국 달러, 유로, 또는 중국 위안화 등으로 재산을 저장해 왔으며, 돈주(큰 상인)들도 중국 위안화나 미국 달러화로 거래를 해 와서 화폐개혁으로 인해 큰 피해를 보지 않았지만 배급제가 붕괴되면서 시장에서 장사로 생계를 이어가는 대부분의 북한 주민들은 현금(북한 돈)으로 거래를 하고 있었기 심각한 피해를 보았다고 보도하였다. 결국 화폐개혁은 실패로 돌아가고 주민들의 불만만 높아지자 북한은 이 일의 책임자였던 박남기 계획재정부장을 공개 총살하였다는 것이 언론들이 전하고 기정사실화하고 있는 2009년 말 이루어졌던 제5차 북한 화폐개혁 전말이다.

북한은 공식적으로 제5차 화폐개혁에 대해서 공식적으로 밝히기 않고 있다. 제5차 화폐개혁이 대외적으로 알려진 것은 재일본조선인총련합회(조총련) 기관지 『조선신보』가 2009년 12월 4일 평양발 기사[102]를 통해서였다. 그러면 『조선신보』가 보도한 북한의 제5차 화폐개혁이 정확히 어떤 것인지 신문의 내용을 살펴보면서 알아보도록 하자.

먼저 신문은 "11월 30일부터 국가적인 조치에 따라 조선민주주의인민공화국 중앙은행이 발행한 새 화폐와 지금까지 써오던 낡은 돈을 바꾸는 화폐교환사업이 전국에서 일제히 진행되고 있다"면서 "거주지들에 조직된 화폐교환소에서 6일까지 사이에 진

102) 황방열 기자, 「북 화폐개혁, 시장 역할 약화… 외화 사용 없어질 것」 조총련 기관지 『조선신보』 보도… 계획경제질서 강화조치로 이해해도 된다」, 『오마이뉴스』, 2009년 12월 4일자, http://www.ohmynews.com/NWS_Web/view/at_pg.aspx?CNTN_CD=A0001275226FAOSTAT(http://faostat.fao.org/site/567/DesktopDefault.aspx?PageID=567#ancor).

행된다"고 전하고 있다.

이어 신문은 "교환비율은 100 대 1이고, 전반가격 수준은 국가적으로 가격조정조치(7 · 1조치)를 취한 2002년 7월 1일 수준이 될 것"이라면서, 종이돈 9종(5000원, 2000원, 1000원, 500원, 200원, 100원, 50원, 10원, 5원)과 주화 5종(1원, 50전, 10전, 5전, 1전)의 신화폐 사진도 실었다.

신문 보도에서 주목하여야 할 부분은 신문이 북한 '조선중앙은행' 조성현 책임부원과 화폐개혁에 대하여 가진 인터뷰이다. 조 책임부원은 "이번 조치가 자유시장경제로 나가는 준비가 아닌가 하는 관측이 있다"는 질문에 "우리는 자유시장경제로 가는 것이 아니라 사회주의경제관리원칙과 질서를 더욱 튼튼히 다져나갈 것"이라면서 "앞으로는 경제활동의 많은 몫이 시장이 아니라 계획적인 공급유통체계에 따라서 유통되게 되며 이렇게 되면 계획경제관리 질서를 더욱 강화할 수 있는 것으로 예견하고 있다"고 답하였으며 아울러 "이번 조치가 이를 위한 조치라고 이해해도 된다."면서 "국가의 능력이 강화됨에 따라서 보조적 공간의 기능을 수행하던 시장의 역할이 점차 약화될 것으로 보고 있다"고 하였다.

이어 조 책임부원은 "경제 관리에서 이제까지 있었던 일부 무질서한 현상을 바로 잡는 조치가 있을 것"이라며 "앞으로는 일체 상점, 식당들에서 외화로 주고받는 일이 없어지게 될 것"이면서 "외국인이나 해외동포들이 가는 상점, 식당에서도 화폐교환소에서 외화를 조선 돈으로 교환하여 쓰게 되어 있다. 인차 그렇게 될 것"이라고 했다.

인터뷰에서 조성현 책임부원은 이번 화폐개혁의 배경과 목적 그리고 전망에 대해서 다음과 같이 구체적으로 설명하였다.

> 이번 화폐개혁의 목적은 우선 우리 돈의 가치를 높여 화폐유통을 원활히 함으로써 사회주의경제강국건설을 다그치며 근로자들의 리익을 옹호하고 생활을 안정 향상시키기 위한 것이다. 1990년대 후반 '고난의 행군' 시기에 통화가 팽창되고 인민경제발전에서 불균형이 생기는 비정상적인 현상이 나타나게 되였으나 현재는 전반적경제가 상승의 궤도에 확고히 들어섰으며 비정상적인 통화팽창현상을 근절해버릴 수 있는 물질적 토대가 마련되었다. 현재 화폐는 영웅조선의 필승의 기상을 시대적 요구에 맞게 사상예술적면에서 잘 반영하지 못하고 있으며 인쇄기술적 면에서도 세계적인 발전추세에 뒤떨어져 있다. 현금은 100대 1로 바꾸어 주었지만 개인들이 은행에 저금한 몫은 10대 1로 바꾸어주었다. 앞으로도 개인들이 돈의 여유가 생기면 저금할 것을 장려하고 국가로서는 경제건설에 필요한 돈을 동원, 이용하게 될 것이다. 순간에 화폐교환조치를 공포, 실시했기 때문에 하루이틀 정도는 혼란이 조성될 수 있으나 4일부터는 봉사망이 정상가동할 수 있을 것이다.[103)]

2009년 말 이루어진 북한의 제5차 화폐개혁에 대해 한국 정부와 언론은 북한이 어쩔 수 없는 수세적인 상황과 입장에서, 즉 2002년 7·1조치 이후 만성적인 인플레이션에 시달리게 되고 공급이 수요를 감당하지 못하며 주민 대부분의 생계가 시장을 통해서 유지되는 상황과 배급제의 붕괴에 의한 국가의 통제력의 전반적 약화를 경제에서 국가통제의 마지막 카드일수 있는 화폐개혁으로 만회하려는 입장에서 화폐개혁이 단행하였다고 보는 반면,

103) 황방열, 앞의 글.

북한 '조선중앙은행' 조성현 책임부원이 『조선신보』와 가진 인터뷰 내용에서 알 수 있듯이 북한은 이제 다시 계획을 위주로 경제를 운영할 수 있다는 판단 아래 화폐개혁을 실시하여 시장을 통제하려 하였다. 북한 화폐개혁에 대한 어느 쪽의 진단이 현실에 가까운 것일까?

2009년 11월 말에 이루어진 화폐개혁 즈음하여 북한에서 출간된 문헌들에서 화폐개혁을 직접적으로 언급한 글은 없다. 그러나 인플레이션에 대한 우려는 2002년 '7·1경제개선조치'가 취해지면서 '유휴화폐'라는 명칭으로 이미 제기되었다.

리원경은 "나라의 유휴화폐자금은 사회주의기관, 기업소들의 유휴화폐자금과 주민수중의 유휴화폐로 이루어진다"고 하면서 7·1조치 이후 유휴화폐를 『경제연구』에서 처음 언급하였다. 그는 주민들이 가지고 있는 화폐는 제도적으로 반드시 은행에 예치되어야 하는 것은 아니지만 은행이 이러한 주민수중의 유휴화폐를 널리 흡수하여 그것을 기업 활동용 화폐자금에 대한 추가적 수요를 충족시키는 데 이용하여야 한다고 강조하였다.[104] 즉 현재 시중에는 주민소유의 유휴화폐가 상당량이 있고 이것을 은행이 흡수하여 기업이 경제활동에 필요한 자금으로 활용되어야 한다는 것이다.

그는 주민 수중의 유휴화폐가 많이 있는 이유에 대해서 구체적으로 설명하고 있지 않지만, 1990년대 "사회경제생활에서 정세가 급변하고 그에 따라 인민경제적자금수요에서 급격한 변화가

104) 리원경, 「인미경제적자금수요해결의 원칙적방도」, 『경제연구』 2002년 제3호, 27~28쪽.

일어났기 때문에 자금동원방법의 결합형태도 달라져야 한다[105]" 고 하였다. "1990년대 사회경제생활에서 정세가 급변하였다"는 것은 바로 북한이 소련의 몰락과 사회주의경제권의 붕괴로 심각한 경제위기를 맞자 시장 기제를 적극 활용하는 것을 주 내용으로 하는 '혁명적 경제전략'으로 위기에 대응하면서 바뀐 경제운영체계의 변화를 의미한다.

제3장에서도 논의 되었듯이 '혁명적 경제전략'으로 북한에서 자원배분의 많은 부분은 시장을 통해 이루어지게 되었으며, 이에 따라 주민수중의 화폐량은 늘어날 수밖에 없었던 것이다. 바로 이것을 리원경은 은행이 흡수하여 인민경제에 필요한 투자에 활용하여야 한다고 주장하였던 것이다.

여기서 한발 더 나아가 그는 "인민경제자금 수요를 충족시키는 데서 국가재정자금동원방법이 차지하는 비중보다 유휴화폐자금 동원방법이 차지하는 비중이 상대적으로 늘어나는 경향이 생겨나고 있다"[106]고 하였는데 이것은 인민경제투자에 필요한 자금중 국가예산으로 동원하여 하는 비중보다 시중에 풀려있는 주민들의 현금을 흡수해서 하는 비중이 더 크다는 이야기이다. '혁명적 경제전략'으로 얼마나 많은 현금이 주민들의 수중에 있고 유통되고 있는지 짐작할 수 있게 하는 대목이다. 리원경의 주장이 현실에서 유사하게 이루어졌다는 가정하에서 표 5에서 추정한 2000년부터 2009년까지의 인민경제비 총액 구성에서 동원된 주민들의 유휴화폐자금 몫을 추산하면 다음과 같다.

105) 리원경, 위의 글, 28쪽.
106) 리원경, 위의 글, 29쪽.

|표 5| 2000년~2009년 인민경제비 총액 구성에서 동원된 주민들의 유휴화폐 자금 몫의 추산

연도	액수(북한원)
2000	≧42억
2001	≧46억
2002	≧51억
2003	≧27억
2004	≧47억
2005	≧57억
2006	≧57억
2007	≧60억
2008	≧63억
2009	≧67억

2000년대 초반 리원경이 앞의 주장을 하였을 당시는 유휴화폐가 시중에서 늘어나고 있었지만 인플레이션 문제로 곧바로 이어지지 않았던 것 같다. 그러나 2004년부터[107] 유휴화폐 증가로

107) 리창혁, 「화폐류통법칙의 작용령역에 대한 연구」, 『경제연구』 2004년 제3호; 오선희, 「사회주의경제에서 화폐자금의 운동」, 『경제연구』 2004년 제3호; 오선희, 「유휴화폐자금과 그 은행자금화」, 『경제연구』 2004년 제4호; 홍영의, 「현시기 무현금결제를 통한 통제를 강화하는데서 제기되는 몇가지 문제」, 『경제연구』 2004년 제4호; 리창혁, 「화폐류통법칙의 작용령역에 대한 연구」, 『경제연구』 2005년 제3호; 오선희, 「국가재정자금에 대한 수요변동의 합법칙성」, 『경제연구』 2006년 제1호; 리원경, 「현시기 나라의 통화조절분야에서 제기되는 몇가지 원칙적문제 대하여」, 『경제연구』 2006년 제2호; 홍영의, 「화폐자금을 은행에 집중시키는 것은 화폐류통을 원할히 하기 위한 중요담보」, 『경제연구』 2006년 제4호; 김용현, 「주민유휴화폐자금의 본질적특성에 맞게 통계의 역할을 높이는 것은 주민유휴화폐동원 사업개선의 중요방도」, 『경제연구』 2007년 제3호; 리성남, 「현시기 재정통제를 더욱 강화하는 것은 사회주의 경제건설에 필요한 자금을 원만히 보장하기 위한 중요담보」, 『경제연구』 2008년 제2호; 강경희, 「화폐구매력에 영향을 주는 요인」, 『경제연구』 2008년 제4호; 리원경, 「화폐, 화폐류통은 계획적경제관리의 보조적수단」, 『경제연구』 2009년 제3호; 심은심, 「경제관리에서 사회주의원칙을 고수하고 집단주의적방법을 옳게 구현하기 위하여 나서는 몇가지 문제」, 『경제연구』 2009년 제4호.

인한 인플레이션에 대한 문제는 보다 구체적으로 거론되기 시작하였다.

오선희는 유휴화폐를 소유권에 따라 국가소유의 유휴화폐기금과 협동단체기업소나 일반 주민이 소유하고 유휴화폐기금 두 종류로 구분되어 있다는 점을 상기시키면서 유휴화폐기금 중 전인민적 소유에 기초한 화폐는 모든 기관, 기업소들이 (1기관 1구좌) 원칙에 따라 은행이 돈자리(구좌)들에 입금시키는 것이 의무화되어있다[108]는 점을 강조하였다.

국가소유의 유휴화폐기금은 법적으로 모두 은행 구좌에 입금되게 하여서 인플레이션을 일으키는 원인이 되지 않지만 협동단체기업소나 일반 주민들이 소유하고 있는 유휴화폐는 국가소유가 아니고 "그들 자신이 소유권과 관리권, 리용처분권을 완전히 행사하는 자금"[109]이기 때문에(즉 이들이 이 돈을 갖고 하는 행위를 제도적으로 통제할 수 없기 때문에) 문제가 될 수 있다는 것을 암시하고 있다.

홍영의는 국영기관, 기업소들 간의 화폐지불거래는 반드시 은행을 통해서만 진행되어야 하지만 "일부 일군들 속에 아직 집단주의정신이 부족하고 기관본위주의, 지방본위주의를 하면서 기관과 지방의 협소한 리익을 내세우며" 은행을 통하지 않고 직접 현금으로 거래를 하고 있기 때문에 계획적으로 분배되는 물자의 류통에 지장을 주고 있다[110]고 비판하였다.

108) 오선희, 「유휴화폐자금과 그 은행자금화」, 『경제연구』 2004년 제4호, 24쪽.
109) 오선희, 위의 글, 23쪽.
110) 홍영의, 「현시기 무현금결제를 통한 통제를 강화하는데서 제기되는 몇가지 문제」, 『경제연구』 2004년 제4호, 25쪽.

그는 또한 은행이 자금공급한도와 대부한도를 정확히 규정하고 한도와 일치시키지 않고 결제를 하기 때문에 "일부 기관, 기업소들이 생산된 물자재간을 자의대로 넘겨주거나 개별적기업소들이 자금의 여유를 가지고 아무 자재나 망탕 사들이는 현상이 생긴다."고 하면서 이러한 문제들은 무현금 결제를 통한 통제를 강화할 때 더 잘 극복된수 있다[111]고 진단하였다.

일부 국영기관들과 기업소들이 제도 밖에서 유휴화폐를 갖고 거래를 하고 있어, 계획경제를 운영하는 데 문제가 생긴다는 지적인데, 일부이긴 하지만 국영기관들과 기업소들도 유휴화폐를 갖고 직접거래를 할 경우, 당연히 인플레이션이 일어날 수 있는 가능성도 커질 수밖에 없다.

홍영의의 앞의 글보다 약 일 년 후에 나온 리창혁의 글은 북한이 처한 현실과 여기서 통용되고 있는 현금으로 인해 인플레이션에 대한 우려가 보다 현실화되고 있음을 암시하고 있다.

> 가치법칙의 내용적작용에서나 형태적작용에서나 다 준것만큼 받는다는 등가성의 원칙이 철저히 구현된다. 무현금류통령역에서 화폐류통법칙이 작용하지 않는다고 보게 되면 리론적으로뿐만아니라 실천적으로도 부정적인 결과를 초래할수 있다… (중략) 화폐류통법칙이 작용령역을 현금과 무현금의 전체 화폐류통령역에서 고찰하는 것은 오늘 변화된 경제현실의 요구이기도 하다. 지금 주어진 환경에 맞게 경영활동에서 기업소들의 권한을 높여주고 독립채산제원칙을 보다 정확히 구현하기 위한데로부터 일부 생산수단들은 현금으로 류통할수 있도록 하고 있다. 이러한 현실은 화폐류통법칙의 작용령역을 현금류통령역만으로 보고 이 법칙이 현금

111) 홍영의, 위의 글, 25~26쪽.

류통과 상품류통간의 일치만을 요구하는법칙이라고 말할수 없다는 것을 보여준다.[112]

리창혁이 위에서 펴고 있는 논지는 다음과 같다. 모든 기관과 기업소는 은행에 구좌를 두고 대부분의 물자거래를 현금이 직접 매개하지 않고 은행을 통해 하는 것이 원칙인데, 현실은 그렇지 않다. 무현금 유통은 등가성의 원칙에 기초하지 않고 형식적으로 이루어지기 때문에 거래되는 물자의 가치가 정확히 반영되지 않고 있다. 따라서 무현금 유통에서 준 것만큼 받는다는 등가성의 원칙이 지켜지지 않기 때문에 독립채산제로 운영되고 있는 기관들과 기업소들이 물자거래를 무현금으로 하지 않으려는 현상이 만연할 수밖에 없다는 것이다.

또한 그는, "지금 주어진 환경에 맞게 경영활동에서 기업소들의 권한을 높여주고 독립채산제원칙을 보다 정확히 구현하기 위한 데로부터 일부 생산수단들은 현금으로 류통할수 있도록 하고 있다"라고 하여 기업소들이 일부이긴 하지만 생산수단을 현금으로 거래하고 있는 현실을 인정하고 있다. 리창혁은 은행을 통한 무현금 거래를 활성화시키는 방안으로 '무현금류통'도 철저하게 등가성의 원칙에 기초하여 진행시켜야 한다고 강조하는데, 결국 이것은 '무현금류통'이 현실에서 크게 활성화되지 못하고 있었다는 것을 반증하는 것이며 '현금류통'이 물자거래에서 주가 되면서 인플레이션에 대한 우려는 커질 수밖에 없었을 것이다.

112) 리창혁, 「화폐류통법칙의 작용령역에 대한 연구」, 『경제연구』 2005년 제3호, 27~28쪽.

2000년대 중반을 넘어가면서 인플레이션에 대한 문제는 그냥 좌시할 수 없었던 것으로 보이는데 리원경의 다음 글은 이를 잘 설명해 주고 있다.

> 나라의 통화조절문제를 해결하는데서 기본은 어디까지나 사회적 재생산과정의 규모를 늘리고 조직시장에서 실현되는 상품량을 급속히 확대하기 위한 대책을 강구하는데 있으며 이러한 토대우에서만 생산물가격조절이나 로동보수원천조절문제가 제기된다고 할수 있을 것이라며 그렇지 않고 통화조절사업을 보장하는데서 가격조절, 로동보수공간을 선차시하는 것은 화폐류통법칙의 요구와 모순되는 전도된 문제제기라고 할 수 있다. 현시기 통화조절사업을 원만히 보장하기 위하여 제기되는 원칙적 문제는 또한 국가예산지출이 통화조절사업에 미치는 영향을 엄격히 제한하는 것이다.[113]

리원경의 위의 글에서 흥미로운 점은 "통화조적사업을 보장하는데서 가격조절, 로동보수공간을 선차시하는 것은 화폐류통법칙의 요구와 모순되는 전도된 문제제기라고 할 수 있다"라고 한 부분이다. 즉 리원경이 위에서 주장하고 있는 것은 현재 시중에 현금이 너무 많이 풀려 있으며 이것은 정부의 그릇된 가격과 노동임금 정책 때문이라는 것이다.

리원경은 '전도된 문제제기'라고 완곡하게 표현하고 있지만, 화폐량은 노동당 계획재정부의 지도 아래 내각의 재정부가 중앙은행을 통해서 조절[114]하기 때문에 리원경의 비판의 화살은 노동

113) 리원경, 「현시기 나라의 통화조절분야에서 제기되는 몇가지 원칙적문제 대하여」, 『경제연구』 2006년 제2호, 36쪽.

114) 사회과학원 사회주의경제관리연구소, 『재정금융사전』(평양: 사회과학출판사, 1995), 1157~1159쪽.

당 계획재정부를 겨냥하고 있다고 할 수 있다. 일부이긴 하지만 생산수단마저 시장을 통해 현금으로 거래되어 물자의 가격이 시장에 영향을 받아 결정되고 이에 따라 가격과 노동임금이 올라가는 상황을 당국이 방관하고 오히려 통화량을 늘여 이러한 상황을 방조하고 있다는 것이 리원경의 비판의 요지라고 할 수 있다.

홍영의도 기관, 기업소들 사이의 화폐거래를 주로 무현금결제로 하여야 기관, 기업소들이 많은 현금을 가지고 있으면서 비법 적으로 물자거래를 하는 현상을 철저히 막을 수 있다면서 기관, 기업소들 간의 물자거래가 현금으로 이루어지는 것이 도가 지나치고 있음을 경계하였다.

나아가 그는 "국가에서 환치제도를 만들어놓은 것은 기관, 기업소들이 현금을 많이 가지고 있으면서 량비하거나 비법적인 거래를 하지 못하도록 통제하자는데 그 목적이 있다"[115]고 하였는데 여기서 환치제도란 현금을 담보로 대금지불이 이루어지는 것을 의미한다.

환치의 방법으로 대금지불이 이루어지게 되면 기관, 기업소들 사이의 현금거래를 줄이고 결제과정에서 은행통제를 강화할 수 있는데 이것이 현실에서 잘 지켜지지 않아 기관, 기업소들이 다량의 현금을 보유하고 현금으로 직접 물자거래를 하고 그럴수록 경제는 계획 밖에서 운영되고 인플레이션의 문제도 커진다는 것이다.

김용현은 "현시기 주민들 속에 적지 않은 화폐가 잠겨져있는

115) 홍영의, 「화폐자금을 은행에 집중시키는 것은 화폐류통을 원할히 하기 위한 중요담보」, 『경제연구』 2006년 제4호, 27쪽.

조건에서 주민저축을 동원하기 위한 모든 수단들을 마련하고 그것을 효과적으로 리용하는 것은 사회주의경제강국건설의 긴장한 자금문제를 자체의 힘으로 풀어나가기 위한 중요한 방도가 된다"[116]하였는데 그에게 문제가 되는 것은 주민들이 지역시장을 통해 소비품과 봉사거래가 많이 이루어지기 때문에 기관, 기업소들의 통계자료만으로 주민들의 모든 화폐수입과 지출을 확실히 파악할 수 없는 데 있었다.

그는 "지역시장을 통하여 자연발생적으로 이루어지는 주민호상간화폐거래는 주민생계조사, 시장조사 등 여러 가지 통계조사자료에 의하여 간접적으로 장악분석할수 있으며 이와 같은 방법으로 규정주민화폐수입총액에서 지출총액을 빼면 주민들 속에 있는 유휴화폐의 규모를 파악할 수 있고 이것이 일정한 기간 국가가 동원할수 있는 자금원천으로 된다."[117]며 시장에서 거래되는 현금량의 규모도 파악 가능하다는 주장을 하였다.[118]

김용현의 위의 주장에서 매우 중요한 사사점 하나를 이끌어 낼 수 있다. 그것은 바로 2007년 당시 시장은 정부가 조사에 나서

116) 김용현, 「주민유휴화폐자금의 본질적특성에 맞게 통계의 역할을 높이는 것은 주민유휴화폐동원 사업개선의 중요방도」, 『경제연구』 2007년 제3호, 21쪽.

117) 김용현, 위의 글, 21쪽.

118) 김용현의 이와 같은 주장에서 매우 중요한 사실 두 가지를 이끌어 낼 수 있다. 하나는 지역시장, 즉 장마당이 불법화된 것이 아니고 허용되고 있다는 사실이며 그렇기 때문에 이러한 합법적 공간에서 통용되는 대부분의 현금은 북한 원화일 가능성이 높다는 또 다른 사실이다. 북한에서는 일반 주민이 외화를 가질 수 없다. 그리고 만약 가지고 있다 하더라도 그것은 일반 지역시장이 아니라 암시장에서나 통용할 수 있는데 김용현은 암시장이 아니라 합법적인 일반 지역시장에서 거래되는 현금 규모가 주민들 속에 있는 유휴화폐의 규모라고 하였으니, 이 유휴화폐는 북한 원화를 의미한다고 할 수 있다.

면 필요한 정보를 얻을 수 있을 만큼 정부의 통제 안에서 운영되고 있었다는 점이다. 실상 북한은 2005년 10월 식량배급체계 정상화를 선언하고 시장을 통제하는 몇 가지 조치를 취하였다. 이중 가장 중요한 조치는 경제위기로 인해 생존을 위해 자연발생적으로 생겨났던 시장들을 종합시장으로 통합하여 정부의 통제 아래 둔 것이었다.

또한 시장에서 곡물 판매와 시장 밖 그리고 자동차 등을 이용한 원거리 객지 거래를 금지하고, 시장에서 거래되는 물자들의 최고가격을 제한하는 등 2005년부터 시장은 더 이상 자연발생적으로 생겨나고 자유방임적으로 운영되지 못하고 정부의 통제 안에서 운영되었다.[119)]

이러한 시장통제조치가 취해지고 2년 후 김용현이 위에서 주장하듯이 정부가 시장에 대한 조사를 벌이면 원하는 정보를 얻을 수 있을 만큼 시장은 정부 통제하에 있었던 것이다. 그러나 이러한 시장통제 조치에도 불구하고 화폐유통, 즉 통화의 유통 그리고 여기에 따른 통화량의 증가는 여전히 문제로 남아 있었다.

강경희는 "화폐류통을 공고히 하여야 인민경제를 계획적으로 발전시키고 경제관리를 합리적으로 할수 있으며 인민생활을 체계적으로 높일 수 있습니다"라는 김정일의 지적을 상기시키면

---

119) 2006년 시장은 당국의 통제 아래서 운영되고 있음을 정명한의 다음 글에서도 확인할 수 있다. "오늘 우리 나라에는 생산수단에 대한 사적소유에 기초하여 생산하고 자유판매을 실현하는 시장경제가 존재하지 않으며 생산수단에 대한 사회적소유에 기초하여 생산된 일부 생산물이 교류되는 물자교류시장과 개인소비품의 일부만이 판매되는 지역시장만이 있을뿐이다."(정명한, 「집단주의경제관리의 중요특징과 그 우월성을 높이 발양시키는데서 나서는 기본요구」, 『경제연구』 2006년 제2호, 14쪽).

서 "우리 나라에서 화폐의 구매력과 상품가격사이의 호상관계에서 중요한 특징은 그것이 계획적으로 변동된다는데 있다"며 계획경제틀에서 화폐유통이 이루어져야함을 강조하였다.

그녀는 이어 "만일 화폐의 구매력수준이 계획적으로가 아니라 자연발생적으로 움직인다면 화폐류통의 공고성보장을 위한 일련의 조직사업들이 불가능하게 될수 있다"며 "례컨대 화폐의 구매력수준이 수시로 변동하게 되면 류통계에 들어가는 상품의 계획적공급사업이 혼란상태에 빠지게 되며 나아가서 류통중화폐량과 상품량사이에 올바른 호상관계가 보장되지 못하게 된다"[120]고 하였다.

그녀가 위에서 들은 예는 지금까지 살펴본 유휴화폐에 대한 논의의 맥락에서 볼 때, 강경희가 자신의 주장을 뒷받침하려고 가상적인 것을 든 것이 아니라 현실에 있는 문제를 그대로 이야기 하는 것이라고 볼 수 있다. 유휴화폐의 팽창으로 이제 인플레이션이 무시할 수 없는 수준에 이르렀으며 계획경제가 정상적으로 작동하는 데 걸림돌이 되고 있는 것이었다.

강경희는 이 문제를 해결하기 위해서 "국가상업망에 들어오는 상품량을 늘이는 것과 함께 반드시 상품가격수준을 낮추기 위한 사업이 안받침되여야 한다"고 하면서, "만일 화폐류통의 공고성문제를 다루는 데 있어서 상품가격수준에 응당한 주의를 돌리지 않게 되면 소비품을 생산하는 기업소들에서 로동생산능률을 높이고 원가를 낮추며 제품의 질을 높이는 것과 같은 경영활동이 질적 측면에 관심을 적게 돌리는 현상들이 묵과될 수 있으며 상업기관들에서도 주민의 수요를 잘 타산하여 상업활동을 개선하

120) 강경희, 「화폐구매력에 영향을 주는 요인」, 『경제연구』 2008년 제4호, 50쪽.

도록 하는 데서 모순점이 생길 수 있다"[121]고 하였다.

강경희의 위의 주장에서 알 수 있는 것은 당시 북한에서의 통화량의 증가 문제는, 즉 인플레이션은 공급이 수요를 따라가지 못하는 공급부족에 의한 것이라는 사실이다. 그녀는 공급부족과 더불어 '상품가격수준'이 문제가 된다[122]고 하였는데 '상품가격수준'이란 정부가 정해주는 상품가격의 최고한도를 가리키는 것이다. 즉 정부가 상정하고 있는 상품들의 최고 가격한도가 너무 느슨하게 책정되어서, '번돈'체계 도입이후 더욱 강조되고 있는 질을 높이고 생산원가를 낮추어 생산이익을 극대화시키는 실리의 원칙에 부합하지 않는다는 것이다.

다시 말하여 강경희는 가격정책에 문제가 있다는 지적을 하고 있는 것이다. 가격의 최고한도를 정해주는 것과 같은 가격통제는 국가가격재정위원회가 중앙당 계획재정부의 지도를 받아 결정하는 것[123]이기 때문에 강경희는 우회적으로 당의 계획재정

121) 강경희, 위의 글, 53쪽.

122) 이 문제는 강경희의 글보다 먼저 나온 최용남의 글에서도 확인되는데 최용남은 "소비상품은 가격을 통하여 실현된다. 따라서 사회주의사회에서 소비품상품의 가격을 바로 정하는 것은 근로자들의 실질수입을 늘이고 그들에게 안정된 생활을 보장하기 위한 중요한 조건이 된다."고 하며 소비품 가격이 적절하게 책정되지 않았음을 완곡하게 지적하였다(최용남, 「인민들의 물질문화적수요에 영향을 주는 요인」, 『경제연구』 2008년 제2호, 28쪽).

123) "국가가격재정위원회이외에도 재정금융기관들은 기관, 기업소들의 재정계획, 리윤계획, 거래수입금계획 작성에서 계산수단으로 리용된 가격이 바로 제정되고 적용되였는가를 따져보는 과정을 통하여 통제한다. 특히 재정기관은 도매가격과 함께 기업소가격을 바로 적용하도록 통제하여 국가예산수입을 원만히 보장하도록 한다. 은행은 모든 국가자금공급 및 대부업무과정을 통하여 원에 의한 통제를 실시한다."[사회과학원 사회주의경제관리연구소, 『재정금융사전』(평양: 사회과학출판사, 1995), 12~13쪽].

부를 비판하고 있다고 할 수 있다. 리원경이 2006년 완곡하게 당의 계획재정부를 비판한 후 2년 만에 다시 비판의 화살이 계획재정부로 맞추어지고 있었던 것이다. 리원경은 2009년 중앙당 계획재정부를 다음과 같이 본격적으로 비판하였다.

> 생산수단생산분야에서 생산물이 상품적형태를 취하는것과 관련하여 화폐는 제한된 범위에서, 다시말하여 계획에 예견된 생산물교환만을 매개하게 된다. 그러므로 사회주의국가는 화폐를 계획적경제관리의 보조적수단으로만 리용하게 되는 것이다… (중략) 어려운 경제적조건을 손쉽게 타파하려고 화폐공간을 경제관리의 기본수단으로 여기려는 경향을 추호도 허용하지 않는 것이다. 어려운 경제적조건을 손쉽게 타파하려고 화폐공간을 경제관리의 기본수단으로 여기는 것은 사회주의사회에서 작용하는 가치적공간의 지위와 역할을 과대평가한데서 나오는 그릇된 편향인 것이다. 화폐, 화폐류통을 '사회적 재생산의 기초'라고 하면서 사회주의국가가 화폐류통에 대한 조절을 통하여 '재생산과정을 주동적으로 조절통제할수 있다'고 보는 것은 심한 우경적견해라는 것을 명심하여야 한다. 만일 이러한 견해가 나타나 화폐류통실천에 영향을 미친다면 자본주의적 통화조절방법을 끌어들이고 경제사업전반에서 화폐공간의 의의를 과신하는 결과가 생길수 있다.[124]

리원경은 누구라고 밝히고 있지 않지만 (누군가 또는 어느 집단이) 어려운 경제상황을 쉽게 타파하기 위해 화폐공간을 경제관리의 기본수단으로 여기고, 즉 통화량조절을 통해 경제를 운영하려하고 있다면서 여기에는 자본주의적 경제운영 방식을 도입하려는 매우 불손한 의도가 깔려있고 이것은 '사회주의원칙을 지

124) 리원경, 「화폐, 화폐류통은 계획적경제관리의 보조적수단」, 『경제연구』 2009년 제3호, 39~40쪽.

키면서 실리를 추구한다'는 노동당이 제시하는 경제 기본노선에도 반하는 행위라는 것이다.

리원경은 어떤 논쟁을 두고 하는 위에서와 같은 비판을 하는 것이 아니고 현실에서 실제로 나타나고 있는 현상에 대해서 비판하고 있는 것이다. 그러므로 리원경이 비판하고 있는 대상은 북한에서 통화량을 조절하거나 조절하는 데 영향을 끼치는 부서 또는 인물이다. 중앙은행이 최종적으로 노동당의 계획재정부의 지도를 받아 통화량을 조절함으로 리원경이 비판하고 있는 대상은 바로 중앙당 계획재정부이며 당시 계획재정부장은 박남기였다.

일반적으로 2009년 11월 말 전격 실시된 제5차 화폐개혁의 주역은 당시 계획재정부장이었던 박남기이고 화폐개혁이 실패하고 주민들의 불만이 높아지자 그가 희생양으로 처형된 것으로 알려져 있다. 박남기는 2005년 노동당 계획재정부장으로 부임하였는데 위에서 살펴보았듯이 그의 팽창적 통화정책에 대한 비판은 이미 2006년부터 시작되었다.

박남기가 노동당 계획재정부장으로 부임한 2005년은 매우 중요한 해라고 할 수 있다. 북한은 식량배급제의 정상화를 선언하였고 시장을 규제하고 정부의 통제 아래 두려는 조치들이 이루어졌다. 인플레이션 문제는 이미 2005년 전부터 있었으나, 이러한 시장 통제조치 등을 통해 완화되리라는 기대가 있었다. 그러나 시간이 갈수록 이 문제는 완화되지 않고 오히려 악화되었다. 그리고 이렇게 문제가 악화되는 원인을 공급이 수요를 따라가지 못하는 공급부족에서도 찾을수 있었지만 당국에서 가격의 최고한도를 너무 느슨하게 정하고 또 이것이 가능하도록 팽창적 통화

정책을 유지한 것에도 찾을 수 있었다.

이런 측면에서 볼 때, 당시 당의 계획재정부장 이었던 박남기는 인플레이션 문제를 악화시키는 원인을 제공하고 있었던 주역이라고 할 수 있다. 그런 그가 인플레이션을 잡는 것을 주목적으로 하는 화폐개혁의 주역이라는 것은 당시 상황을 유추해 보았을 때 주객이 전도된 해석이다.

박남기는 2009년 화폐개혁 즈음하여 계획재정부장에서 해임되고 이듬해 3월 간첩혐의로 처형된 것으로 알려져 있다. 자유조선방송에 따르면 조선일보에서 입수한 '혁명대오의 순결성을 강화해 나가시는 나날에'라는 북한 내부 서적에는 1998년부터 2011년 사이에 일어난 대표적인 숙청사건의 내막을 정리되어 있는데 박남기의 숙청 사실도 기록되어 있다고 한다. 이 책에 따르면 2010년 1월 김정일이 직접 주관한 중앙당 대논쟁에서 박남기는 "남조선식 경제 수용이 자본주의 제도로 복귀할 수 있는 가장 빠른 길이라 여겨 시장경제를 도입하려 했다"[125]고 자백했다고 한다.

박남기가 외압에 의하여 이러한 자백을 했는지는 모르지만, 박남기는 이미 리원경으로부터도 "자본주의적 통화조절방법을 끌어들여, 경제사업전반에서 화폐공간의 의의를 과신하는 우경적오류"를 범한 인물로 비판 받았음을 고려할 때 노동당의 경제정책 공간인 '사회주의원칙을 지키며 실리를 추구하는' 방향과는 다른 방향에서 통화정책을 밀고 나갔던 것은 확실한 것으로

125) RFC 자유조선방송, 「박남기 숙청 관련 서적 입수」, 2012년 11월 28일자, http://www.rfchosun.org/program_read.php?n=8646. 리태일 계획재정부부장도 박남기와 함께 처형된 것으로 책은 전하고 있어, 계획재정부는 내부의 불이치 없이 일관적으로 팽창적 통화정책을 밀고 나갔던 것으로 사료된다.

보인다. 그리고 이러한 통화정책은 북한이 2002년 7·1 경제개선 조치를 취하면서부터 본격적으로 추진하고 있었던 계획의 합리화를 통한 계획경제의 정상화에 커다란 걸림돌로 작용하였기 때문에 여기에 대한 시정은 북한으로서 불가피하였을 것임은 어렵지 않게 추측할 수 있다.[126]

2009년 11월 말 전격적으로 실시된 북한에서의 화폐개혁은 위에서 살펴본 것과 같이 팽창적 통화정책에 의한 인플레이션을 잡기 위한 것이었다. 액면표시 방법은 그대로 유지하면서 화폐가치만 절하하는 액면절하(redenomination) 방식의 화폐개혁은 통화남발로 인한 인플레이션을 일시적으로 관리하는 데는 효과적일 수 있다. 그러나 앞에서도 분석되었듯이 북한에서 인플레이션이 발생한 또 다른 이유는 공급이 수요를 따르지 못한 공급부족에서도 찾을 수 있다. 화폐개혁에서 의도하는 목적을 달성하기 위해서는 반드시 공급을 늘려야 하였다. 그렇다면 화폐개혁 이후 북한에서 물자 공급은 늘어났을까?

앞에서 살펴보았듯이 화폐개혁이 실시되고 있었던 2009년 12월초 조선중앙은행 조성현 책임부원은 『조선신보』와 가진 인터뷰에서 "현금은 100대 1로 바꾸어 주었지만 개인들이 은행에 저금한 몫은 10대 1로 바꾸어주었다. 앞으로도 개인들이 돈의 여유가

126) 만약 박남기가 '간첩'이라는 억울한 누명을 썼다면 그것을 '시정이 필요하다'는 식으로 정당화 할 수는 없을 것이다. 그러나 박남기의 통화정책은 노동당의 기본적인 경제정책 방향과는 상반되는 것이었으며 박남기뿐 아니라 부부장이었던 리태일까지 같은 정책을 밀고 나갔다면 이것은 한 개인의 우발적인 또는 독단적인 움직이라기보다는 조직적인 움직이라 할 수 있고 당내 반대세력과의 충돌과 투쟁이 불가피하였을 것이다. 그리고 투쟁에서의 '승부'는 정치생명의 '생사'를 결정지었을 것이다.

생기면 저금할 것을 장려하고 국가로서는 경제건설에 필요한 돈을 동원, 이용하게 될 것이다"라고 하였다. 개인들의 저축을 장려하기 위해 저금한 돈은 현금보다 무려 10배 더 높게 평가하여 교환하여 주었던 것이다. 그리고 이러한 개인들의 저금은 경제건설에 필요한 자금으로 동원 이용된다는 것이다. 즉 개인들이 은행에 맡긴 돈은 은행이 다시 기업소에게 대출을 하여주고 기업소는 그 대출금으로 생산설비 등에 투자하여 생산을 늘린다는 것이다.

조성현 책임부원의 인터뷰에서 했던 말 중 흥미로운 부분은 "앞으로도 개인들이 돈의 여유가 생기면 저금할 것을 장려하고 있다"라고 한 것이다. 여기에는 이전에도 개인들의 저축을 장려하는 정책을 하고 있었다는 의미가 내포되어 있다. 조 책임부원의 말은 지금까지의 살펴본 '유휴화폐' 논의의 맥락에서 이해될 수 있다.

리원경은 이미 『경제연구』 2002년 제3호 "인미경제적자금수요해결의 원칙적방도"제목의 글에서 인민경제투자에 필요한 자금은 국가예산에서 충원하는 방식과 주민들이 가지고 있는 현금을 흡수하여 즉 은행에서 그들의 돈을 저금으로 받아서 충원하는 두 가지 방식이 있다고 하면서, 두 번째 방식으로 인민경제비를 충원하는 비중이 더 커지고 있다고 하였다.

리원경의 위의 글에서 추론할 수 있는 것은 북한이 이미 2002년 이전부터 주민들의 저축을 늘이기 위한 조치를 취했고 리원경이 앞의 글을 작성하고 있던 당시 인민경제비 중 두 번째 방식으로 충원되는 비중이 이미 커지고 있었다. 따라서 북한은 화폐개혁을 실시하기 오래전부터 주민들의 저축을 장려하는 정책을 쓰고 있었으며 인민경제비의 상당 부분을 주민들의 한 저금으로 충원하고 있었다고 볼 수 있다.

북한은 2009년 '150일 전투'와 '100일 전투'를 실행하였다. 2010년 근로자 제1호는『로동신문』,『조선인민군』,『청년전위』 공동사설 "당창건 65돐을 맞는 올해에 다시 한 번 경공업과 농업에 박차를 가하여 인민생활에서 결정적전환을 이룩하자"로 시작하는데, 공동사설은 '150일 그리고 100일 전투'에 대해 다음과 같이 평가하고 있다.

> 당의 령도밑에 전인민적인 총결사전이 힘있게 벌어지는 속에 나라의 경제가 본격적인 상승단계에 들어섰다. 150일전투와 100일전투는 우리의 대고조 력사에 가장 빛나는 한페지를 아로세긴 잊을수 없는 전투였다. 로동계급을 비롯한 전체 인민이 한결같이 떨쳐 일어나 영웅적투쟁을 벌린 150일전투, 100일전투의 전 과정은 당은 인민을 믿고 인민은 당과 수령을 결사적으로 옹위하는 우리 혼연일체의 위력이 폭발할 때 어떤 기적과 전변이 일어나는가를 똑똑히 보여주었다. 인민경제의 선행부문, 기초공업부문에서 전반적인 생산이 획기적으로 장성하고 공업부문이 활성화되였다. 새로운 천리마속도, '희천속고'가 창조되고 녕원발전소와 원산청년발전소, 미루벌물길, 만수대거리살림집과 같은 선군시대의 기념비적창조물들이 도처에 일떠섰으다. 남흥가스화대상공사가 완공되고 중요공장, 기업소들의 현대화가 힘있게 추진되였다. 지난해에 농업생산과 농촌건설에서 비약적인 성과가 이룩되고 수많은 협동농장들이 강성대국리상촌으로 전변되였으며 방직공업과 식료가공공업을 비롯한 경공업부문의 생산토대와 잠재력이 훨씬 강화되였다.[127]

북한은 2002년 7월 1일 실시된 경제개선조치를 시작으로 계

127)『근로자』 2010년 제1호, 4쪽.

획의 합리화를 통한 계획경제의 정상화를 2009년 '150일 전투' 그리고 이어진 '100일 전투'를 통해 완성하려 하였다. 이러한 시도가 성공하였는지는 객관적인 정량적 자료가 부재하기 때문에 판단이 어렵지만, 앞의 공동사설에서 주장하는 바대로 "인민경제의 선행 부문, 기초공업 부문에서 생산이 획기적으로 장성하고 공업 부문이 활성화되고, 경공업 부문의 생산토대와 잠재력이 훨씬 강화되었다"라면 이러한 성과가 투자 없이 가능하지 않다는 것은 어렵지 않게 알 수 있다.

그렇다면 어디서 이런 성과를 낼 수 있는 투자를 구했을까? 일반적으로 이러한 투자는 두 가지 방식으로 이루어진다. 해외에서 투자를 받거나 또는 자금을 차관 형태로 빌려오는 방식이거나 국내에서 필요한 자금을 충원하는 방식이다. 국내에서 필요한 자금은 두 가지 방식으로 충원될 수 있는데 한 가지는 국가예산수입 흑자를 바탕으로 하는 정부지출(government spending)의 방식이며, 다른 한 가지는 국민들이 한 저축으로 필요한 자금을 조달하는 방식이다.

2009년까지 해외에서 북한으로 유의미한 투자가 이루어지지도 않았고 북한이 해외에서 차관을 유치하지 않았기 때문에 생산투자에 필요한 자금은 북한 내부에서 동원될 수밖에 없었다. 그리고 표 5에서 추산한 것과 같이 주민들의 유휴화폐자금은(즉 국민들의 저축은) 생산설비투자가 주 내용을 이루는 인민경제비의 상당 부분(50% 이상)을 차지하기 때문에 생산설비투자의 약 절반은 북한 주민들의 국민들의 저축으로 충원되었을 것으로 추정된다.

이렇게 주민들의 저축한 돈이 생산설비에 투자되고 공동사설의 주장대로 경공업을 포함한 전반 생산이 획기적으로 늘어났다면 그리고 이것이 지속될 수 있다면, 2010년을 기준으로 북한 경제는 다음과 같이 평가될 수 있다. 인플레이션이 화폐개혁을 통해 관리됨으로써 거시경제의 안정성이 확보되어(고전파 경제학 성장이론[128]에서 강조되었고 개방개혁 후 중국의 지속적인 경제성장[129]에서 확인되었듯이) 이것을 바탕으로 성장의 선순환 즉, 국민들이 저축한 돈이 국내 산업에 투자되어 경제가 성장하고 국민소득이 늘어나며 이것이 다시 국민들의 저축을 촉진시키고 이에 따라 투자가 증가되어 경제가 다시 성장하는 기반이 북한 경제에 마련되었다고 할 수 있다.

128) 스미스, 리카르도, 밀, 맬더스, 시니어 등과 같은 고전파 경제학자들은 자본축적을 경제성장의 원동력으로 간주하고 한계생산성체감의 법칙으로 정상상태에 도달한다고 하였다. 이들의 이론은 해로드, 도마, 로스토우 그리고 솔로우 등으로 이어져 신고전학파 경제성장이론의 배경이 되었으며, 로스토우는 경제 성장뿐 아니라 발전을 이루기 위해서는 지속적인 투자를 특히 강조하였다.

129) 중국의 가계 저축률(household saving rate)은 1996년부터 2005년 기간 중 평균 22.4%한 것으로 추산되었으며(Horioka, Charles Yuji, Junmin, "The determinants of household saving in China: A dynamic panel analysis of provincial data," *working paper* ECONSTOR : http://www.econstor.eu/bitstream/10419/92501/1/521399X.pdf) 이러한 높은 가계 저축과 가계 저축률보다 더 높은 기업 그리고 정부 저축률(약 50%)을 바탕으로 이 기간 중 매년 중국 경제는 평균 약 8.3% 성장하였다.

마무리하면서

◂ 김정일의 현지지도에 동행한 김정은

마무리하면서

북한 경제의 구조와 내용은 북한의 독특한 과도기론에 따라서 정립되고 채워졌다. 북한의 과도기론에서 핵심은 공산주의사회로의 이행에서 경제발전 목표와 사상적 목표 중 어느 것도 절대화하지 않았지만, 인간의 의식과 사상적 목표를 우위에 두고 여기에 물질적 조건과 경제 발전 목표를 결합시키는 것이었다. 북한은 이러한 입장을 견지하려 하였으나 현실 경제건설에서 이것을 항시적으로 실행시키는 것은 어려운 일이었다. 북한은 한정적인 자원을 가지고 있었으며 경제적인 자급자족은 자기완결적인 생산구조를 아무리 강조하여도 성취하기 어려운 과제였다. 그러므로 북한에서 '축적'의 위기는 자체적으로 해결될 수 없는 문제였으며 외국과의 경제협력과 교류 여부와 그 정도는 북한 경제위기의 바로미터와 같은 것이었다.

북한은 1960년대 '축적'의 위기를 겪으면서 '계획의 일원화와 세부화 체계'라는 사상적으로 매우 경도된 경제관리 체계를 내오면서 경제위기를 극복하려 하였지만 성공하지 못하였다. 북한은 다시 자신들의 과도기론에 입각하여 사상적 목표와 경제적 목표의 균형을 추구하는 '연합기업소체제'를 오랜 실험 끝에 1986년부터 본격적으로 도입하고 실행하였다. 그러나 '연합기업소체제'가 북한 경제에서 어느 정도 자리를 잡아가고 있던 1990년대 초 북한은 사회주의경제권의 붕괴로 촉발된 사상 초유의 경제위기를 맞게 되었다.

사상초유의 경제위기는 '연합기업소체제'를 우(右) 편향시켰다. 생존을 위해 경제 분권화는 지방의 군(郡) 단위까지 확산, 확대되었으며 연합기업소체제에 내제되어 있었던 '시장'은 북한 경제에서 자원배분의 중요한 역할을 담당하며 북한 경제 전역으로 퍼져나갔다. 역설적으로 북한은 이러한 시장화 덕분에 경제위기의 가장 어려운 시기를 체제의 붕괴 없이 지나게 되었다. 그러나 북한이 자신의 정체성을 부정하지 않는 한 이러한 시장화는 지속할 수 없는 것이었다.

북한은 경제위기의 가장 어려운 고비를 넘기자마자 다시 과도기론에 입각하여 사상적 목표와 경제적 목표 중 어느 것도 절대화시키지 않지만 사상의 우위를 두고 경제적 목표를 달성하는 노선으로 회귀한다. 이는 선군정치의 틀에서 내각책임제를 통해 경제를 통일적으로 지휘 운영하며 실리를 추구하겠다는 것으로 정리되며 1998년 헌법 개정을 통해 제도화되었다. 각론적으로 북한은 과학기술에 집중적으로 투자하여 과학기술의 발전을 바탕으로 한 '국방공업우선노선'[1]으로 경제건설 주공 방향을 바꾸고 현재까지 북한 경제를 이끌어가고 있다.

이렇듯 지금까지 북한 문헌들을 중심으로 살펴본 북한 경제는 일반적으로 알려진 것과는 매우 다른 모습을 하고 있다. 북한 문헌들에 대한 신빙성 문제가 제기될 수 있다. 북한 문헌들이 현재 작성되어 가공되었다면 여기에 나타난 북한 경제 역시 가공 조작되었을 것이다. 그러나 북한에서 이미 나온 문헌들을 북한이 가공 조작하고 싶어도 할 수 없는 일이다. 『근로자』, 『경제연구』 등지에 실린 경제 관련 논문들은 그 시기마다 북한 경제의 현실을 정성적인 측면에서 반영하고 있고 통사적인 시각에서 엮어 분석하면 북한 경제의 속 모습을 어느 정도 가늠할 수 있다.

김정일 사후 새로운 지도자로 등장한 김정은의 경제노선에 대한 논의가 현재 한창 진행 중이다. 일각에서는 그의 경제정책이 그의 전임자인 김정일의 것과 동일한 것으로 보고 있으며 또

1) 『조선중앙년감 2010년』에 나와 있는 다음의 글은 이것을 함축적으로 설명해 준다. "이해 과학기술에 대한 자금지출을 전해 비하여 107.2%로 늘인 결과 우주기술과 핵기술, CNC기술분야에서 최첨단수준을 돌파하고 인민경제 중요공업부문들이 높은 과학기술적 토대우에 올라서게 되었다… (중략)… 구성공작기계공장이 CNC기술에 의한 생산체계가 전면적으로 도입, 실현된 선군시대의 본보기공장으로 일신된 것을 비롯하여 최첨단기술은 나라의 경제전반에 급속히 파급되었다."(266쪽)
앞의 글에서 인민경제 중요공업 부문들이란 국방공업을 담당하고 있는 공장·기업소들을 가리키며 구성공장기계공장은 군수물자의 생산을 담당하고 있는 대표적인 공장이다. 이렇듯 북한은 국방공업우선노선에 따라 과학기술부문에 대한 투자의 성과로 최첨단기술이 개발되면 먼저 국방공업을 담당하는 공장·기업소들에게 우선적으로 그리고 집중적으로 공급하여 국방력을 강화한 다음 일반 공장·기업소들에게 보급하여 설비와 시설의 현대화를 점진적으로 추진하고 있다.

다른 일각에서는 김정은이 북한의 덩샤오핑이 될 것이라는 전망을 하고 있다.

김정은이 최고지도자로 등각할 수 있었던 배경을 고려하여 보면 김정은은 김정일이 김일성 사후 유훈통치를 하였던 것과 유사하게 김정일의 유훈통치에 기반으로 두고 경제노선을 설정하고 경제정책을 추진하고 있는 것[2]으로 보는 것이 보다 현실에 부합하는 분석일 것이다.

김정일이 김정은에게 만약 경제에 관한 유훈을 남겼다면 그것은 아마도 "사회주의원칙(집단주의원칙)을 고수하면서 아래 단위에서 창발성을 발휘할 수 있도록 경제관리에서 '대안의 사업체계'를 상황에 맞게 유연하게 그리고 철저히 관철시키라"이었을 것임이 이 연구를 통해 도출해 낼 수 있는 기본적인 예측이다.

---

2) 김정은이 『경제연구』에서 처음 언급되는 것은 2012년 제2호 김재서의 "경애하는 김정은동지의 령도를 높이 받들고 새 세기 산업혁명을 힘있게 밀고나가는 것을 현시기 경제건설의 중요과업"이다. 김재서의 다음 글은 김정은이 김정일의 유훈통치에 기반으로 두고 경제노선을 설정하고 경제정책을 추진하고 있음을 뒷받침해준다.
"경애하는 김정은동지께서는 오랜 기간 경애하는 장군님의 사업을 보좌하시면서 장군님의 사상리론과 령도풍모, 인민적인 덕망을 그대로 이어받으시였다 …(중략)… 사상과 리론, 령도력과 덕망에서 위대한 장군님 그대로이신 경애하는 김정은동지의 령도가 있는 한 경제강국건설을 위한 새 세기 산업혁명의 승리는 확정적이다 …(중략)… 위대한 장군님께서 경제전반의 현대화, 지식화를 실현하기 위하여 기울여오신 령도과정은 동시에 경애하는 김정은동지의 새 세기 산업혁명에 대한 령도과정이였다 …(중략)… 희천련하기계종합공장을 비롯한 최첨단돌파적의 앞장에 선 공장들에는 위대한 장군님을 모시고 진행한 경애하는 김정은동지의 령도사적이 깃들어있다. 지식산업건설을 위한 최첨단돌파과정에서 선구자적역활을 하는 자강도의 기계공장에서 이룩된 기적적인 사변들은 위대한 장군님과 경애하는 김정은동지의 현지지도의 생활력에 대한 증견물로 되고 있다."(김재서, 「경애하는 김정은동지의 령도를 높이 받들고 새 세기 산업혁명을 힘있게 밀고나가는 것이 현시기 경제건설의 중요과업」, 5쪽).

참고 자료

참고 자료

1. 북한 자료

1) 단행본

김일성, 『김일성전집 1~100』(평양: 조선로동당출판사, 1995~2012).

김일성, 『사회주의의 완전한 승리를 위하여』(평양: 조선로동당출판사, 1987).

김일성, 『1994년 신년사』(단행본)(평양: 조선로동당출판사, 1994).

김정일, 『김정일선집 1~22』(평양: 조선로동당출판사, 1992~2013).

김정일, 『김정일전집 1~8』(평양: 조선로동당출판사, 2012~2014).

백과사전출판사, 『조선대백과사전 2』(평양: 평양종합인쇄공장, 1995).

사회과학원 사회주의경제관리연구소, 『재정금융사전』(평양: 사회과학출판사, 1995).

사회과학원 주체경제학연구소, 『경제사전 1~2』(평양: 사회과학출판사, 1985).

유수복 편, 『위대한 령도자 김정일동지의 사상리론 경제학 1~4』(평양: 사회과학출판사, 1996).

조선로동당출판사, 『위대한 수령 김일성 동지의 불멸의 혁명 업적 1~15』(평양: 조선로동당출판사, 1999).
조선로동당출판사, 『우리 당에 의한 속도와 균형문제의 창조적 해결』(평양: 조선로동당출판사, 1964).
철학연구소, 『사회주의강성대국 건설사상』(평양: 사회과학출판사, 2000).

2) 근로자

강경순, 「제품의 질제고와 가격공간의 리용」, 『근로자』 제6호(1981).
권진상, 「천리마운동은 사회주의건설에서 우리 당의 총로선이다」, 『근로자』 제10호(1968).
김관형, 「나라살림살이와 절약투쟁」, 『근로자』 제9호(1981).
김경련, 「대안체계의 요구에 맞게 독립채산제를 바로 실시하는 것은 경제관리개선의 중요담보」, 『근로자』 제8호(1978).
김상학, 「인민 경제 발전에서 도 경제위원회의 역할」, 『근로자』 제7호(1960).
김상학 · 박영근, 「현시기 공업 관리 체계 개편의 객관적 필연성과 그의 인민 경제적 의의」, 『근로자』 제15호(1959).
김 선, 「경제건설과 인민생활을 추켜세우는 것은 당조직들 앞에 나서는 책임적인 사업」, 『근로자』 제8호(1997).
김성택, 「'속도전'은 천리마운동을 구현하고 심화발전시킨 사회주의건설의 기본전투형식」, 『근로자』 제1호(1975).
김영상, 「경제사업에 대한 군당위원의 지도」, 『근로자』 제7호(1981).
김원석, 「경제건설에서 질적 지표의 개선문제」, 『근로자』 제6호(1985).
김원석, 「생산의 정상화와 인민경제계획화사업」, 『근로자』 제1호(1980).
김일성, 「조선로동당 제6차 대회에서 한 중앙위원회사업 총화보고」(1980. 10. 10), 『근로자』 제11호(1980).
김재서, 「사회주의사회에서의 생산수단의 상품적 형태와 가치법칙의 리용문제」, 『근로자』 제3호(1979).

김재서, 「사회주의적 로동보수제를 정확히 실시하는 것은 경제관리개선의 중요한 요구」, 『근로자』 제12호(1979).
김종완 · 김정일, 「우리나라에서 사회주의 건설과 경제 관리 체계」, 『근로자』 제17호(1963).
김찬숙, 「사회주의적 로동보수제와 그 올바른 이용」, 『근로자』 제8호(1984).
김 철, 「사회주의경제관리에서 근로자들의 자각성과 통제의 옳은 결합」, 『근로자』 제10호(1984).
김철식, 「우리나라 련합기업소는 사회주의기업소조직의 새로운 형태」, 『근로자』 제2호(1985).
김철식, 「경제발전이 높은 속도와 정확한 균형을 보장하는 것은 사회주의경제법칙의 중요 요구」, 『근로자』 제3호(1977).
김태극, 「생산정상화와 자재공급사업」, 『근로자』 제5호(1984).
김태윤, 「대한의 사업체계의 요구에 맞게 독립채산제를 옳게 실시하자」, 『근로자』 제11호(1973).
로태석, 「경제사업 체계와 질서를 철저히 세우는 것은 생산과 건설을 다그치기 위한 중요한 과업」, 『근로자』 제7호(1978).
리근환, 「경제적 공간을 옳게 리용하는 것은 사회주의경제관리를 더욱 개선하기 위한 중요한 담보」, 『근로자』 제11호(1976).
리길송, 「속도전의 방침을 구현하여 사회주의경제건설에서 이룩한 불멸의 업적」, 『근로자』 제2호(1981).
리동춘, 「경제지도와 기업관리를 개선하는 것은 새 전망과업 수행의 중요방도」, 『근로자』 제1호(1981).
리민수, 「기본 건설에서 당의 집중화 정책을 관철하며 투자의 경제적 효과성을 제고하자」, 『근로자』 제3호(1966).
리상설, 「대안의 사업체계 관철과 련합기업소」, 『근로자』 제7호(1986).
리상설, 「사회주의경제관리에서 경제법칙의 올바른 리용」, 『근로자』 제9호(1979).

리원경, 「사회주의하에서 정치도덕적 자극과 물질적 자극의 옳은 결합」, 『근로자』 제8호(1983).
리재영, 「사회주의경제관리와 계획화사업」, 『근로자』 제9호(1966).
리정준, 「'80년대속도' 창조투쟁은 사회주의경제건설의 힘 있는 추동력」, 『근로자』 제3호(1983).
리종수, 「사회주의 건설의 새 임무와 직맹 단체의 교양적 역할」, 『근로자』 제1호(1962).
박룡성, 「지방 공업의 확고한 토대 축성과 새로운 발전 단계」, 『근로자』 제15호(1962).
박남기, 「계획의 일원화, 세부화는 우리당의 주체적인 계획화 방침」, 『근로자』 제9호(1980).
박봉주, 「사회주의건설의 심화발전과 공장당위원회의 사업」, 『근로자』 제10호(1981).
박홍걸, 「우리나라, 사회주의자재공급체계의 우월성」, 『근로자』 제8호(1981).
변승우, 「재정규률의 강화와 원에 의한 통제」, 『근로자』 제5호(1984).
변승우, 「경제사업과 은행의 통제적 역할」, 『근로자』 제11호(1981).
송몽린, 「기업관리의 정규화는 집단주의에 기초한 사회주의제도의 본성적 요구」, 『근로자』 제7호(1981).
송주규, 「사회주의경제지도관리에서의 행정경제조직사업과 당정치사업」, 『근로자』 제1호(1984).
신수근, 「당위원회의 집체적 지도는 대안체계의 근본요구」, 『근로자』 제12호(1981).
심재성, 「천리마작업반운동은 온 사회의 혁명화, 로동계급화를 다그치는 대중적 운동」, 『근로자』 제4호(1971).
양인혁, 「대안의 사업체계는 우가 아래를 도와주는 우월한 경제관리체계」, 『근로자』 제12호(1981).
유시영, 「사회주의경제관리문제해결에서 우리 당이 이룩한 불멸의 업적」, 『근로자』 제12호(1986).

유시영, 「사회주의경제관리의 과학적인 방법론」, 『근로자』 제12호(1984).
유시영, 「대안의 사업체계와 경제관리의 과학화, 합리화」, 『근로자』 제12호(1981).
윤기정, 「경제관리의 합리화와 가치법칙의 올바른 리용」, 『근로자』 제4호(1984).
전영설, 「사회주의경제운영에서 상품화폐관계의 경제적 공간을 옳게 리용하자」, 『근로자』 제3호(1973).
전창철, 「천리마작업반운동을 더욱 확대발전시켜 혁명적 대고조를 계속 견지하자」, 『근로자』 제6호(1968).
차상로, 「경제적 공간과 그 합리적 리용」, 『근로자』 제12호(1984).
최원철, 「독립채산제는 사회주의국영기업소의 계획적 관리운영방법」, 『근로자』 제7호(1984).
최원철, 「재정관리사업과 기업관리의 합리화」, 『근로자』 제10호(1981).
최재국, 「경제사업에서 타산을 잘하여야 한다」, 『근로자』 제11호(1984).
최진성, 「련합기업소의 창설은 위대한 대안의 사업체계의 요구를 철저히 관철하기 위한 획기적 조치」, 『근로자』 제12호(1974).
편광성, 「경제예비동원에서 제기되는 몇 가지 문제」, 『근로자』 제8호(1968).
편집국, 「대안의 사업체계는 주체의 공산주의적 기업관리형태」, 『근로자』 제12호(1981).
편집국, 「경제조직사업을 강화하는 것은 사회주의건설을 힘 있게 다그치기 위한 중요방도」, 『근로자』 제5호(1977).
편집국, 「청산리방법은 사회주의 건설을 촉진하는 위력한 무기이다」, 『근로자』 제3호(1963).
편집국, 「당 규약은 당 조직들의 활동 준칙이며 당생활의 기본표준이다」, 『근로자』 제10호(1961).
편집국, 「조선민주주의인민공화국 사회주의헌법」, 『근로자』 제10호(1988).

편집국, 『로동신문』, 『조선인민군』, 『청년전위』 공동사설 「당창건 65돐을 맞는 올해에 다시 한 번 경공업과 농업에 박차를 가하여 인민생활에서 결정적전환을 이룩하자」, 『근로자』 제1호(2010).
한인호, 「경제관리에서 국가의 중앙집권적 지도와 기업소 창발성의 옳은 결합」, 『근로자』 제5호(1986).
한인호, 「경제관리에서 독립채산제를 실시하는 것은 우리 당의 일관한 방침」, 『근로자』 제2호(1985).
한인호, 「기업관리에서 원가공간의 합리적 리용」, 『근로자』 제7호(1984).
한종순, 「독립채산제와 기업관리의 합리화」, 『근로자』 제5호(1979).
홍동익, 「정확한 경제계산과 과학적인 경제관리」, 『근로자』 제6호(1984).

3) 경제연구

강경희, 「화폐구매력에 영향을 주는 요인」, 『경제연구』 제4호(2008).
강기철, 「우리나라 도매가격의 우월성」, 『경제연구』 제4호(1995).
강련숙, 「군농업련합기업소 재정의 특성」, 『경제연구』 제1호(1995).
강영원, 「지방경제를 종합적으로 발전시키는 것은 인민생활을 균형적으로 향상시켜 우리식 사회주의 우월성을 더욱 높이 발양시키는 중요담보」, 『경제연구』 제3호(1994).
고재환, 「화폐류통을 공고화하는데서 나서는 중요요구」, 『경제연구』 제1호(1991).
김동남, 「위대한 령도자 김정일 동지의 선군정치는 사회주의경제강국건설의 결정적 담보」, 『경제연구』 제3호(2001).
김상학, 「우리 당의 혁명적경제전략과 축적과 소비사이의 균형」, 『경제연구』 제4호(1989).
김 선, 「경제건설과 인민생활을 추켜세우는 것은 당조직들 앞에 나서는 책임적인 사업」, 『근로자』 제8호(1997).

김용현, 「주민유휴화폐자금의 본질적특성에 맞게 통계의 역할을 높이는 것은 주민유휴화폐동원 사업개선의 중요방도」, 『경제연구』 제3호(2007).

김원국, 「사회주의상업기업소 독립채산제의 특성」, 『경제연구』 제1호(1990).

김응교, 「사회주의근로자들의 소비생활을 위한 원천과 그 동원리용문제」, 『경제연구』 제1호(1997).

김재서, 「사회주의경제건설을 힘 있게 다그치는 것은 사회주의완전승리를 이룩하기 위하여 나서는 중요과업」, 『경제연구』 제2호(1987).

김재서, 「경애하는 김정은동지의 령도를 높이 받들고 새 세기 산업혁명을 힘있게 밀고나가는 것이 현시기 경제건설의 중요과업」, 『경제연구』 제2호(2012).

김재현, 「도시경영부문에서 점수제에 의한 생활비분배방법」, 『경제연구』 제1호(1990).

김향란, 「협동적 소유를 전 인민적소유로 넘기는 형태와 방법」, 『경제연구』 제2호(1995).

량세훈, 「2중독립채산제는 농업련합기업소의 합리적인 관리운영방법」, 『경제연구』 제3호(1997).

류길선, 「기업관리에서 가격공간의 합리적 리용」, 『경제연구』 제3호(1994).

류영철, 「2중독립채산제는 련합기업소의 합리적인 관리운영방법」, 『경제연구』 제4호(1993).

리동구, 「가격의 일원화와 그 실현에서 나서는 몇 가지 문제」, 『경제연구』 제2호(1988).

리성남, 「현시기 재정통제를 더욱 강화하는 것은 사회주의 경제건설에 필요한 자금을 원만히 보장하기 위한 중요담보」, 『경제연구』 제2호(2008).

리신효, 「새로운 무역체계의 본질적 특성과 그 우월성」, 『경제연구』 제4호(1992).

리영근, 「기업소경영활동에서 번수입을 늘이기 위한 방도」, 『경제연구』 제1호(2003).

리원경, 「현시기 나라의 통화조절분야에서 제기되는 몇가지 원칙적문제 대하여」, 『경제연구』 제2호(2006).

리원경, 「화폐, 화폐류통은 계획적경제관리의 보조적수단」, 『경제연구』 제3호(2009).

리종서, 「위대한 김정일 동지께서 제시하신 혁명적 경제정책은 사회주의경제강국건설의 전투적 기치」, 『경제연구』 제1호(2000).

리창혁, 「화폐류통법칙의 작용령역에 대한 연구」, 『경제연구』 제3호(2004).

리춘원, 「위대한 수령 김일성 동지께서 밝히신 지방무역의 본질적 특징」, 『경제연구』 제3호(1997).

박경옥, 「리윤보위를 배격하고 경제관리에 가치법칙을 옳게 리용하는데서 나서는 중요한 문제」, 『경제연구』 제2호(1996).

박재영, 「물질적 자극문제 해결의 원칙적 요구와 기본고리에 대한 주체적 해명」, 『경제연구』 제2호(1990).

서권혁, 「지방예산제와 군의 역할」, 『경제연구』 제6호(1997).

서승환, 「사회주의적 로동보수제는 근로자들의 창조적 로동활동을 추동하는 중요공간」, 『경제연구』 제2호(1990).

서승환, 「경공업제일주의방침을 관철하는 것은 현시기 사회주의경제건설에서 나서는 중요한 전략적사업」, 『경제연구』 제2호(2004).

서재영, 「소유형태에서의 도시와 농촌의 차이가 성과적으로 극복되고 있는 것은 우리나라 사회주의 농촌건설의 빛나는 승리」, 『경제연구』 제2호(1994).

신동식, 「사회주의사회에서 농산물수매의 본질과 특징」, 『경제연구』 제2호(1993).

신동식,「사회주의사회에서 수매류통이 있게 되는 조건과 그 발전의 합법칙성」,『경제연구』 제2호(1995).
심은심,「경제관리에서 사회주의원칙을 고수하고 집단주의적방법을 옳게 구현하기 위하여 나서는 몇가지 문제」,『경제연구』 제4호(2009).
안윤옥,「기업관리의 합리화에서 계약 관계가 노는 역할」,『경제연구』 제2호(1993).
안현진,「연합기업소의 생산기술적 구조와 생산정상화」,『경제연구』 제2호(1992).
오선희,「지방예산편성을 개선하는데서 나서는 몇 가지 문제」,『경제연구』 제2호(2002).
오선희,「사회주의경제에서 화폐자금의 운동」,『경제연구』, 2004년 제3호(2004).
오선희,「유휴화폐자금과 그 은행자금화」,『경제연구』, 2004년 제4호(2004).
오선희,「국가재정자금에 대한 수요변동의 합법칙성」,『경제연구』, 2006년 제1호(2006).
유시영,「련합기업소는 우리 식의 새로운 기업소조직형태」,『경제연구』 제1호(1987).
위순형,「사회주의상업발전의 합법칙성」,『경제연구』 제2호(1989).
정명한,「집단주의경제관리의 중요특징과 그 우월성을 높이 발양시키는데서 나서는 기본요구『경제연구』 제2호(2006).
장상준,「사회주의사회에서 가격균형설정의 근본요구」,『경제연구』 제1호(1996).
장성은,「공장, 기업소에서 번수입의 본질과 그 분배에서 나서는 원칙적 요구」,『경제연구』 제2호(2002).
전룡삼,「군협동농장경영위원회단위 독립채산제를 실시하는 것은 소유전환을 가장 순조롭게 하기 위한 필수적 조건」,『경제연구』 제1호(1998).

정광수, 「등가성의 법칙은 교환일반의 경제법칙」, 『경제연구』 제3호(1995).
조명철, 「가치법칙과 등가성의 법칙과의 관계문제에 대한 연구」, 『경제연구』 제1호(1994).
주호준, 「농업련합기업소는 협동적 소유를 전 인민적소유로 전환시키는 합리적인 형태」, 『경제연구』 제4호(1994).
최영옥, 「계약제도를 강화하는 것은 자재공급사업을 개선하기 위한 중요한 요구」, 『경제연구』 제2호(1988).
최용남, 「인민들의 물질문화적수요에 영향을 주는 요인」, 『경제연구』 제2호(2008).
최원철, 「대안의 사업체계를 철저히 관철하고 독립채산제를 바로 실시하는 것은 기업관리개선의 기본담보」, 『경제연구』 제4호(1989).
편집국, 「조선민주주의인민공화국 사회주의헌법」, 『근로자』 제10호(1998).
한득보, 「원료, 자재의 합리적 리용에 작용하는 중요지표들과 경제적 공간」, 『경제연구』 제1호(1987).
현명한, 「류동자금의 리용에서 제기되는 몇 가지 문제」, 『경제연구』 제4호(1989).
홍성남, 「정무원책임제, 정무원중심제를 강화하여 사회주의경제건설에서 새로운 전환을 일으키자」, 『경제연구』 제7호(1996).
홍영의, 「현시기 무현금결제를 통한 통제를 강화하는데서 제기되는 몇 가지 문제」, 『경제연구』 제4호(2004).
홍영의, 「화폐자금을 은행에 집중시키는 것은 화폐류통을 원할히 하기 위한 중요담보」, 『경제연구』 제4호(2006).
황경직, 「사회급양망들에서 원자재를 자체로 생산보장하는 것은 봉사사업을 개선하기 위한 중요한 요구」, 『경제연구』 제1호(1994).

4) 조선중앙연감

조선중앙통신사, 『조선중앙연감 1956~2013년』(평양: 조선중앙통신사, 1956~2013).

5) 로동신문

『로동신문』, 1960년 1월 1일자~2015년 1월 31일자.

6) 문학작품

김동호, 『위성』(평양: 문학예술종합출판사, 2000).
김명진, 『(장편소설) 숨결』(평양: 문학예술출판사, 2006).
김문창, 『(장편소설) 열망』(평양: 문학예술종합출판사, 1999).
김영근, 『고향의 아들』(평양: 문학예술종합출판사, 2000).
김영수, 『(장편수기) 인정의 바다』(평양: 평양출판사, 2001).
리종렬, 『(장편소설) 평양은 선언한다』(평양: 문학예술종합출판사, 1997).
림재성, 『(장편소설) 찬란한 미래』(평양: 문학예술종합출판사, 2000).
림재성, 『(장편소설) 수평선』(평양: 문학예술종합출판사, 2002).
박찬은, 『산촌의 홰불』(평양: 문학예술종합출판사, 2002).
박 현, 『불구름』(평양: 문학예술종합출판사, 1995).
백남룡, 『(장편소설) 계승자』(평양: 문학예술출판사, 2002).
백보흠, 『(장편소설) 라남의 열풍』(평양: 문학예술출판사, 2004).
신용선, 『지금은 봄이다』(평양: 문학예술종합출판사, 1999).
정영종, 『(장편소설) 불타는 코스모스』(평양: 영종문학예술출판사, 2012).
주유훈, 『(장편실화소설) 삶의 항로』(평양: 문학예술출판사, 2012).
최성진, 『(장편소설) 대통로』(평양: 금성청년출판사, 2007).
현승남, 『(장편소설) 불타는 려명』(평양: 문학예술출판사, 2009).

2. 국내 자료

1) 단행본

高瀨淨 지음/이남현 옮김, 북한 경제입문(서울: 청년사, 1988).

고승효 지음/김한민 옮김,『북한사회주의 발전연구』(서울: 청사, 1988).

고승효 지음/이태섭 옮김,『현대북한경제 입문』(서울: 대동, 1993).

교양강좌 편찬회 역,『사회구성체 이행 논쟁』(서울: 세계, 1986).

국토통일원,『최고인민회의 자료집 2』(서울: 국토통일원, 1988).

권중달, 문명숙 편역,『문화대혁명 전후의 중국 역사 해석』(서울: 집문당, 1991).

제임스 글리크 지음/백배식 · 성하운 옮김『현대과학의 대혁명』(서울: 동문사, 1993).

2) 학위논문

이정철,「사회주의 북한의 경제동학과 정치체제」(서울대학교 대학원 정치학과 박사논문, 2002년 2월).

이태섭,「북한의 집단주의적 발전 전략과 수령체제 확립」, 서울대학교 대학원 정치학과 박사논문, 2001년 2월).

정영철,「김정일 체제 형성의 사회정치적 기원 : 1967~1982」(서울대학교 대학원 사회학과 박사논문, 2001년 8월).

3. 외국 자료

Braguinsky, Serguey. Incentives and institutions: the transition to a market economy in Russia(New Jersey: Princeton University Press, 2000).

Eatwell John, Milgate Murray, Newman Peter eds., *Problems of the Planned Economy*(New York: The Macmillan Press, 1990).

Fitzer, Donald, *Soviet Workers and Stalinist Industrialization: The Formation of Modern Soviet Production Relations, 1928~1941*(London: Pluto Press, 1986).

Lippit, Victor D. *Economic Development in China*(New York: M.E. Sharpe, 1987).

Naughton, Barry, *Growing Out of the Plan: Chinese economic reform, 1978-1993*(London: Cambrige Univerity Press, 1995).

Park, Phillip, *Self-Reliance or Self-Destruction?*(New York: Routledge, 2002).

Schurmann, Franz. *Ideology and Organization in Communist China*(Berkely: University of California Press, 1966).

Tucker, Robert C. ed., *The Lenin Anthology*(New York: Norton, 1975).

Tucker, Robert C. ed., *The Marx-Engels Reader*(New York: Norton, 1978).

4. 인터넷 자료

네이버 지식백과(두산백과), http://terms.naver.com/entry.nhn?cid=200000000&docId=1126312&mobile&categoryId=200000910.

이계환 기자, 「김정일 위원장이 인공위성발사 이틀 후 찾은 곳은?」, 『통일뉴스』, 2009년 7월 14일자, http://www.tongilnews.com /news/articleView.html?idxno=85416.

이승현 기자, 「北, 병진노선에 힘입어 최근 착실히 경제성장」『조선신보』; 「병진노선과 우리식 경제관리방법, 두축으로 경제부흥 다그쳐」, 『통일뉴스』, 2015년 1월 26일자, http://www.tongilnews.com/news/articleView.html?idxno=110691.

이영재 기자, 「북한, 포전담당제로 식량난 해결 발판 마련」, 『연합뉴스』, 2014년 12월 29일자, http://www.yonhapnews.co.kr/bulletin/2014/12/29/0200000000AKR20141229011800014.HTML?input=1195m.

정창현, 「농업 분조장대회와 포전담당제 〈연재〉 정창현의 '김정은시대 북한읽기'(40)」, 『통일뉴스』, 2014년 2월 3일자, http://www.tongilnews.com/news/articleView.html?idxno=105884.

통일부, 「2009년 제5차 화폐개혁」, 『지식사전』, http://nkinfo.unikorea.go.kr/nkp/term/viewNkKnwldgDicary.do?pageIndex=23&koreanChrctr=&dicaryId=221.

황방열 기자, 「북 화폐개혁, 시장 역할 약화… 외화 사용 없어질 것」 조총련 기관지 『조선신보』 보도… 계획경제질서 강화조치로 이해해도 된다」, 『오마이뉴스』, 2009년 12월 4일자, http://www.ohmynews.com/NWS_Web/view/at_pg.aspx?CNTN_CD=A0001275226FAOSTAT(http://faostat.fao.org/site/567/DesktopDefault.aspx?PageID=567#ancor).

RFC 자유조선방송, 「박남기 숙청 관련 서적 입수」, 2012년 11월 28일자, http://www.rfchosun.org/program_read.php?n=8646.

찾아보기

찾아보기

ㄱ

ㄴ

ㄷ

ㅁ

ㅂ

ㅅ

ㅇ

ㅈ

ㅊ

ㅍ

ㅎ

기타

박후건Phillip H. Park | 경남대학교 정치외교학과 교수

U.C. Berkeley 대학에서 경제학 학사 그리고 U.C. Riverside 대학에서 Keith Griffin 교수 지도하에 북한 경제개발전략을 연구한 논문으로 1997년 박사학위(경제학)을 받았다. 이후 미국 Columbia 대학 조교수, Boston Consulting Group 컨설턴트, 일본 와세다 대학 부교수를 거쳐 현재 경남대학교 정치외교학과 교수로 재직 중이며, 경남대 소재 극동문제연구소의 국제실장을 역임하고 있다. 저서로는 『Self-Reliance or Self-Destruction?』(2002), 『중립화 노선과 한반도의 미래』(2007), 『유일체제 리더십 : 잭 웰치, 이건희, 김정일의 리더십 비밀』(2008, 2009년 학술원 선정 우수학술도서) 『Dynamics of Change in North Korea』(편저, 2010) 등이 있고, 다수의 동북아시아 그리고 북한 관련 논문이 있다.